München
4. Auflage 2009
ISBN 978-3-89883-183-3

Grafische Gestaltung Georg Feigl, Kuni Taguchi
Rezeptfotos und Coverfoto Andrea Kramp, Bernd Gölling, Hamburg
Aufmacher Alexander Haselhoff, Bielefeld
(andere Fotos siehe Bildnachweis)
Redaktion Kathrin Ullerich, Edelgard Prinz-Korte, Birgit Oeser
Rezeptbearbeitung Monika Reiter, Gerlinde Reiter
Herstellung Karin Mayer, Peter Karg-Cordes
Lithografie Christine Rühmer
Druck & Bindung Egedsa, Sabadell

In Zusammenarbeit mit bofrost*Dienstleistungs GmbH & Co. KG

Besuchen Sie uns auch im Internet unter www.zsverlag.de

ALFONS SCHUHBECK

Einfach raffiniert

Schnelle Rezepte für jeden Tag

Inhaltsverzeichnis

Titelbild: Schweinefilet-Medaillons mit Bohnen und Birne, siehe Rezept und Tipp Seite 57
Foto linke Seite: Hähnchenbrust mit Kräuterrisotto, Seite 170

Einfach raffiniert

Das, was meiner Meinung nach eine gute Küche auszeichnet, ist die Qualität der Zutaten. Sie sind das A und O beim Kochen. Diese Überzeugung teile ich mit bofrost*. Denn auch bofrost* legt größten Wert auf die Frische der Produkte. Was uns verbindet, ist der Anspruch, den wir an die Qualität der Zutaten stellen. Die Vielfalt der bofrost*Produkte hat mich dazu inspiriert, viele interessante Gerichte zu kreieren. Was liegt da näher, als meine Rezepte mit bofrost*Zutaten für Sie in einem Buch zusammenzustellen?

DIE RICHTIGE VORBEREITUNG – EIN GEWINN

Und es gibt noch einen zweiten unschlagbaren Vorteil, wenn Sie Tiefkühlprodukte verwenden. Sie sparen sich das lästige Vorbereiten: In meiner Restaurantküche habe ich natürlich viele fleißige Helfer, die zum Beispiel Gemüse putzen, waschen, schälen und schneiden. Diese Arbeit hat Ihnen bofrost* schon abgenommen. Und das ist ein Gewinn – denn so können Sie Ihre Zeit in der Küche ausschließlich mit dem Probieren, Verfeinern und Komponieren der Gerichte verbringen. Und das ist doch das Allerschönste am Kochen, finde ich.

WICHTIG IST DIE QUALITÄT

Das raffinierteste Rezept und die größte Fingerfertigkeit nutzen nichts, wenn die Zutaten nicht erstklassig sind. Das Aroma und den Eigengeschmack der Zutaten zu unterstreichen und optimal zur Geltung zu bringen ist das, was mich am Kochen fasziniert und immer wieder herausfordert. Bei bofrost* weiß ich, dass diese hohen Qualitätsansprüche erfüllt werden. Egal, welche Produkte ich auch ausprobiert habe, immer war ich wieder aufs Neue begeistert. Sie werden hoffentlich ebenso begeistert sein, wenn Sie sehen, wie man aus bofrost*Produkten ohne großen Aufwand »g'schmackige« Leckerbissen zaubern kann.

EINE FRAGE DES GESCHMACKS

Denn Kochen ist einfacher, als Sie denken: Eine Prise Gewürzpulver hiervon, ein frisches Kräuterzweiglein davon – und schon entdecken Sie und Ihre Gäste ganz neue Geschmackserlebnisse. Ob allseits bekannte Gewürze wie Muskatnuss und Cayennepfeffer oder die exotischeren wie Kardamom und Sternanis – ich nehme von allem immer nur ein bisschen. Genauso sparsam verwende ich Kräuter und andere Aromen wie Knoblauch oder Ingwer. Denn das Geheimnis des Aromas ist die richtige Dosierung und das Gespür dafür, was wozu am besten passt. Und wie so oft im Leben ist auch beim Kochen weniger mehr. Übrigens: Sie werden beim Ausprobieren erstaunt sein, welch herrliche Geschmackserlebnisse selbst kleine Gewürznuancen hervorzaubern können. Einfach raffiniert!

Lassen Sie sich durch die Auswahl meiner Rezepte dazu anregen, gut und vor allem gerne zu kochen. Und auf die Frage „Was koche ich heute?" finden Sie in diesem Buch garantiert eine Antwort. Viel Spaß beim Nachkochen wünscht Ihnen Ihr

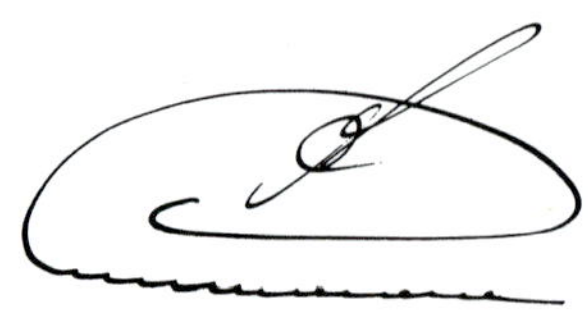

Alfons Schuhbeck

Raffiniert einfach

Köstliche Rezepte für jeden Tag vom berühmten Sternekoch Alfons Schuhbeck, die für jeden ganz leicht nachzukochen sind – das ist das Motto dieses Kochbuchs. Wir sind sehr glücklich, dass wir Alfons Schuhbeck für diese Zusammenarbeit gewinnen konnten. Denn genau wie er haben wir die höchsten Ansprüche an die Qualität und den Geschmack der Produkte.

SICHERE GELINGGARANTIE

Natürlich haben wir keine Rezepte ausgewählt, die nur von erfahrenen Köchinnen und Köchen zu meistern sind. Im Gegenteil, in diesem Buch finden Sie ausschließlich Rezepte, die auch für Laien und Anfänger problemlos zuzubereiten sind. Sie werden schnell feststellen, wie raffiniert einfach und unkompliziert sie sind. Gönnen Sie Ihrem Gaumen eine genussvolle Abwechslung mit den neuen Rezeptideen. Selbstverständlich wurden sämtliche Gerichte mehrfach nachgekocht und gründlich getestet, sowohl von Alfons Schuhbeck selbst als auch von unserer Versuchsküche. So können wir Ihnen garantieren, dass alle Rezepturen sicher gelingen. Freuen Sie sich also auf Rezepte für jeden Geschmack und für jeden Anlass!

STERNEKÜCHE – LEICHT GEMACHT

Haben Sie mal wenig Zeit und möchten ein schnelles Gericht zubereiten? Oder erwarten Sie Gäste und planen ein mehrgängiges Menü? Damit Sie sich sofort einen Überblick verschaffen können, welches Rezept eher einfach zu kochen ist und welches etwas mehr Aufwand benötigt, haben wir die einzelnen Rezepte wie folgt mit Sternchen gekennzeichnet:

* Einfach: wenig Aufwand, gelingt leicht
** Mittel: braucht etwas Zeit, gut nachzukochen
*** Raffiniert: braucht etwas Übung und mehr Zeit

Diese Einteilung in drei Kategorien wird Ihnen die Auswahl erleichtern und bei der Entscheidung helfen, welches Gericht Sie bei welcher Gelegenheit zubereiten möchten. Auf einen Blick können Sie erkennen, wie viel Zeit ein Rezept in Anspruch nimmt.

PERFEKTE MENÜPLANUNG

Die meisten Rezepte stehen in 30 Minuten auf dem Tisch und sind deshalb ideal für die Jeden-Tag-Küche. Aber manchmal plant man ja auch ein Menü für mehrere Gäste und muss am selben Tag noch sehr viel vorbereiten. Gleichzeitig möchte man auch ohne Hektik die Gäste empfangen. Aus diesem Grund ist ein ganzes Kapitel den Rezepten gewidmet, die sich schon am Vortag gut zubereiten und beim Eintreffen der Gäste mit möglichst wenigen Handgriffen fertigstellen lassen. In diesem Buch finden Sie außerdem vielseitige Anregungen für Ihre Menüs oder auch Büfetts. Eine praktische Ergänzung sind die Zeit- und Einkaufsplaner. Passende Weinempfehlungen sowie allgemeine Tipps und Tricks runden das Ganze ab.

Guten Appetit wünscht Ihnen herzlichst Ihre

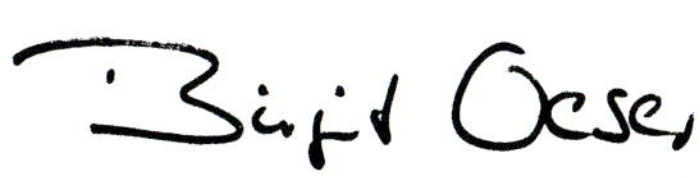

Birgit Oeser
bofrost*Kochbuch-Redaktion

Tipps und Tricks vom Profi

GEWÜRZE:

Exotische Gewürze wie Sternanis oder Kardamom sind in Asienläden erhältlich, man kann aber auch jedes schwer erhältliche Gewürz über Apotheken beziehen.

GEWÜRZMISCHUNGEN:

In meiner Küche kommen sehr oft Gewürzmischungen zum Einsatz. Die wichtigsten hier kurz im Überblick:

Chili-con-carne-Gewürz:

Z.B. für Chili con carne (S. 196): 1 Knoblauchzehe, 1 Scheibe geschälter Ingwer, 1 Prise Cayennepfeffer, 1/2 TL Kreuzkümmel, 1/2 TL Korianderkörner, 1 TL abgeriebene unbehandelte Zitronenschale, 2 EL Olivenöl in einem Mörser zu einer Paste verarbeiten. Am Ende der Garzeit zum Gericht geben, etwas ziehen lassen.

➤ *Passt auch zu anderen herzhaften Eintöpfen, wie Mitternachts-Partysuppen mit Würstchen.*

Chutneygewürz:

Z.B. für Chicken Wings (S. 50): 3 Zacken Sternanis, 1 TL Kardamomsamen, 1 Splitter Zimtrinde, 1 TL Pimentkörner, 1 TL schwarze Pfefferkörner in eine Gewürzmühle füllen und bei Gebrauch frisch mahlen.

➤ *Passt zu allen Chutneys; zum Würzen von Reis oder für Geflügel mit einem exotischen Touch.*

Essigmarinadengewürz:

Z.B. für marinierten Kabeljau (S. 218): 2 Lorbeerblätter, 1 TL Senfkörner, 1 TL Wacholderbeeren, 1 TL Pimentkörner, 2 TL schwarze Pfefferkörner.

➤ *Passt gut zu allen süßsauren Essigmarinaden. Eignet sich auch für Schweinenackensteak oder Schweinefilet.*

Gewürzmischung zum Aromadämpfen:

Z.B. für gedämpften Kabeljau (S. 136): 1 Lorbeerblatt, 1 TL schwarze Pfefferkörner, 1 TL Fenchelsamen, 1 TL Koriandersamen, 1 getrocknete Chilischote, 1/2 bis 1 TL Pimentkörner, 1 geschälte, halbierte Knoblauchzehe, 1 Scheibe Ingwer, 1 Streifen unbehandelte Zitronenschale.

➤ *Passt mit etwas Weißwein und Wasser gemischt zum Dämpfen von Fisch, Geflügel oder Fleisch.*

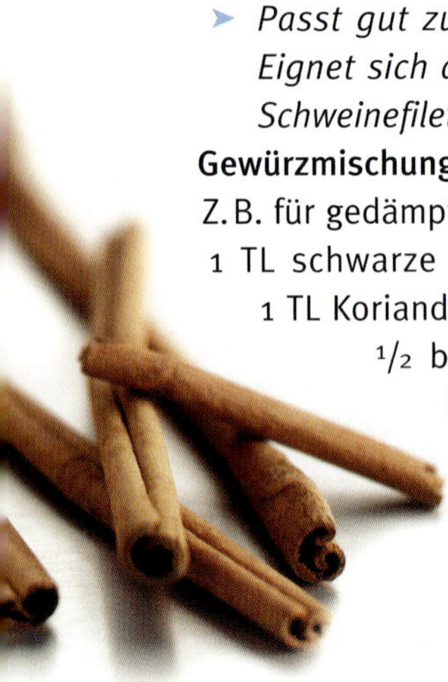

Gulaschgewürz:

Z.B. für Kartoffelgulasch (S. 68): 1 klein gehackte Knoblauchzehe, 1 TL gemahlenen Kümmel, 1 TL abgeriebene unbehandelte Zitronenschale, 1 TL getrockneten Majoran vermischen und mit 1 bis 2 TL Paprika (edelsüß) zum Schluss zum Gulasch geben.

➤ *Für alle Arten von Gulasch, wie Rinder-, Schweinegulasch, Gulaschsuppe, Kartoffelgulasch, Fischgulasch oder Geflügelgulasch, aber auch für herzhafte Eintöpfe, wie Bohneneintopf mit Würstchen.*

TEE-EI:

Um das Entfernen von kleinen Gewürzen wie Pfefferkörner oder Wacholderbeeren aus Suppen, Eintöpfen oder Soßen zu erleichtern, ist ein Tee-Ei ideal. Früher hat man die Gewürze dazu in ein kleines Mulltuch gebunden, heute kann man dazu auch Einwegteebeutel nehmen, die mit einer passenden Klammer verschlossen werden.

BRAUNE BUTTER

Braune Butter kann sehr gut auf Vorrat hergestellt werden (siehe S. 10). Gekühlt hält sie sich etwa sechs bis acht Wochen. Die Butter hat ein nussiges Aroma – deshalb heißt sie auch Nussbutter – und verleiht den damit gewürzten Speisen einen besonderen Geschmack. Sie wird zum Abschmecken von z.B. Kartoffelpüree verwendet oder über Spargel geträufelt.

BUTTERSCHMALZ

Butterschmalz entsteht, wenn die zerlassene Butter so lange gekocht wird, bis das Wasser ganz verdampft ist. Butterschmalz ist höher erhitzbar als Butter und wird deswegen zum Anbraten von z.B. Schnitzeln verwendet.

DOPPELGRIFFIGES MEHL

Doppelgriffiges Mehl, auch Spätzlemehl, Strudelmehl und in manchen Gegenden Dunst genannt, hat die Eigenschaft, dass es beim Verarbeiten kaum klumpt. Es macht Teigwaren wie Gnocchi kerniger. Wenn es nicht erhältlich ist, kann es auch durch Weizenmehl ersetzt werden.

GEMÜSEBRÜHE

Für meine Rezepte nehme ich als Basis anstatt der verschiedenen Fonds, wie Fischfond, Geflügelfond, Kalbsfond usw., hochwertige Instant-Gemüsebrühe ohne chemische Zusatzstoffe. Bei einer guten Basisbrühe ist es wichtig, dass sie dem Gericht zwar Geschmacksvolumen verleiht, selbst jedoch nicht hervorsticht. Daher verwende ich z.B. keine Rindfleischsuppe zum Auffüllen von Rahmsuppen oder Soßen, sondern Gemüsebrühe und ersatzweise fettarme Geflügelbrühe. Werden nur sehr kleine Mengen Gemüsebrühe verwendet, kann man auf Gemüse- oder Geflügelfond aus dem Glas zurückgreifen.

INGWER/KNOBLAUCH

Ich nehme immer frischen Ingwer, er hält sich in Folie eingewickelt im Kühlschrank etwa drei Wochen und kann gut eingefroren werden. 1 Ingwerscheibe von 3 mm Dicke wird ungeschält in den letzten Garminuten zum Gericht gegeben und wieder entfernt. Wird die Ingwerscheibe gehackt und zu einer Paste verarbeitet oder in ein Gericht gemixt, wird sie vorher geschält. Übrigens: Ingwer hilft bei der Fettverdauung, macht Knoblauch verträglicher und mildert den intensiven, typischen Knoblauchgeschmack.

Knoblauch verwende ich vorwiegend geschält und halbiert oder in etwa 3 mm dicke Scheiben geschnitten. Wie Ingwer zieht er nur einige Minuten im Gericht und gibt seinen feinen Geschmack ab. Zum Zerkleinern Knoblauch nur hacken, nicht durch eine Knoblauchpresse drücken. Dabei geht zu viel vom gesunden ätherischen Öl verloren.

VANILLE

Vanille hat ein sehr feines Aroma und wird hauptsächlich zum Aromatisieren von Süßspeisen verwendet. In Gewürzmischungen wirkt sie harmonisierend, deshalb nehme ich sie auch gerne für einige herzhafte Gerichte. In meiner Küche wird kein synthetisches Vanillepulver verwendet, sondern nur Vanilleschoten und das Mark daraus, das Cremes, wie Bayerische Creme oder Panna cotta, Vanilleeis oder Vanillesoße veredelt. Die Schote dafür längs aufschneiden und das Mark mit dem Messerrücken herauskratzen. Bewahrt man die ausgekratzte Schote mit Kristallzucker eine Woche verschlossen in einem Glas auf, erhält man weißen Vanillezucker. Wird diese Schote getrocknet, fein gemahlen und mit Zucker vermischt, entsteht dunkler Vanillezucker.

WEISSBROTBRÖSEL

Weißbrotbrösel oder Paniermehl kann man ganz einfach selbst herstellen, indem man handelsübliches Toastbrot aus der Packung grob zerpflückt und in einem Blitzhacker zu Bröseln zerstößt. Es ist auch bei Bäckern erhältlich, die die Brösel aus Weißbrot herstellen. Paniermehl aus dem Supermarkt ist häufig sehr körnig und quillt beim Garen nicht mehr. Das heißt, es nimmt keine Flüssigkeit mehr auf, was aber manchmal sehr wichtig ist, damit das Gericht die entsprechende Konsistenz erhält.

ZITRUSFRUCHTSCHALEN

Geschmack und Aroma von Zitrusfrüchten sitzen in der farbigen Schale, deshalb verwende ich zum Aromatisieren von Gerichten die Schale und zum Säuern den Saft. Für 1 Streifen unbehandelte Orangenschale wird die Frucht zuerst gewaschen und dann mit einem Sparschäler ein 1 bis 1,5 cm breiter Streifen von oben nach unten abgezogen. Wird nur der Saft gebraucht, werden die Schalen meist weggeworfen. Ich schäle die Früchte vor dem Auspressen und friere die Schalen gut verschlossen ein, um einen Vorrat zu haben.

Schritt für Schritt zum Genuss

BRAUNE BUTTER

➤ Braune Butter ist das Olivenöl Bayerns. Sie verleiht Gerichten ein fein nussiges Aroma. Die braune Butter am besten in ein Schraubglas füllen. Im Kühlschrank aufbewahrt, hält sie sich sechs bis acht Wochen und wird fest wie Butterschmalz. Zum Verwenden einfach ein Stück abstechen und in das heiße Gericht schmelzen lassen; oder die Butter zerlassen und zum Abschmecken verwenden.

1 Ein Stück Butter (250 g) in einen Topf geben und mit einem Löffel etwas zerpflücken.

2 Die Butter bei milder Hitze unter Rühren langsam zerlassen.

3 Für geklärte Butter den Schaum an der Oberfläche abschöpfen, für braune Butter nicht.

4 Für braune Butter die Butter 10 Minuten bei milder Hitze köcheln lassen, bis sich die Molke abgesetzt hat und gebräunt ist.

5 Ein Sieb mit einem Stück Küchenpapier auslegen.

6 Die Butter in das Sieb abgießen und in einer Schüssel auffangen.

BREZENKNÖDEL

➤ Für 4 Personen 3 tiefgekühlte Laugenstangen oder Laugenbrezeln (vom Vortag) verwenden. Die tiefgekühlten Laugenstangen, wie auf S. 98 beschrieben, vorbereiten: Den Backofen auf 200 °C vorheizen. Die Laugenstangen am Vortag auf einem Backblech 15 Minuten antauen lassen, 3-mal einritzen und etwa 18 Minuten im Backofen fertig backen. Auskühlen und über Nacht zugedeckt stehen lassen.

1 Das Salz von den Laugenbrezeln oder -stangen entfernen. Brezeln oder Stangen klein schneiden und in eine Schüssel geben.

2 2 Eier in $^{1}/_{4}$ l lauwarme Milch geben und mit dem Stabmixer oder Schneebesen verquirlen. Mit Muskatnuss, Salz und Peffer würzen.

3 Eiermilch darübergeben, 1 EL gehackte Petersilie und 50 g gedünstete Zwiebelwürfel unterrühren. 5 bis 10 Minuten ziehen lassen.

4 Einen Bogen Alufolie ausbreiten, darauf einen Bogen Frischhaltefolie legen und die Knödelmasse längs darauf verteilen.

5 Die Masse zuerst in Frischhaltefolie wickeln, dann in Alufolie wie eine Wurst zusammenrollen. Die Enden fest zusammendrehen.

6 Den Brezenknödel in siedendem Wasser etwa 30 Minuten ziehen lassen. Die Knödel auswickeln und in Scheiben schneiden.

SOSSE HOLLANDAISE

➤ Keine Angst vor Hollandaise: Das A und O ist gefühlvolle Hitze beim Aufschlagen der Eigelbe – also das Wasserbad nur auf mittlerer Hitze köcheln lassen. Sollte sich die Butter nicht mit der Eimasse verbinden, liegt es daran, dass die Masse zu heiß ist. Geben Sie einfach ein paar Eiswürfel dazu, dann erhalten Sie die richtige Temperatur. Hollandaise passt natürlich zu Spargel (S. 118), aber auch zu Fleisch.

1 Schalotte schälen und in kleine Würfel schneiden. 1 EL schwarze Pfefferkörner, 1/8 l Gemüsebrühe, 50 ml Weißwein und 1 TL Weißweinessig bereitstellen.

90 ml Brühe, Wein, Essig, Schalottenwürfel und Pfefferkörner in einem Topf aufkochen und fast vollständig einköcheln lassen. Die restliche Brühe dazugeben.

3 Eier trennen. Die Eigelbe in eine Schüssel geben. Die Eiweiße anderweitig verwenden.

Den eingekochten Sud durch ein Sieb in eine Schüssel gießen und zu den Eigelben geben.

Die Eigelbmasse im heißen Wasserbad bei mittlerer Hitze mit dem Schneebesen schaumig aufschlagen. 150 g kalte Butterwürfel nach und nach unterrühren.

Die Schüssel vom Wasserbad nehmen. Die Soße mit Salz, 1 Prise Cayennepfeffer, Zitronensaft und etwas brauner Butter (siehe S. 10) abschmecken.

KRÄUTERSOSSE

➤ Kräutersoße ist ideal als Dressing zu Salaten (S. 16), passt aber auch gut zu Gemüse oder gebackenen Kartoffeln. Mit Äpfeln, Zwiebeln und Gurken verfeinert, wird daraus die richtige Beilage für Matjesfilets.

Für 100 g Crème fraîche oder saure Sahne 1 EL tiefgekühlte oder frische Kräuter nehmen. Einige Kräuter nach Belieben zuerst in etwas Milch oder Sahne pürieren.

Crème fraîche und saure Sahne sowie die Kräutermilch verrühren. Oder die unpürierten, klein geschnittenen Kräuter mit etwas Milch oder Sahne unterrühren.

Die Soße mit Salz, Cayennepfeffer, etwas Zitronensaft, Senf und Zucker würzen.

VINAIGRETTE

➤ Eine Vinaigrette aus Essig und Öl ist das klassische Dressing für Blattsalate (S. 16). Statt neutralem Öl können Sie auch Oliven-, Sonnenblumen- oder Rapsöl, statt Weinessig Balsamico oder Himbeeressig nehmen.

1 Schalotte schälen und in kleine Würfel schneiden.

2 EL Essig in einer kleinen Schüssel mit je 1 Prise Salz und Zucker und etwas Senf mit einem kleinen Schneebesen verrühren.

6 EL Öl dazugeben und unterrühren. Zum Schluss die Schalottenwürfel hinzufügen und die Vinaigrette mit Pfeffer würzen.

Vorspeisen & Salate

Ein schönes Menü braucht einen würdigen Auftakt: Und der wird mit verführerischen Vorspeisen und zarten Salaten raffiniert eingeläutet. Sie stimmen ein auf die kommenden Genüsse und machen Appetit auf mehr. Und der Fantasie kreativer Köche sind hier keine Grenzen gesetzt. Denn es gibt unzählige Möglichkeiten, die unterschiedlichsten Zutaten aufs Feinste miteinander zu kombinieren. Und als leichte Mahlzeit oder gar als Hauptgericht erfreuen sie ebenfalls den Gaumen.

Dreierlei Dressings
mit Gemüse, Spargel und Kräutern

Für 4 Personen | Zubereitungszeit: 15–20 Minuten | Aufwand: *

ZUTATEN

Für die Gemüsevinaigrette:
150 ml Gemüsebrühe
3 EL Balsamico-Essig
1/2 TL scharfer Senf
3–4 EL mildes Olivenöl
Salz · Pfeffer aus der Mühle
Zucker
60 g bofrost*Bouillon-Gemüse
1 TL bofost*Kräuterprofi »Schnittlauch«

Für das Spargeldressing:
1 TL Salz · 1/2 TL Zucker
80 g bofrost*Weißer Stangenspargel
40 g Joghurt
75 ml Gemüsebrühe
1 EL Zitronensaft
4 EL Sonnenblumen-, Raps- oder Olivenöl
Cayennepfeffer

Für das Kräuterdressing:
75 g Fetakäse
1/8 l Gemüsebrühe
1 1/2 EL Rotweinessig
1 Msp. gehackter Knoblauch
2 1/2 EL Olivenöl · Salz
schwarzer Pfeffer aus der Mühle
Zucker · Cayennepfeffer
2 EL schwarze Oliven (ohne Stein)
1 EL bofost*Kräuterprofi »Kräutermischung«

1 Für die Gemüsevinaigrette die Brühe, den Essig und den Senf verrühren und das Öl langsam unterschlagen. Mit Salz, Pfeffer und 1 Prise Zucker abschmecken. Das gefrorene Bouillon-Gemüse 2 Minuten in Salzwasser blanchieren, mit kaltem Wasser abschrecken, auf einem Sieb abtropfen lassen und unter das Dressing rühren.

2 Vor dem Servieren den gefrorenen Schnittlauch in die Vinaigrette rühren und mit Salz, Pfeffer und Zucker noch etwas nachwürzen. Außer für gemischten Salat kann die Gemüsevinaigrette auch für eine leichte Vorspeise über gedämpfte oder gebratene Fischfilets gegeben werden.

3 Für das Spargeldressing in einem Topf 1/2 l Wasser aufkochen lassen, Salz und Zucker hineingeben und den gefrorenen Spargel darin etwa 8 Minuten weich kochen. Den Spargel herausnehmen, auf einem Sieb abtropfen lassen und klein schneiden. Mit Joghurt, Brühe und Zitronensaft in einen Mixbecher geben. Mit dem Stabmixer pürieren und unter ständigem Mixen das Öl hinzufügen. Das Dressing durch ein Sieb passieren und mit Salz, je 1 Prise Zucker und Cayennepfeffer abschmecken.

4 Kurz vor dem Servieren mit Salz, Zucker, Cayennepfeffer und Zitronensaft noch etwas nachwürzen. Dieses Dressing eignet sich gut für gemischte Blattsalate mit Fisch, Geflügel, Schweinefilet oder Lammrückenfilet. Soll das Dressing sämiger sein, kann man mehr Spargel und Joghurt verwenden.

5 Für das Kräuterdressing den Fetakäse zerbröckeln und mit Brühe, Essig und Knoblauch in einen Mixbecher geben. Mit dem Stabmixer pürieren und unter ständigem Mixen das Öl langsam dazugeben. Mit Salz, Pfeffer, je 1 Prise Zucker und Cayennepfeffer würzen.

6 Die Oliven fein hacken, mit den gefrorenen Kräutern unter das Dressing rühren und mit Salz, Pfeffer und 1 Prise Zucker nachwürzen. Das Dressing passt gut zu gemischten Blattsalaten z. B. mit Tomaten und Gurken.

Mein Tipp

Die Dressings lassen sich gut im Voraus zubereiten und sind deshalb ideal für größere Partys. Bis zum Servieren sollte man sie zugedeckt in den Kühlschrank stellen und erst kurz vorher mit dem jeweiligen Salat vermischen.

Tomaten-Mozzarella-Salat *mit Pilzen*

Für 4 Personen | Zubereitungszeit: 25 Minuten | Aufwand: *

ZUTATEN

4 EL Balsamico-Essig
4–5 EL mildes Olivenöl
Salz · Pfeffer aus der Mühle
4 mittelgroße Tomaten
500 g Mozzarella
160 g bofrost*Feinschmecker-Pilzmischung
1 EL gehacktes Basilikum
Basilikumblätter zum Garnieren

1 Für die Marinade den Essig mit 4 EL Olivenöl verrühren, mit Salz und Pfeffer würzen.

2 Die Tomaten waschen und die Stielansätze herausschneiden. Tomaten und Mozzarella jeweils in Scheiben schneiden. Beides abwechselnd, leicht überlappend auf Tellern anrichten und mit Salz und Pfeffer würzen.

3 Die gefrorene Pilzmischung in einer Pfanne bei mittlerer Hitze ohne Fett etwa 2 Minuten anbraten, das restliche Olivenöl hinzufügen, mit Salz und Pfeffer würzen und das gehackte Basilikum dazugeben. Die Pilze auf dem Tomaten-Mozzarella-Salat verteilen, mit der Marinade beträufeln und mit Basilikumblättern garnieren.

Mein Tipp *Eine interessante Note bekommt die Balsamico-Marinade, wenn sie noch mit 1 kleinen Prise Zimtpulver gewürzt wird.*

Antipasti *mit Fenchel, Zucchini und Paprika*

FÜR 4 PERSONEN | ZUBEREITUNGSZEIT: 30 MINUTEN | KÜHLZEIT: 6 STUNDEN | AUFWAND: ⁂

ZUTATEN

1 kleine Fenchelknolle
1 Zucchino (à ca. 150 g)
3 EL Olivenöl
Salz · Pfeffer aus der Mühle
200 g bofrost*Paprikastreifen
2 Thymianzweige
1 Knoblauchzehe
ca. 120 ml mildes Olivenöl zum Marinieren

1 Den Fenchel putzen, waschen und mit dem Stielansatz in etwa 3 mm dicke Scheiben schneiden. Den Zucchino putzen, waschen und in 3 bis 5 mm dicke Scheiben schneiden.

2 Die Fenchel- und Zucchinischeiben portionsweise bei milder Hitze in einer Pfanne in 1 bis 2 EL Olivenöl auf beiden Seiten anbraten, mit Salz und Pfeffer würzen. Die gefrorenen Paprikastreifen in einer Pfanne im restlichen Olivenöl 5 Minuten anbraten, ebenfalls mit Salz und Pfeffer würzen.

3 Alle Gemüsesorten in eine Auflaufform geben. Den Thymian waschen und trockenschütteln. Die Knoblauchzehe schälen, in Scheiben schneiden und mit den Thymianzweigen und dem Öl unter das Gemüse mischen. Mit Salz und Pfeffer würzen. Zugedeckt mehrere Stunden kalt stellen. Das Gemüse 2 Stunden vor dem Servieren aus dem Kühlschrank nehmen und, falls nötig, noch etwas nachwürzen.

Mein Tipp *Antipasti sind ein ideales Vorspeisengericht, sie eignen sich aber auch gut als Partygericht und passen als Beilage zu gebratenem Fleisch oder Fisch.*

Bohnensalat
mit Artischocken, Fisch und Krabben

FÜR 4 PERSONEN | VORBEREITUNGSZEIT: 5 MINUTEN | ZUBEREITUNGSZEIT: 10 MINUTEN | AUFWAND: ☆☆

ZUTATEN

Für den Fisch:

1 bofrost*Lachsfilet
2 bofrost*Pangasiusfilets

Für die Marinade:

1 Stange Staudensellerie
4 EL bofrost*Zwiebelwürfel
3 EL mildes Olivenöl
150 ml Gemüsebrühe
1 EL Limettensaft
abgeriebene Schale von
1/2 unbehandelten Limette
Salz · Zucker · Cayennepfeffer
1 Thymianzweig
1/2 geschälte Knoblauchzehe

Für den Salat:

6 eingelegte Artischockenherzen (ca. 150 g)
150 g weiße Riesenbohnen (aus der Dose)
50 g schwarze Oliven (ohne Stein)
150 g bofrost*Luxuskrabben
1 EL kleine Kapern

1 Für den Fisch die Fischfilets über Nacht im Kühlschrank zugedeckt auftauen lassen.

2 Für die Marinade den Sellerie putzen, waschen und schräg in dünne Scheiben schneiden. Mit den gefrorenen Zwiebelwürfeln in einer Pfanne in 1 EL Olivenöl glasig andünsten. Die Brühe hinzufügen und 2 bis 3 Minuten ziehen lassen. In ein Sieb abgießen, die Brühe auffangen und mit Limettensaft, Limettenschale und dem restlichem Olivenöl mit dem Stabmixer mixen. Mit Salz, je 1 Prise Zucker und Cayennepfeffer würzen. Den Thymian waschen und trockenschütteln. Knoblauch und Thymian in die Brühe geben, einige Minuten darin ziehen lassen und wieder entfernen. Die Marinade beiseite stellen.

3 Für den Bohnensalat die Artischocken abtropfen lassen und in Spalten schneiden, die weißen Bohnen waschen und auf einem Sieb abtropfen lassen, die Oliven halbieren.

4 Die aufgetauten Fischfilets kalt abspülen, trockentupfen und In 1 1/2 bis 2 cm große Stücke schneiden. 2 l Salzwasser zum Kochen bringen, den Topf vom Herd nehmen und 200 ml kaltes Wasser hinzufügen. Die Fischwürfel hineingeben und 2 bis 3 Minuten glasig durchziehen lassen. Zum Schluss die gefrorenen Krabben dazugeben und alles sofort in ein Sieb abgießen.

5 Artischocken, Bohnen, Oliven, Kapern, die Sellerie-Zwiebel-Mischung und die Fisch-Krabben-Mischung in eine Schüssel geben, die Marinade hinzufügen und alles vorsichtig vermischen. Falls nötig, noch etwas nachwürzen. Den Bohnensalat auf Vorspeisentellern anrichten.

Mein Tipp

Die Fischstücke sollten in kräftig gesalzenem Wasser gegart werden, damit der Fisch geschmacklich optimal zur Geltung kommt. Die Krabben erst ganz zum Schluss hinzufügen, damit sie schön knackig bleiben.
*Sie können auch noch 150 g bofrost*Brechbohnen zum Salat geben. Dafür die gefrorenen Brechbohnen 7 Minuten in Salzwasser blanchieren, kalt abschrecken und gut abtropfen lassen. Mit den anderen Zutaten zum Schluss vermischen.*

Bratkartoffelsalat *mit Rostbratwürstl*

FÜR 4 PERSONEN | VORBEREITUNGSZEIT: 10 MINUTEN | ZUBEREITUNGSZEIT: 10 MINUTEN | AUFWAND: ☆☆

ZUTATEN

1/8 l Gemüsebrühe
5 EL Rotweinessig
1 EL scharfer Senf
2 Scheiben Knoblauch · Salz
Zucker · Cayennepfeffer
8 EL mildes Olivenöl
1 Bund Rucola
2 Bund Frühlingszwiebeln
150 g bofrost*Brechbohnen
3 EL Öl
800 g bofrost*Bratkartoffeln
Salz · Pfeffer aus der Mühle
getrockneter Majoran
gemahlener Kümmel
8 bofrost*Original Nürnberger Rostbratwürstl

1 Für das Dressing die Brühe mit Essig, Senf und Knoblauch in einem Rührbecher mit dem Stabmixer verrühren. Mit Salz, je 1 Prise Zucker und Cayennepfeffer würzen und das Olivenöl unterschlagen.

2 Den Rucola verlesen, die harten Stiele entfernen, die Blätter waschen und trockenschleudern. Die Frühlingszwiebeln putzen, waschen und schräg in Scheiben schneiden, das dunkle Grün dabei weitgehend abschneiden. Die gefrorenen Brechbohnen 4 Minuten in Salzwasser kochen, mit kaltem Wasser abschrecken und in einem Sieb abtropfen lassen.

3 Für die Bratkartoffeln 1 bis 2 EL Öl in einer Pfanne erhitzen, die gefrorenen Bratkartoffeln darin anbraten, die Frühlingszwiebeln hinzufügen und einige Minuten mitbraten. Mit Salz, Pfeffer, je 1 Prise Majoran und Kümmel würzen und in eine Schüssel geben. Die gefrorenen Rostbratwürstl im restlichen Öl bei mittlerer Hitze braten, in Scheiben schneiden und zu den Bratkartoffeln geben. Den Rucola und die Bohnen hinzufügen und mit dem Dressing marinieren.

Mein Tipp *Statt Majoran passt auch 1 Prise getrocknetes Bohnenkraut sehr gut. Der Bratkartoffelsalat schmeckt am besten, wenn er noch warm ist.*

Nudelsalat *mit Wiener Würstchen*

Für 4 Personen | Zubereitungszeit: 15 Minuten | Garzeit: 10 Minuten | Aufwand: ☆

ZUTATEN

6 bofrost*Wiener Würstchen
250 g Penne · Salz
1 EL mildes Olivenöl
400 g bofrost*Romanesco-Gemüse-Mix
2 TL Puderzucker
5 EL Rotweinessig
3 EL weißer Portwein
150 ml Gemüsebrühe
1 TL scharfer Senf
3 EL mildes Olivenöl
Pfeffer aus der Mühle
Cayennepfeffer
Kräuterblättchen zum Garnieren

1 Für den Nudelsalat die Würstchen über Nacht auftauen lassen. Am nächsten Tag die Penne in reichlich Salzwasser nach Packungsanweisung bissfest garen, in ein Sieb abgießen, auf einem Tablett ausbreiten und mit dem Öl vermischen. Die Würstchen schräg in 1 cm breite Scheiben schneiden.

2 Den gefrorenen Romanesco-Gemüse-Mix in Salzwasser 6 bis 8 Minuten garen, mit kaltem Wasser abschrecken, abtropfen lassen und größere Gemüsestücke halbieren. Das Gemüse mit den Würstchen und den Nudeln in eine große Schüssel geben.

3 Für das Dressing den Puderzucker in einer Pfanne hell karamellisieren lassen. Mit Essig und Portwein ablöschen und 30 Sekunden köcheln lassen. Die Gemüsebrühe dazugießen, vom Herd nehmen und Senf und Öl unterrühren. Das Dressing mit Salz, Pfeffer, 1 Prise Cayennepfeffer und, falls nötig, noch mit etwas Essig abschmecken.

4 Das Dressing über die Nudel-Gemüse-Mischung geben und alles gut vermischen. Mit Salz und Pfeffer würzen. Den Nudelsalat auf Vorspeisentellern anrichten und mit Kräuterblättchen garnieren. Dazu passen sehr gut frische Vollkornbrötchen.

Carpaccio vom Rinderfilet *mit Spargel*

FÜR 4 PERSONEN | VORBEREITUNGSZEIT: 10 MINUTEN | ZUBEREITUNGSZEIT: 15 MINUTEN | AUFWAND: ☆

ZUTATEN

Für den Spargel:

6 Stangen bofrost*Weißer Stangenspargel
6 EL Gemüsebrühe
2 EL Zitronensaft
2 EL mildes Olivenöl
1 Streifen unbehandelte Zitronenschale · Salz
Zucker · Cayennepfeffer
1 TL bofrost*Kräuterprofi »Petersilie«

Für das Carpaccio:

300 g Rinderfilet
Olivenöl für die Folie
Salz · Pfeffer aus der Mühle
einige Salat- oder Kräuterblättchen zum Garnieren

1 Für den Spargel die Spargelstangen 10 Minuten antauen lassen, schräg in 2,5 bis 3 cm lange Stifte schneiden und in der Brühe zugedeckt knapp unter dem Siedepunkt 8 bis 10 Minuten ziehen lassen. 4 EL der Brühe abgießen, den Rest mit Zitronensaft und Olivenöl verrühren, die Zitronenschale einlegen, einige Minuten darin ziehen lassen und wieder entfernen. Mit Salz, je 1 Prise Zucker und Cayennepfeffer kräftig abschmecken, die gefrorene Petersilie unterrühren und die Spargelstücke darin marinieren.

2 Für das Carpaccio das Rinderfilet mit einem scharfen Messer zuerst in dünne Scheiben, dann in etwa 1,5 cm große Stücke schneiden. Zwei Lagen Frischhaltefolie mit Öl bestreichen und das Rinderfilet mit ausreichend Abstand dazwischenlegen. Mit der flachen Seite eines Schnitzelklopfers (ersatzweise mit dem Boden eines kleinen Stieltopfes) dünn klopfen.

3 Vier flache Teller mit etwas Spargelmarinade beträufeln, leicht salzen und pfeffern. Die Fleischscheiben vorsichtig von der Folie lösen, leicht überlappend auf die Teller legen und mit Salz und Pfeffer würzen. Die Spargelmarinade darüber träufeln und die Spargelstücke darauf verteilen. Mit kleinen Salat- oder Kräuterblättern garnieren.

Mein Tipp *Die Fleischscheiben lassen sich in der Folie im Kühlschrank einige Stunden aufbewahren, sodass man das Carpaccio schnell anrichten kann.*

Garnelen *mit gebratenem Fenchel*

FÜR 4 PERSONEN | VORBEREITUNGSZEIT: 15 MINUTEN | ZUBEREITUNGSZEIT: 10 MINUTEN | AUFWAND: ☆

ZUTATEN

Für die Garnelen:
500 g bofrost*Garnelen in Kräutersoße
1 Streifen unbehandelte Zitronenschale
einige Tropfen Zitronensaft
Cayennepfeffer

Für den Fenchel:
2 kleine Fenchelknollen
2 EL Olivenöl
Salz · Pfeffer aus der Mühle

Außerdem:
Kräuterblättchen zum Garnieren

1 Die Garnelen etwa 15 Minuten bei Zimmertemperatur auftauen lassen. Für den Fenchel die Fenchelknollen putzen (den Stielansatz dabei nicht verletzen), waschen und längs in 16 etwa 3 mm dicke Scheiben schneiden, sodass der Stielansatz die Blätter noch zusammenhält. Das Öl in einer Pfanne bei mittlerer Hitze heiß werden lassen und den Fenchel auf beiden Seiten etwa 3 bis 4 Minuten hell anbraten, mit Salz und Pfeffer würzen.

2 Die Garnelen mit der Zitronenschale bei schwacher Hitze in einer großen Pfanne 2 Minuten mehr ziehen als köcheln lassen, die Pfanne vom Herd nehmen und die Garnelen noch eine weitere Minute in der Nachhitze der Pfanne ziehen lassen. Mit etwas Zitronensaft abschmecken, die Zitronenschale entfernen und mit 1 Prise Cayennepfeffer würzen.

3 Die Fenchelscheiben auf Vorspeisenteller verteilen, die Garnelen darauf setzen und mit der Soße beträufeln. Mit frischen Kräuterblättchen und nach Belieben mit dem restlichen Fenchelgrün garnieren.

Mein Tipp

Die Fenchelscheiben sollten nicht zu dick sein und bei schonender Hitze gebraten werden, damit sie währenddessen gut durchziehen. Der Stielansatz wird beim Garen weich und kann mitgegessen werden. Die Fenchelabschnitte können klein geschnitten und ebenfalls gebraten oder fein gehobelt unter einen Salat gemischt werden.

Schellfisch im Gewürzmantel
mit Feldsalat und Schnittlauchsoße

FÜR 4 PERSONEN | VORBEREITUNGSZEIT: 10 MINUTEN | ZUBEREITUNGSZEIT: 30 MINUTEN | AUFWAND: ☆☆

ZUTATEN

Für den Fisch:

500 g bofrost*Schellfischfilet
je 1/2 TL Piment, Kümmel, Pfeffer und Wacholderbeeren
1/4 TL Zimtpulver
60 g Speisestärke
120 g doppelgriffiges Mehl
1/8 l helles Bier
1 TL gehackter Thymian
frisch geriebene Muskatnuss
Salz
je 70 g Butterschmalz und Öl
einige Tropfen Zitronensaft

Für die Soße:

100 g Crème fraîche
2 EL Milch · 1 TL scharfer Senf
1 EL Zitronensaft · Zucker
Salz · Cayennepfeffer
2 EL bofrost*Kräuterprofi »Schnittlauch«

Für den Salat:

300 g Feldsalat
100 ml Gemüsebrühe
1–2 EL Sherryessig
1 dünne Scheibe Knoblauch
1/2–1 TL scharfer Senf
3 EL Rapsöl
Salz · Pfeffer aus der Mühle
Zucker · Cayennepfeffer

—

1 Für den Fisch den Schellfisch über Nacht im Kühlschrank zugedeckt auftauen lassen. Am folgenden Tag Piment, Kümmel, Pfeffer, Wacholder und Zimt in eine Gewürzmühle füllen. Speisestärke und Mehl mischen, auf einen Teller geben und die Gewürze darüber mahlen. Das Bier in einen tiefen Teller geben, den Thymian unterrühren und etwas Muskatnuss darüber reiben.

2 Den Fisch kalt abspülen und trockentupfen. Mit Salz würzen und in 4 bis 5 cm große Stücke schneiden. Abwechselnd 2-mal hintereinander zuerst in der Mehlmischung, dann in Bier und zuletzt nochmals in der Mehlmischung wenden. Butterschmalz und Öl in einer beschichteten Pfanne bei milder Hitze heiß werden lassen, die panierten Schellfischstücke darin rundum etwa 5 Minuten hellbraun anbraten, herausnehmen und auf Küchenpapier abtropfen lassen. Den Fisch mit etwas Zitronensaft beträufeln.

3 Für die Soße Crème fraîche mit Milch und Senf vermischen. Mit Zitronensaft, 1 Prise Zucker, Salz und 1 Prise Cayennepfeffer abschmecken und zum Schluss den gefrorenen Schnittlauch dazugeben.

4 Für den Salat den Feldsalat gründlich putzen, waschen und abtropfen lassen. Gemüsebrühe und Essig, Knoblauch und Senf mit dem Stabmixer pürieren, dabei das Öl nach und nach dazugeben. Mit Salz, Pfeffer, je 1 Prise Zucker und Cayennepfeffer würzen.

5 Den Feldsalat in einer Schüssel mit dem Dressing mischen und auf Tellern anrichten. Die kross gebratenen Schellfischstücke darauf verteilen und die Schnittlauchsoße separat dazu reichen.

Mein Tipp

Die Schnittlauchsoße hält sich zugedeckt bis zu zwei Tage im Kühlschrank und kann zu vielen anderen Fisch- oder Fleischgerichten, aber ebenso auch zu vegetarischen Gerichten oder Gemüse serviert werden.
Die restliche Würzmischung aus der Mühle kann hervorragend auch für andere weiße Fischfilets eingesetzt werden.

Lachs in Senfkruste *auf Blattsalat*

Für 4 Personen | Vorbereitungszeit: 10 Minuten | Zubereitungszeit: 20 Minuten | Aufwand: ☆☆

ZUTATEN

Für den Fisch:

4 bofrost*Lachsfilets
60 g scharfer Senf
100 g doppelgriffiges Mehl
4 EL Öl

Für den Salat:

1 Schalotte
1/8 l Gemüsebrühe
1–2 EL Rotweinessig
1/2 TL scharfer Senf
3 EL mildes Olivenöl
1 EL gehackter Dill
Salz · Pfeffer aus der Mühle
Zucker
300 g gemischter Blattsalat
Dillspitzen zum Garnieren

1 Für den Lachs die Lachsfilets über Nacht zugedeckt im Kühlschrank auftauen lassen. Am folgenden Tag die aufgetauten Lachsfilets kalt abspülen, trockentupfen und längs in 3 schmale Stücke schneiden. Mit einem Pinsel auf einer Seite mit dem Senf bestreichen, die bestrichene Seite in Mehl legen, die zweite Seite ebenfalls mit Senf bestreichen und im Mehl wenden.

2 Für den Salat die Schalotte schälen und in kleine Würfel schneiden. Die Schalottenwürfel mit Brühe, Essig und Senf verrühren und das Öl langsam unterrühren. Den Dill untermischen und das Dressing mit Salz, Pfeffer und 1 Prise Zucker würzen. Die Salatblätter waschen, trockenschleudern und in mundgerechte Stücke zupfen.

3 Für die Lachsfilets das Öl bei mittlerer Hitze in einer Pfanne heiß werden lassen und die Lachsfilets auf beiden Seiten insgesamt 2 bis 3 Minuten knusprig braun braten.

4 Die Salatblätter mit dem Dressing mischen, den Salat auf Tellern anrichten und die Lachsscheiben darauf legen. Mit Dillspitzen garnieren.

Mein Tipp *Zum Wenden der Fischfilets eignet sich am besten eine Winkelpalette, mit der das ganze Fischstück aufgenommen werden kann. Dadurch bricht es nicht so leicht und auch feine Panaden bleiben am Fisch haften.*

Seelachs *mit Radicchio-Orangen-Salat*

FÜR 4 PERSONEN | VORBEREITUNGSZEIT: 15 MINUTEN | ZUBEREITUNGSZEIT: 15 MINUTEN | AUFWAND: ☆☆

ZUTATEN

Für den Fisch:
3 bofrost*Seelachsfilets
Salz · Pfeffer aus der Mühle
100 g Polentagrieß
Öl zum Braten
einige Tropfen Zitronensaft

Für den Salat:
1 Fenchelknolle · Salz
2 Orangen
1 EL Zitronensaft
Pfeffer aus der Mühle
Zucker
1–2 TL bofrost*Kräuterprofi »Kräutermischung«
je 1 Msp. abgeriebene unbehandelte Orangen- und Zitronenschale
2 EL mildes Olivenöl
1 kleiner Kopf Radicchio

1 Die Seelachsfilets zugedeckt über Nacht im Kühlschrank auftauen lassen. Für den Salat den Fenchel putzen, halbieren, waschen und quer in hauchdünne Streifen hobeln. Das Fenchelgrün klein schneiden und beiseite legen. Den Fenchel in Salzwasser blanchieren, kalt abschrecken und auf einem Sieb abtropfen lassen.

2 Die Orangen mit einem scharfen Messer so schälen, dass auch die weiße Haut mit entfernt wird, und die Filets herausschneiden. Den dabei austretenden Saft auffangen. Von den Orangenresten ebenfalls den Saft ausdrücken. Orangensaft mit Zitronensaft, Salz, Pfeffer, 1 Prise Zucker, Fenchelgrün, gefrorenen Kräutern, Orangen- und Zitronenschale und Olivenöl verrühren.

3 Den Fisch kalt abspülen, trockentupfen, in je 4 Teile schneiden, mit Salz und Pfeffer würzen und in der Polenta wenden. So viel Öl in eine beschichtete Pfanne geben, dass der Boden bedeckt ist. Die Filets darin auf beiden Seiten etwa 4 Minuten bei mittlerer Hitze goldbraun braten. Auf Küchenpapier abtropfen lassen, mit Zitronensaft beträufeln, leicht salzen und pfeffern.

4 Den Radicchio putzen, die groben weißen Teile entfernen, den Salat waschen, abtropfen lassen und in mundgerechte Stücke zupfen. Radicchiosalat, Fenchel und Orangenfilets mit dem Dressing mischen. Die gebratenen Seelachsfilets mit dem Salat auf Tellern anrichten.

Limanda
auf Tomaten mit Buttermilchschaum

Für 4 Personen | Zubereitungszeit: 25 Minuten | Aufwand: ☆☆

ZUTATEN

Für den Fisch:
4 bofrost*Limandafilets (Limanda aspera)
1–2 EL Öl
Salz · Pfeffer aus der Mühle

Für die Marinade:
1–2 mittelgroße, vollreife Tomaten (120 g)
4 EL Gemüsebrühe
1 Rosmarinzweig
1/2 geschälte Knoblauchzehe
1 kleine getrocknete Chilischote
3 EL mildes Olivenöl
1 TL Rotweinessig
Salz · Pfeffer aus der Mühle
Zucker

Für den Buttermilchschaum:
100 g Buttermilch
60 g saure Sahne
50 g Crème fraîche
4 EL mildes Olivenöl
Salz · Cayennepfeffer · Zucker
einige Tropfen Zitronensaft

Außerdem:
2 mittelgroße, vollreife Tomaten
Salz · Pfeffer aus der Mühle
Basilikumblätter

1 Für den Fisch die Limandafilets zugedeckt über Nacht im Kühlschrank auftauen lassen.

2 Für die Marinade die Tomaten waschen, halbieren und den Stielansatz herausschneiden. Die Tomaten klein schneiden und mit der Brühe mit dem Stabmixer verrühren. In einen kleinen Topf geben und auf maximal 70 °C erhitzen. Rosmarin waschen und trockenschütteln. Knoblauch in Scheiben schneiden. Rosmarin, Knoblauch und Chilischote in das Tomatenpüree geben. Den Topf vom Herd nehmen und alles 5 bis 10 Minuten ziehen lassen. Die Marinade durch ein grobes Sieb streichen. Das Öl und den Rotweinessig unterrühren und mit Salz, Pfeffer und 1 Prise Zucker abschmecken.

3 Für den Fisch die Fischfilets kalt abspülen und trockentupfen. Das Öl in einer beschichteten Pfanne bei mittlerer Hitze heiß werden lassen und die Filets etwa 2 Minuten darin anbraten. Mithilfe einer Winkelpalette oder eines Pfannenwenders vorsichtig wenden und weitere 1 bis 2 Minuten braten. Die Pfanne vom Herd nehmen und den Fisch in der Nachhitze der Pfanne weitere 1 bis 2 Minuten glasig durchziehen lassen. Die Fischfilets herausnehmen, auf Küchenpapier gut abtropfen lassen und mit Salz und Pfeffer würzen.

4 Für den Buttermilchschaum die Buttermilch, die saure Sahne und die Crème fraîche mit dem Stabmixer aufmixen. Das Öl unter ständigem Rühren hinzufügen und den Buttermilchschaum mit Salz, je 1 Prise Cayennepfeffer und Zucker und Zitronensaft abschmecken.

5 Zum Servieren die Tomaten waschen, halbieren, den Stielsansatz herausschneiden und in dünne Scheiben schneiden. Je 3 bis 5 Tomatenscheiben auf Teller verteilen. Mit Salz und Pfeffer würzen und die Tomatenmarinade darauf verteilen. Die Limandastücke darauf setzen und den Buttermilchschaum darum herum verteilen. Mit Basilikumblättern garnieren.

Seelachs in der Ciabattakruste
auf Tomaten-Bohnen-Salat

FÜR 4 PERSONEN | VORBEREITUNGSZEIT: 15 MINUTEN | ZUBEREITUNGSZEIT: 30 MINUTEN | AUFWAND: ☆☆

ZUTATEN

Für den Fisch:

2 bofrost*Alaska-Seelachsfilets (ca. 260 g)
3 bofrost*Original italienische Mini-Ciabatta
Salz · Pfeffer aus der Mühle
1 TL frische Thymianblättchen
6 EL Öl

Für den Salat:

1/8 l Gemüsebrühe
1 Scheibe Knoblauch
1 Streifen unbehandelte Zitronenschale
getrocknetes Bohnenkraut
1–2 EL Weißweinessig
1/2 TL scharfer Senf
4 EL mildes Olivenöl
Salz · Pfeffer aus der Mühle
Zucker
4 Tomaten
300 g bofrost*Prinzessbohnen
1/2 EL bofrost*Kräuterprofi »Petersilie«

1 Für den Fisch die Seelachsfilets über Nacht im Kühlschrank zugedeckt auftauen lassen.

2 Für den Salat die Brühe erhitzen und vom Herd nehmen. Knoblauchscheibe, Zitronenschale und 1 Prise Bohnenkraut hinzufügen, 5 Minuten ziehen lassen und die Brühe durch ein Sieb gießen. Essig und Senf unterrühren und das Öl hineinmixen. Das Dressing mit Salz, Pfeffer und 1 Prise Zucker abschmecken.

3 Von den Tomaten den Stiel entfernen, die Tomaten kreuzweise einritzen, überbrühen, kalt abschrecken, häuten, vierteln, entkernen und in Spalten schneiden. Die gefrorenen Prinzessbohnen in Salzwasser etwa 8 Minuten bissfest kochen, kalt abschrecken und abtropfen lassen. Bohnen, Tomaten, gefrorene Petersilie und Dressing vermischen.

4 Für den Fisch die Ciabattabrötchen bei Zimmertemperatur 10 Minuten antauen lassen und mit einem Konditor- oder Brotmesser längs in 24 möglichst dünne, gleichmäßige Scheiben schneiden.

5 Die Seelachsfilets kalt abspülen und trockentupfen. Jeweils quer in 7 gleich große Stücke schneiden und die beiden dünnen Schwanzstücke zu einem Stück aufeinander legen. Die Fischstücke von beiden Seiten salzen und pfeffern, mit Thymianblättchen bestreuen und wie ein Sandwich zwischen jeweils 2 Ciabattascheiben legen. Die Brotscheiben gut an die Filets drücken. In einer großen beschichteten Pfanne im Öl bei mittlerer Hitze auf einer Seite etwa 2 Minuten kross braten, vorsichtig wenden und in weiteren 2 Minuten fertig braten. Aus der Pfanne nehmen und auf Küchenpapier abtropfen lassen.

6 Die gebratenen Fischfilets mit dem Bohnen-Tomaten-Salat auf Vorspeisentellern anrichten.

Mein Tipp

Die Ciabattascheiben haften am besten am Fisch, wenn man die vorbereiteten Fischstücke noch ein paar Minuten stehen lässt, bevor man sie brät. Die restlichen Ciabattaabschnitte können in etwas Butter kross gebraten und wie Croûtons über Salat gestreut werden.

A. Schuhbeck

Snacks & kleine Gerichte

Feine Häppchen und leckere Snacks für zwischendurch sind schnell zubereitet und finden immer dankbare Abnehmer. Denn um den kleinen Hunger zu stillen – auf einer Stehparty im Büro, zu Hause oder unterwegs – braucht man gar nicht viel: knusprige Crostini mit verschiedenen Pasten, gebackene Kartoffelspalten mit würzigem Dip oder saftige Frikadellen auf Chinakohlsalat. Lassen Sie sich überraschen von der Vielfalt der Rezeptvorschläge. Sie werden sehen, für jeden Geschmack ist etwas Passendes dabei!

Clubsandwich *mit Hähnchenbrust*

Für 2 Personen | Zubereitungszeit: 20 Minuten | Aufwand: ☆

ZUTATEN

1 bofrost*Hähnchen-Brustfilet, naturbelassen
2 EL Öl
4 EL Geflügelbrühe
Salz · Pfeffer aus der Mühle
4 Blätter Eisbergsalat
4 Scheiben Frühstücksspeck
6 Toastbrotscheiben
120 g Mayonnaise
8 Scheiben Tomaten
4 kleine Cocktailtomaten

1 Das Hähnchenbrustfilet über Nacht im Kühlschrank zugedeckt auftauen lassen, kalt abspülen und trockentupfen.

2 Das Hähnchenbrustfilet in einer Pfanne bei mittlerer Hitze in 1 EL Öl anbraten, die Brühe dazugießen und die Hähnchenbrust zugedeckt bei kleiner Hitze etwa 10 Minuten saftig ziehen lassen. Anschließend in dünne Scheiben schneiden, salzen und pfeffern.

3 Die Salatblätter waschen, abtropfen lassen und auf Toastbrotgröße zurechtschneiden. Den Speck in einer Pfanne im restlichen Öl kross braten. Das Toastbrot rösten und alle Scheiben mit der Mayonnaise bestreichen.

4 Die erste Scheibe mit Eisbergsalat und Tomatenscheiben belegen und mit Salz und Pfeffer würzen. Eine zweite Scheibe Toastbrot darauf setzen, mit Eisbergsalat und Hähnchenfleisch belegen, salzen, pfeffern und die Speckscheiben darauf legen. Die letzte Toastbrotscheibe mit der Mayonnaise nach unten darauf setzen und leicht andrücken.

5 Die Sandwiches diagonal halbieren, in jede Hälfte einen Zahnstocher mit einer Cocktailtomate stecken und die Sandwiches auf Tellern anrichten.

Crostini-Variationen

Für 4 Personen | Vorbereitungszeit: 30 Minuten | Zubereitungszeit: 25 Minuten | Aufwand: ✲

ZUTATEN

250 g bofrost*Feinschmecker-Pilzmischung
50 g bofrost*Zwiebelwürfel
1 EL Öl
1 TL bofrost*Kräuterprofi »Kräutermischung«
Salz · Pfeffer aus der Mühle
120 g bofrost*Julienne Gemüse-Mix
1 EL Olivenöl · 5 EL Gemüsebrühe
1/2 geschälte Knoblauchzehe
180 g Frischkäse
1 EL Sahne · 1 EL braune Butter (siehe Seite 10)
Salz · Pfeffer aus der Mühle
Cayennepfeffer
8 bofrost*Original italienische Mini-Ciabatta

1 Für den Pilzbelag die Pilze 10 Minuten auftauen lassen und klein hacken. Die gefrorenen Zwiebeln in einer Pfanne bei milder Hitze im Öl glasig andünsten, die Pilze hinzufügen und etwa 3 Minuten mitbraten, bis die Flüssigkeit fast verdampft ist. Die gefrorene Kräutermischung dazugeben, mit Salz und Pfeffer würzen.

2 Für den Gemüseaufstrich die Gemüsestreifen 10 Minuten antauen lassen und klein schneiden. In einer Pfanne bei milder Hitze im Olivenöl andünsten, die Brühe dazugießen, den Knoblauch dazugeben und das Gemüse darin in wenigen Minuten bissfest garen. Die Brühe sollte vollständig eingekocht sein. Das Gemüse aus der Pfanne nehmen, abkühlen lassen und den Knoblauch entfernen. Den Frischkäse mit Sahne und der braunen Butter verrühren, die Gemüsestreifen untermischen und mit Salz, Pfeffer und 1 Prise Cayennepfeffer herzhaft würzen. Den Backofen auf 180 °C vorheizen.

3 Die gefrorenen Ciabattabrötchen im Backofen 12 Minuten backen, abkühlen lassen, längs in je 4 Scheiben von etwa 1/2 cm Dicke schneiden. Den Backofengrill einschalten. Die Ciabatta schräg in 1 cm dicke Scheiben schneiden, auf ein Backblech legen und auf der mittleren Schiene unter dem vorgeheizten Grill auf beiden Seiten hell bräunen. Lauwarm abkühlen lassen und mit dem jeweiligen Belag bestreichen.

Krabbentoast
mit Kräuterrahm

FÜR 2 PERSONEN | ZUBEREITUNGSZEIT: 20 MINUTEN | AUFWAND: ☆

ZUTATEN

Für den Toast:

120 g bofrost*Luxuskrabben
1 kleine Tomate
1–2 Blätter Eisbergsalat
4 Scheiben Toastbrot
Salz · Pfeffer aus der Mühle

Für den Kräuterrahm:

80 g Crème fraîche
1–2 TL Milch (je nach Konsistenz der Crème fraîche)
1/2 TL scharfer Senf
1 EL bofrost*Kräuterprofi »Kräutermischung«
etwas Zitronensaft
Salz · Zucker · Cayennepfeffer

Für das Dressing:

2 EL Gemüsebrühe
1 EL weißer Balsamico-Essig
1/2 TL scharfer Senf
1–2 EL mildes Olivenöl
Salz · Pfeffer aus der Mühle
Zucker
2 TL bofrost*Kräuterprofi »Petersilie«

1 Für den Toast die Luxuskrabben 15 Minuten auftauen lassen. Für den Kräuterrahm die Crème fraîche mit der Milch glatt rühren. Senf und gefrorene Kräutermischung hinzufügen und mit einigen Tropfen Zitronensaft, Salz und je 1 Prise Zucker und Cayennepfeffer würzen.

2 Für das Dressing die Brühe, den Essig, den Senf und das Öl gründlich verrühren und mit Salz, Pfeffer und 1 Prise Zucker abschmecken. Die gefrorene Petersilie gut unterrühren.

3 Die aufgetauten Luxuskrabben waschen und trockentupfen. Mit knapp der Hälfte des Salatdressings marinieren.

4 Für den Toast die Tomate waschen, den Stiel herausschneiden und die Tomate in dünne Scheiben schneiden. Den Eisbergsalat waschen, abtropfen lassen und in Streifen schneiden. Das Toastbrot rösten.

5 Den Eisbergsalat mit der restlichen Marinade vermischen. Auf 2 Toastbrotscheiben verteilen, die Tomatenscheiben darauf legen und mit Salz und Pfeffer würzen. Den Kräuterrahm darüber träufeln und die Luxuskrabben darauf verteilen. Etwas Pfeffer darüber mahlen und mit je einer Toastbrotscheibe bedecken. Den Toast diagonal halbieren und auf kleine Teller setzen.

Mein Tipp

*Statt Toastbrot können Sie auch 4 bofrost*Original italienische Mini-Ciabatta nehmen. Ciabatta nach Packungsanweisung aufbacken und etwas abkühlen lassen. Mit den Zutaten belegen.*

Matjes *mit Apfel-Gurken-Rahm und Reibekuchen*

Für 4 Personen | Zubereitungszeit: 25 Minuten | Aufwand: ✲

ZUTATEN
1 kleine weiße Zwiebel
1 roter Apfel
100 g Gewürzgurken (aus dem Glas)
70 g Crème fraîche
80 g saure Sahne
1 EL Gewürzgurkenwasser
1 EL bofrost*Kräuterprofi »Kräutermischung«
Salz · Zucker · Cayennepfeffer
4 bofrost*Reibekuchen
3–4 EL Öl
4 Matjesfilets
Dillspitzen zum Garnieren

1 Die Zwiebel schälen, vierteln und quer in Streifen schneiden. Den Apfel waschen, vierteln, entkernen und quer in Scheiben schneiden. Die Gewürzgurken in Scheiben schneiden.

2 Crème fraîche und saure Sahne mit dem Gewürzgurkenwasser und der gefrorenen Kräutermischung verrühren. Mit Salz, je 1 Prise Zucker und Cayennepfeffer würzen. Die Soße mit Zwiebel, Apfel und Gurken vermischen.

3 Die gefrorenen Reibekuchen in einer großen Pfanne im Öl bei milder Hitze etwa 4 Minuten knusprig braun braten und auf Küchenpapier abtropfen lassen.

4 Die Matjesfilets halbieren und auf Vorspeisenteller verteilen. Die Sahnesoße darüber geben, die Reibekuchen halbieren und daneben anrichten. Den Matjes mit Dillspitzen garnieren.

Mein Tipp

Matjes ist junger Hering, der im Frühsommer an der Nordseeküste gefangen wird. Der Fisch wird in Fässern eingesalzen, wo er reift und dadurch zart wird. Wer ihn etwas milder haben möchte, kann ihn vor der Verwendung kurz wässern. Er ist das ganze Jahr über erhältlich.

Kartoffelspalten *mit Paprikarelish*

Für 4 Personen | Vorbereitungszeit: 15 Minuten | Zubereitungszeit: 25 Minuten | Aufwand: ☆

ZUTATEN

300 g bofrost*Paprikastreifen
100 g passierte Tomaten (Fertigprodukt)
100 g bofrost*Zwiebelwürfel
2 EL Weinessig
1 EL brauner Zucker
Salz
2 EL Olivenöl
Cayennepfeffer
1 frischer Thymianzweig
1/2 geschälte Knoblauchzehe
800 g bofrost*Rosmarin-Kartoffeln
2–3 EL Öl

1 Die Paprikastreifen 15 Minuten antauen lassen und in Würfel schneiden. Die Tomaten mit den Zwiebel- und Paprikawürfeln, Essig, Zucker, Salz und Olivenöl in einen Topf geben, alles aufkochen lassen und unter häufigem Rühren 12 bis 15 Minuten weich garen. Mit 1 Prise Cayennepfeffer würzen. Thymian waschen und trockenschütteln. Mit dem Knoblauch dazugeben und abkühlen lassen. Thymian und Knoblauch wieder entfernen und das Relish, falls nötig, noch mit Salz, Zucker und Essig nachwürzen.

2 Die gefrorenen Rosmarin-Kartoffeln in einer Pfanne bei mittlerer Hitze im Öl 8 Minuten anbraten und auf Küchenpapier abtropfen lassen.

3 Kartoffelspalten und Paprikarelish auf einer Platte oder getrennt in Schälchen anrichten.

Mein Tipp *Wenn Sie das Relish noch heiß in Twist-off-Gläser füllen, hält es sich mehrere Wochen im Kühlschrank.*

Limanda mit Kräutergarnelen
und Spargel-Kaiserschoten-Salat

FÜR 4 PERSONEN | ZUBEREITUNGSZEIT: 25 MINUTEN | AUFWAND: ✲✲

ZUTATEN

Für den Fisch:
4 bofrost*Limandafilets (Limanda aspera)
8 bofrost*Garnelen in Kräutersoße
Salz
80 g Mehl (vorzugsweise doppelgriffiges Mehl, siehe Tipps S. 9)
2 EL Öl
1 Streifen unbehandelte Zitronenschale
etwas Zitronensaft
Cayennepfeffer

Für den Salat:
80 ml Gemüsebrühe
1 EL Zitronensaft
1 TL scharfer Senf
3 EL mildes Olivenöl oder Sonnenblumenöl
Salz · Pfeffer aus der Mühle
Zucker
100 g bofrost*Kaiserschoten
12 bofrost*Weißer Stangenspargel

Außerdem:
Pfeffer aus der Mühle
Estragon zum Garnieren

1 Für den Fisch die Limandafilets über Nacht im Kühlschrank zugedeckt auftauen lassen. Am nächsten Tag die Garnelen 15 Minuten auftauen lassen.

2 Für den Salat die Gemüsebrühe mit Zitronensaft, Senf und Olivenöl aufmixen und mit Salz, Pfeffer und 1 Prise Zucker würzen.

3 Die gefrorenen Kaiserschoten in Salzwasser 3 bis 4 Minuten kochen, mit kaltem Wasser abschrecken, abtropfen lassen und schräg halbieren.

4 In einem großen Topf reichlich Wasser zum Kochen bringen und mit Salz und Zucker etwa zu gleichen Teilen kräftig würzen. Den gefrorenen Spargel darin 10 Minuten kochen, mit kaltem Wasser abschrecken, abtropfen lassen, längs halbieren und schräg dritteln.

5 Die aufgetauten Limandafilets kalt abspülen und trockentupfen. Quer halbieren, salzen, in Mehl wenden und in einer beschichteten Pfanne bei mittlerer Hitze im Öl auf beiden Seiten jeweils knapp 1 Minute braten, die Pfanne vom Herd nehmen und den Fisch in einer weiteren Minute glasig durchziehen lassen.

6 Die Garnelen mit der Zitronenschale bei sehr milder Hitze in einer großen Pfanne 2 Minuten mehr ziehen als köcheln lassen, die Pfanne vom Herd nehmen und noch 1 weitere Minute in der Nachhitze der Pfanne ziehen lassen. Mit etwas Zitronensaft abschmecken, die Zitronenschale entfernen und 1 Prise Cayennepfeffer hinzufügen.

7 Spargel und Kaiserschoten mit der Marinade vermischen, auf Vorspeisenteller verteilen, die gebratenen Limandafilets und je zwei Garnelen darauf setzen, etwas Pfeffer aus der Mühle darüber mahlen und mit Estragonspitzen garnieren.

Mein Tipp

*Der Spargel-Kaiserschoten-Salat kann auch als Gemüse zubereitet werden. Dafür das blanchierte Gemüse mit 4 EL Gemüsebrühe, je 1 EL bofrost*Kräuterprofi »Kräutermischung« und Butter erhitzen. Mit Salz, 1 Prise Cayennepfeffer und frisch geriebener Muskatnuss würzen.*

Maultaschen *auf Porree-Tomaten-Gemüse*

Für 4 Personen | Vorbereitungszeit: 5 Minuten | Zubereitungszeit: 15–20 Minuten | Aufwand: ☆☆

ZUTATEN

1–2 EL Weißbrotbrösel
60 g Butter
Salz · 1 Lorbeerblatt
1 getrocknete Chilischote
1 ungeschälte Knoblauchzehe
8 bofrost*Original schwäbische Maultaschen
180 g bofrost*Porree
2 Tomaten
60 ml Geflügelbrühe
1/2 geschälte Knoblauchzehe
1 Scheibe Ingwer
1 Streifen unbehandelte Zitronenschale
1 EL Butter
Cayennepfeffer

1 Die Weißbrotbrösel mit der Butter bei milder Hitze hell bräunen.

2 Etwa 1 l Salzwasser mit Lorbeerblatt, Chilischote und Knoblauch in einem Topf aufkochen, die Maultaschen dazugeben und 15 bis 20 Minuten knapp unter dem Siedepunkt erhitzen.

3 Den Porree 10 Minuten antauen lassen und halbieren. Die Stielansätze der Tomaten herausschneiden, die Tomaten kreuzweise einritzen, 20 Sekunden in kochendes Wasser tauchen, abschrecken, enthäuten, vierteln, entkernen und die Viertel nochmals halbieren.

4 Den Porree ohne Fett in einer Pfanne erhitzen und die Brühe hinzufügen. Knoblauch, Ingwer und Zitronenschale dazugeben. Etwa 4 bis 5 Minuten darin mehr ziehen als köcheln lassen und die Gewürze wieder entfernen. Die Tomaten mit der Butter hinzufügen, erhitzen und mit Salz und 1 Prise Cayennepfeffer würzen.

5 Das Gemüse auf warmen Vorspeisentellern anrichten, die Maultaschen darauf geben und die Butterbrösel darüber verteilen.

Spätzlepfanne *mit Speck und Gemüse*

FÜR 2 PERSONEN | ZUBEREITUNGSZEIT: 15 MINUTEN | AUFWAND: *

ZUTATEN

50 g durchwachsener Speck
1 EL Öl
350 g bofrost*Original schwäbische Eierspätzle
200 g bofrost*Julienne Gemüse-Mix
150 ml Geflügelbrühe
1/2 geschälte Knoblauchzehe
1 Scheibe Ingwer
1 Streifen unbehandelte Zitronenschale
1–2 EL kalte Butter
Salz · Pfeffer aus der Mühle
frisch geriebene Muskatnuss
2 EL bofrost*Kräuterprofi »Schnittlauch«

1 Den Speck quer in 1 cm breite Streifen schneiden, in einer Pfanne bei milder Hitze im Öl knusprig anbraten und auf einem Sieb abtropfen lassen.

2 Gefrorene Eierspätzle und gefrorenen Gemüse-Mix in einer großen Pfanne ohne Fett etwa 3 Minuten erhitzen. Die Brühe mit Knoblauch, Ingwer und Zitronenschale hinzufügen, 4 bis 5 Minuten köcheln lassen und die Gewürze wieder entfernen. Die Butter dazugeben, mit Salz, Pfeffer und Muskatnuss abschmecken und den gefrorenen Schnittlauch untermischen.

3 Zum Anrichten die Spätzlepfanne in vorgewärmte Servierpfännchen oder Schälchen geben und mit dem Speck bestreuen.

Mein Tipp *Sie können die Spätzlepfanne auch noch mit etwa 120 g geriebenem, gut schmelzendem Käse, z. B. Emmentaler, bei 200 °C im vorgeheizten Backofen etwa 15 Minuten auf der obersten Schiene überbacken.*

Blätterteigstrudel
mit Kohlrabi und Schinken

FÜR 4 PERSONEN | VORBEREITUNGSZEIT: 30 MINUTEN | GARZEIT: 20–25 MINUTEN | AUFWAND: ✶✶

ZUTATEN

Für die Füllung:

200 g bofrost*Junger Spinat, gehackt
100 g bofrost*Kohlrabi
80 g gekochter Schinken
80 g bofrost*Zwiebelwürfel
1 EL Öl
200 g Ricotta
1 Ei
3 EL geriebener Parmesan
1 Msp. gehackter Knoblauch
80 g bofrost*Möhren, gewürfelt
Salz · Pfeffer aus der Mühle
Cayennepfeffer
frisch geriebene Muskatnuss
1 EL braune Butter (siehe Seite 10)

Für den Teig:

1 Platte bofrost*Blätterteig
Mehl zum Ausrollen
1 Ei

1 Für die Füllung den Spinat über Nacht zugedeckt im Kühlschrank auftauen lassen.

2 Für den Teig den Blätterteig bei Zimmertemperatur 20 bis 30 Minuten auftauen lassen. Den Kohlrabi 15 Minuten antauen lassen und in Würfel schneiden. Den Schinken in kleine Würfel schneiden. Die gefrorenen Zwiebeln in einer Pfanne im Öl bei mittlerer Hitze glasig andünsten.

3 Den aufgetauten Spinat mit den Händen gut ausdrücken. Ricotta mit Ei, Parmesan und Knoblauch verrühren. Spinat, Kohlrabi, Möhren, Zwiebeln und Schinken untermischen. Mit Salz, Pfeffer, je 1 Prise Cayennepfeffer und Muskatnuss sowie etwas brauner Butter abschmecken.

4 Den Backofen auf 200 °C vorheizen. Den Blätterteig auf einer bemehlten Arbeitsfläche zu einem Quadrat von 30 x 30 cm ausrollen und 4 gleich große Platten daraus schneiden. Das Ei verquirlen und die Teigränder damit bestreichen.

5 Die Füllung längs darauf verteilen, 1 cm Rand freilassen, den Teig darüber zusammenschlagen, mit der Naht nach unten legen und die Teigenden andrücken. Auf ein mit bofrost*Dauer-Backfolie belegtes Backblech setzen und mit dem restlichen Ei bestreichen.

6 Die Strudel 20 bis 25 Minuten im vorgeheizten Backofen auf der mittleren Schiene goldbraun backen, herausnehmen und lauwarm abkühlen lassen.

7 Auf kleinen Tellern anrichten oder in eine Serviette gewickelt als kleinen Snack zwischendurch genießen. Nach Belieben mit der Schnittlauchsoße von Seite 26 servieren.

Mein Tipp

Blätterteig sollte immer möglichst kalt verarbeitet werden, deshalb lässt man ihn nur so lange bei Zimmertemperatur liegen, wie er unbedingt zum Auftauen benötigt. Wird er anschließend nicht gleich weiterverarbeitet, stellt man ihn zwischendurch zugedeckt kühl.

Rahmschwammerl
mit Knödel

Für 4 Personen | Zubereitungszeit: 20 Minuten | Garzeit: 25 Minuten | Aufwand: ★★

ZUTATEN

250 g bofrost*Zwiebelwürfel
2–3 EL Öl
600 ml Gemüsebrühe
1 Lorbeerblatt
200 g bofrost*Champignons in Scheiben
250 g Sahne
1–2 TL Speisestärke
40 g kalte Butter
2 Streifen unbehandelte Zitronenschale
Salz · Cayennepfeffer
100 g gekochter Hinterschinken
1 kg bofrost*Feinschmecker-Pilzmischung
4 bofrost*Semmelknödel
1 EL bofrost*Kräuterprofi »Petersilie«

1 Für die Pilze (bayer. Schwammerl) die gefrorenen Zwiebeln in einem Topf in 1 EL Öl glasig andünsten. Mit der Gemüsebrühe auffüllen, das Lorbeerblatt dazugeben und die Zwiebeln etwa 15 Minuten weich köcheln lassen. Das Lorbeerblatt entfernen. Champignons sowie Sahne dazugeben und einmal aufkochen lassen. Die Soße mit dem Stabmixer pürieren und durch ein Sieb passieren.

2 Die Speisestärke in wenig kaltem Wasser glatt rühren, in die Soße geben, unterrühren und 2 Minuten leise köcheln lassen. Die Butter in kleinen Stücken untermixen. Die Zitronenschale dazugeben, einige Minuten darin ziehen lassen und wieder entfernen. Die fertige Soße mit Salz und 1 Prise Cayennepfeffer abschmecken.

3 Den Schinken in kleine Würfel schneiden. Die gefrorene Pilzmischung nacheinander in 2 Portionen in einer großen Pfanne bei mittlerer Hitze ohne Fett etwa 4 Minuten braten und mit dem Schinken in die Pilzsoße geben. Falls nötig, noch etwas nachwürzen.

4 Die gefrorenen Knödel in reichlich Salzwasser knapp unter dem Siedepunkt etwa 20 Minuten erhitzen. Zum Anrichten die Rahmschwammerl in tiefe vorgewärmte Teller verteilen, je einen Knödel darauf anrichten und mit der gefrorenen Petersilie bestreuen.

Mein Tipp

Wenn getrocknete Champignons erhältlich sind, geben Sie 2 EL davon in ein Tee-Ei und lassen sie mit den Zwiebeln garen. Trockenpilze sorgen für einen kräftigen Pilzgeschmack.

Chicken Wings *mit Mangochutney*

Für 4 Personen | Zubereitungszeit: 20 Minuten | Garzeit: 20–25 Minuten | Aufwand: ☆

ZUTATEN

1 Sternanis
1 TL Kardamomsamen
1 TL Pimentkörner
1 Splitter Zimtrinde
1 EL schwarze Pfefferkörner
1 große, reife weiche Mango
1 Knoblauchzehe
100 g bofrost*Zwiebelwürfel
1–2 EL Olivenöl
50 ml Weißwein
1 TL brauner Zucker
1/4 Vanilleschote
1 EL Rotweinessig
1 Scheibe Ingwer
Salz
1 kg bofrost*Chicken Wings

1 Für das Chutney Sternanis, Kardamom, Piment, Zimt und Pfeffer in einer Pfanne ohne Fett kurz rösten und abkühlen lassen. Grob zerstoßen oder in eine Gewürzmühle füllen.

2 Die Mango schälen, entsteinen und das Fruchtfleisch in kleine Würfel schneiden. Den Knoblauch schälen und in dünne Scheiben schneiden. Die gefrorenen Zwiebelwürfel bei milder Hitze in Olivenöl mit den Knoblauchscheiben glasig andünsten. Mit Weißwein ablöschen und einköcheln lassen. Die Mangowürfel mit dem braunen Zucker hinzufügen, mit den Gewürzen aus der Mühle nach Belieben würzen und die Vanilleschote dazugeben. Den Rotweinessig und den Ingwer dazugeben und etwa 10 Minuten bei kleiner Hitze köcheln lassen. Vom Herd nehmen, mit 1 Prise Salz abschmecken und lauwarm abkühlen lassen.

3 Den Backofen auf 220 °C vorheizen. Die Chicken Wings auf einem Backblech verteilen und auf der mittleren Schiene 20 bis 25 Minuten rundum knusprig braun backen.

4 Die Chicken Wings auf Tellern anrichten, das Mangochutney in Schälchen oder Gläser füllen und separat dazu servieren. Mit der Gewürzmischung und Paprikapulver bestäuben.

Chicken Chips *mit Currydip*

FÜR 2 PERSONEN | ZUBEREITUNGSZEIT: 20 MINUTEN | AUFWAND: ☆

ZUTATEN

100 g Crème fraîche
2–3 EL Kokosmilch
1/2 bis 1 TL mildes Currypulver
1 Msp. abgeriebene unbehandelte Limettenschale
Salz · Zucker · Cayennepfeffer
etwas Limettensaft oder Zitronensaft
200 g bofrost*Chicken Chips
Öl zum Braten

1 Für den Dip die Crème fraîche mit Kokosmilch, Curry und Limettenschale glatt rühren. Mit Salz, je 1 Prise Zucker und Cayennepfeffer sowie einigen Tropfen Limettensaft abschmecken.

2 Für die Chicken Chips in einer Pfanne das Öl bei mittlerer Temperatur etwa 1 cm hoch erhitzen. Die Chicken Chips hineingeben und 3 bis 4 Minuten knusprig braun braten. Auf Küchenpapier abtropfen lassen.

3 Die Chicken Chips und den Currydip jeweils in kleine Schälchen füllen oder in Vorspeisenschälchen anrichten. Nach Belieben auf den Currydip etwas Currypulver streuen und Limettenspalten dazu servieren.

Mein Tipp *Sie können den Currydip noch variieren, indem Sie 1 EL sehr klein geschnittene Ananas- oder Apfelwürfel unterrühren.*

Überbackenes Schweinefilet
mit Peperonispinat

FÜR 4 PERSONEN | ZUBEREITUNGSZEIT: 15 MINUTEN | GARZEIT: 35 MINUTEN | AUFWAND: ☆☆

ZUTATEN

Für das Filet:

8 bofrost*Schweinefilet-Medaillons, mariniert
1 EL Öl
50 g weiche Butter
1/2 EL frisch geriebener Parmesan
1 EL bofrost*Kräuterprofi »Kräutermischung«
2 EL Weißbrotbrösel (15 g)
Salz · Pfeffer aus der Mühle

Für den Spinat:

250 g bofrost*Blattspinat
je 1 grüne und rote türkische Peperoni
1/2 EL Olivenöl
150 ml Gemüsebrühe
1–2 EL bofrost*Kräuterprofi »Kräutermischung«
Salz · Pfeffer aus der Mühle
frisch geriebene Muskatnuss
je 1/2 TL abgeriebene unbehandelte Limetten- und Orangenschale
1 EL Butter

1 Die Schweinefilets über Nacht im Kühlschrank in der Folie auftauen lassen. Den Blattspinat ebenfalls über Nacht im Kühlschrank zugedeckt auftauen lassen.

2 Den Backofen auf 100 °C vorheizen. Ein Ofengitter auf die mittlere Schiene des Ofens schieben, ein Abtropfblech mit Alufolie auslegen und darunter schieben.

3 Die Schweinefilet-Medaillons trockentupfen. In einer Pfanne im Öl bei mittlerer Hitze rundum anbraten, herausnehmen, auf das Ofengitter legen und etwa 30 Minuten im Backofen rosa durchziehen lassen.

4 Die Butter schaumig rühren. Parmesan, gefrorene Kräutermischung und Weißbrotbrösel unterrühren. Mit Salz und Pfeffer würzen.

5 Den aufgetauten Spinat mit den Händen gut ausdrücken. Die Peperoni waschen, halbieren, entkernen und die Schoten in 1 cm breite Stücke schneiden. Die Peperoni in einer beschichteten Pfanne bei milder Hitze im Olivenöl glasig andünsten, die Brühe dazugeben und 3 Minuten mehr ziehen als köcheln lassen. Spinat und gefrorene Kräutermischung dazugeben und erhitzen. Mit Salz, Pfeffer, Muskatnuss, Limetten- und Orangenschale würzen und die Butter hinzufügen.

6 Das Fleisch aus dem Ofen nehmen. Backblech und Ofengitter herausnehmen und die Alufolie dabei entfernen. Die Grillfunktion des Backofens einschalten. Zum Fertigstellen die Schweinefilet-Medaillons auf ein Backblech setzen, die Kräutermasse darauf verteilen und auf der untersten Schiene etwa 5 Minuten goldbraun überbacken.

7 Den Peperonispinat auf vorgewärmten Tellern anrichten und die Schweinefilets daneben anrichten.

Mein Tipp

*Beim Verarbeiten der Peperoni sollte man darauf achten, dass alle Kerne entfernt werden, denn die Schärfe steckt in den Kernen. Die Peperoni können durch 100 g bofrost*Paprikastreifen ersetzt werden.*

Schweinefilet *auf Paprikasalat*

FÜR 2 PERSONEN | ZUBEREITUNGSZEIT: 5 MINUTEN | GARZEIT: 30 MINUTEN | AUFWAND: ☆

ZUTATEN

Für das Filet:

2–4 bofrost*Schweinefilet-Medaillons, mariniert
1 EL Öl

Für den Salat:

1–2 TL Puderzucker
200 g bofrost*Paprikastreifen
60 ml Geflügelbrühe
getrocknetes Bohnenkraut
1/2 geschälte Knoblauchzehe
1 Scheibe Ingwer
2 TL Balsamico-Essig
1–2 EL mildes Olivenöl
Salz · Cayennepfeffer

1 Die Schweinefilet-Medaillons über Nacht im Kühlschrank in der Folie auftauen lassen.

2 Den Backofen auf 100 °C vorheizen. Ein Ofengitter auf die mittlere Schiene und ein Abtropfblech darunter schieben.

3 Die Schweinefilets in einer Pfanne bei mittlerer Hitze im Öl von allen Seiten anbraten, auf das Ofengitter legen und im Backofen etwa 30 Minuten rosa durchziehen lassen.

4 Für den Paprikasalat den Puderzucker in einer Pfanne bei mittlerer Hitze hell karamellisieren, die Paprikastreifen hinzufügen und darin erhitzen. Die Brühe dazugeben, 1 Minute ziehen lassen und in ein Sieb abgießen. 1 Prise Bohnenkraut, Knoblauch und Ingwer hinzufügen, einige Minuten ziehen lassen und erneut durch ein Sieb gießen. Balsamico und Olivenöl mit den Paprika vermischen und mit Salz und 1 Prise Cayennepfeffer abschmecken.

5 Zum Anrichten den Paprikasalat auf Vorspeisentellern anrichten, die Schweinefilets quer halbieren und darauf legen.

Frikadellen *auf Chinakohlsalat*

FÜR 4 PERSONEN | ZUBEREITUNGSZEIT: 20 MINUTEN | AUFWAND: ☆

ZUTATEN

Für den Salat:

1/8 l Gemüsebrühe
2 EL Rotweinessig
1 TL scharfer Senf
3 EL mildes Olivenöl
1 EL bofrost*Kräuterprofi »Petersilie«
Salz · Pfeffer aus der Mühle
Zucker
250 g Chinakohl
300 g bofrost*Julienne Gemüse-Mix
80 ml Gemüsebrühe

Für die Frikadellen:

8 bofrost*Frikadellen · 2 EL Öl

1 Für den Salat Gemüsebrühe, Essig und Senf verrühren und das Öl langsam unterschlagen. Die gefrorene Petersilie unterrühren und das Dressing mit Salz, Pfeffer und 1 Prise Zucker würzen.

2 Den Chinakohl putzen, waschen und in 1/2 cm breite Streifen schneiden. Den gefrorenen Gemüse-Mix in einer Pfanne ohne Fett erhitzen, die Brühe hinzufügen, das Gemüse 3 bis 4 Minuten bissfest garen und in eine Schüssel füllen. Kurz vor dem Servieren den Chinakohl hinzufügen und mit dem Dressing marinieren. Falls nötig, etwas nachwürzen.

3 Die Frikadellen in einer Pfanne im Öl bei mittlerer Hitze 7 bis 8 Minuten auf beiden Seiten goldbraun braten und auf Küchenpapier abtropfen lassen.

4 Zum Anrichten den Salat auf kleine Teller verteilen und die Frikadellen darauf setzen.

Mein Tipp *Die Gemüsestreifen können auch nach Belieben durch bofrost*Paprikastreifen ersetzt werden.*

Gebratener Lammrücken *auf Peperonata*

FÜR 4 PERSONEN | ZUBEREITUNGSZEIT: 15 MINUTEN | GARZEIT: 40 MINUTEN | AUFWAND: ✲✲

ZUTATEN

8 bofrost*Lammrücken-Medaillons, mariniert
1–2 EL Öl
100 g bofrost*Zwiebelwürfel
80 ml Olivenöl
400 g bofrost*Paprikastreifen
1/4 l Gemüsebrühe
1 Lorbeerblatt
1 frischer Thymianzweig
1/2 Knoblauchzehe
40 g schwarze Oliven (ohne Stein)
1 EL geschnittener Basilikum
1 TL abgeriebene unbehandelte Zitronenschale
Salz · Pfeffer aus der Mühle
Cayennepfeffer

1 Die Lammfilets über Nacht im Kühlschrank in der Folie auftauen lassen.

2 Den Backofen auf 100 °C vorheizen, ein Ofengitter auf die mittlere Schiene schieben und ein Abtropfblech darunter stellen. Die Lammfilets in einer Pfanne im Öl bei milder Hitze rundum anbraten. Auf das Ofengitter legen und etwa 40 Minuten im Backofen rosa durchziehen lassen.

3 Für die Peperonata die gefrorenen Zwiebeln in einer Pfanne in 3 EL Olivenöl glasig andünsten, die gefrorenen Paprika dazugeben, etwas mitdünsten und mit der Brühe ablöschen. Das Lorbeerblatt hinzufügen und alles bei milder Hitze 25 bis 30 Minuten weich garen. Den Thymian waschen, trockenschütteln und nach 20 Minuten mit der Knoblauchzehe hinzufügen. Zum Schluss mitsamt dem Lorbeerblatt wieder entfernen.

4 Ein Fünftel der Peperonata abnehmen, mit einem Stabmixer und dem restlichen Olivenöl aufmixen und unter die restliche Peperonata mischen. Die Oliven vierteln, mit Basilikum und Zitronenschale dazugeben, mit Salz, Pfeffer und 1 Prise Cayennepfeffer würzen. Lauwarm abkühlen lassen.

5 Die Lammrücken-Medaillons quer halbieren und mit der Peperonata auf warmen Tellern anrichten. Dazu passt das bofrost*Kartoffel-Sahne-Gratin.

Lammfilet *mit Bohnensalat und Birne*

Für 4 Personen | Zubereitungszeit: 10 Minuten | Garzeit: 50 Minuten | Aufwand: ☆☆

ZUTATEN

Für das Lamm:
4 bofrost*Lammrücken-Medaillons, mariniert
1–2 EL Öl

Für den Salat:
1 feste, reife Birne (rot)
450 g bofrost*Brechbohnen · Salz
1–2 TL Puderzucker
5–6 EL Himbeeressig (ersatzweise 4–5 EL Rotweinessig)
100 ml Gemüsebrühe
4 EL Rapsöl
1 EL bofrost*Kräuterprofi »Kräutermischung«
Pfeffer aus der Mühle

1 Die Lammfilets über Nacht im Kühlschrank in der Folie auftauen lassen. Am nächsten Tag den Backofen auf 100 °C vorheizen, ein Ofengitter auf die mittlere Schiene schieben und ein Abtropfblech darunter stellen. Die Lammfilets in einer Pfanne im Öl bei milder Hitze rundherum anbraten. Auf das Ofengitter legen und etwa 40 Minuten im Backofen rosa durchziehen lassen.

2 Die Birne waschen, vierteln, entkernen und in schmale Spalten schneiden. Die gefrorenen Bohnen in Salzwasser 4 Minuten kochen, mit kaltem Wasser abschrecken und auf einem Sieb abtropfen lassen.

3 Den Puderzucker in einer Pfanne hell karamellisieren, die Birnenspalten darin auf beiden Seiten insgesamt etwa 2 Minuten anbraten und aus der Pfanne nehmen. Die Pfanne vom Herd nehmen, die Birnen mit Himbeeressig ablöschen und in der Resthitze 30 Sekunden einköcheln lassen. Die Brühe mit dem Öl unterrühren, die gefrorene Kräutermischung hinzufügen und mit Salz und Pfeffer würzen. Bohnen und Birnen damit marinieren und, falls nötig, noch etwas nachwürzen. Den Bohnen-Birnen-Salat auf Tellern anrichten. Das Lammfilet in Scheiben schneiden, dazulegen und mit frisch gemahlenem Pfeffer bestreuen.

Mein Tipp *Statt Lammrücken- können Sie auch Schweinefilet-Medaillons verwenden (siehe Foto auf der Titelseite).*

Gebackene Weißwurstradeln
auf Linsengemüse

Für 4 Personen | Zubereitungszeit: 30 Minuten | Garzeit: 50 Minuten | Aufwand: ☆☆

ZUTATEN

Für die Weißwurstradeln:

6 bofrost*Original Münchener Weißwürste
2 Eier
Salz · Pfeffer aus der Mühle
etwas Zitronensaft
100 g doppelgriffiges Mehl
100 g Weißbrotbrösel
Öl zum Braten

Für das Linsengemüse:

50 g gut durchwachsener Speck
50 g bofrost*Zwiebelwürfel · 1 EL Öl
150 g Berglinsen (ersatzweise grüne Linsen »Du Puy«, in Naturkostläden erhältlich)
1/2–1 EL Tomatenmark
700 ml Geflügelbrühe
90 g bofrost*Bouillon-Gemüse
getrockneter Majoran
1 TL Puderzucker
2 EL Balsamico-Essig
2 Scheiben Knoblauch
1 Scheibe Ingwer
1 kleiner Splitter Zimtrinde
1 kleiner Streifen unbehandelte Orangenschale
1 EL braune Butter (siehe Seite 10)
Salz · Cayennepfeffer

1 Für die Weißwurstradeln die Weißwürste über Nacht im Kühlschrank zugedeckt auftauen lassen.

2 Für das Linsengemüse den Speck in kleine Würfel schneiden und mit den gefrorenen Zwiebelwürfeln in einer Pfanne im Öl bei milder Hitze anbraten. Die Linsen dazugeben, das Tomatenmark hineinrühren, mit der Brühe auffüllen und die Linsen etwa 30 Minuten mehr ziehen als köcheln lassen.

3 Das gefrorene Bouillon-Gemüse dazugeben, mit 1 Prise Majoran würzen und in 10 Minuten fertig garen.

4 In einer Pfanne bei milder Hitze den Puderzucker hell karamellisieren, mit Balsamico-Essig ablöschen und etwas einköcheln lassen.

5 Knoblauch, Ingwer, Zimtrinde und unbehandelte Orangenschale dazugeben und mit brauner Butter, Salz und 1 Prise Cayennepfeffer abschmecken. Die Gewürze einige Minuten darin ziehen lassen und Knoblauch, Ingwer, Zimtrinde und Orangenschale wieder entfernen.

6 Für die Weißwurstradeln die aufgetauten Weißwürste enthäuten und schräg in 4 dicke Scheiben schneiden.

7 Die Eier in einem tiefen Teller verquirlen und mit Salz, Pfeffer und 1 Spritzer Zitronensaft würzen. Das Mehl und die Weißbrotbrösel getrennt in tiefe Teller geben.

8 Die Weißwurstscheiben nacheinander zuerst im Mehl, dann im Ei und zum Schluss in den Weißbrotbröseln wenden.

9 In einer Pfanne bei mittlerer Temperatur fingerhoch Öl erhitzen. Die Weißwurstscheiben zuerst auf einer Seite, dann auf der anderen Seite goldbraun braten, herausnehmen und auf Küchenpapier abtropfen lassen.

10 Das Linsengemüse auf warmen Vorspeisentellern anrichten und die frisch gebackenen Weißwurstradeln darauf legen. Nach Belieben mit Petersilienblättchen garnieren.

Mein Tipp

Zum Braten der Weißwurstradeln sollte reichlich Öl verwendet werden, damit sie rundherum gleichmäßig bräunen. Am besten schmecken sie ganz frisch gebraten aus der Pfanne, deshalb erst zum Schluss zubereiten.

Suppen & Eintöpfe

Alle Küchen der Welt kennen sie: die kleine, heiße verführerische Suppe. Sie wärmt, stärkt und hebt die Laune im Nu. Ein heißes Süppchen, sei es eine einfache Gemüsesuppe oder eine luxuriöse französische Zwiebelsuppe, kann wahre Wunder wirken. Vorbei sind die Zeiten, in denen Suppen und Eintöpfe nur Kalorienbomben waren. Heute sind sie leichter, feiner und bekömmlicher denn je. Probieren Sie's doch gleich mal aus!

Pichelsteiner Eintopf
mit Kalb- und Rindfleisch

FÜR 4 PERSONEN | VORBEREITUNGSZEIT: 10 MINUTEN | GARZEIT: 1 STUNDE 45 MINUTEN | AUFWAND: *

ZUTATEN

200 g Kalbfleisch aus der Schulter (küchenfertig)
200 g Rindfleisch aus der Schulter (küchenfertig) · 2 EL Öl
900 ml Geflügelbrühe
1 EL schwarze Pfefferkörner
1 EL Pimentkörner
1 Lorbeerblatt
400 g bofrost*Suppengemüse
Salz · gemahlener Kümmel
Cayennepfeffer
getrocknetes Bohnenkraut
1 halbierte Knoblauchzehe
1 Scheibe Ingwer
1 Streifen unbehandelte Zitronenschale
1 EL bofrost*Kräuterprofi »Petersilie«

1 Kalb- und Rindfleisch jeweils in 1 ½ cm große Würfel schneiden. Das Fleisch portionsweise in einem Schmortopf im Öl anbraten und wieder herausnehmen. Immer nur so viel Fleisch braten, dass der Boden des Topfs bedeckt ist. Das angebratene Fleisch wieder in den Topf zurückgeben, die Brühe dazugießen und knapp unter dem Siedepunkt 1 ½ Stunden ziehen lassen, dabei aufsteigenden Schaum mit dem Schaumlöffel abschöpfen.

2 Pfeffer- und Pimentkörner in ein Gewürzsäckchen oder Teesieb füllen, verschließen und mit dem Lorbeerblatt nach 1 ¼ Stunden zum Fleisch in die Suppe geben.

3 Das gefrorene Suppengemüse in einem Topf ohne Fett bei schwacher Hitze glasig dünsten und nach 1 ½ Stunden zum Fleisch in die Suppe geben.

4 Den Eintopf mit Salz, je 1 Prise gemahlenem Kümmel, Cayennepfeffer und Bohnenkraut würzen. Knoblauch, Ingwer und Zitronenschale dazugeben und 10 Minuten darin ziehen lassen. Knoblauch, Ingwer, Zitronenschale, Lorbeerblatt und Gewürzsäckchen anschließend wieder entfernen.

5 Den Eintopf in vorgewärmten Suppentellern anrichten und mit der gefrorenen Petersilie bestreuen.

Mein Tipp

Wer möchte, kann zusätzlich nach 1 ¼ Stunden zusammen mit dem Gewürzsäckchen etwa 1 cm große, rohe, vorwiegend fest kochende Kartoffelwürfel mit in den Eintopf geben.

Bohneneintopf *mit Lammwürfeln*

FÜR 4 PERSONEN | ZUBEREITUNGSZEIT: 20 MINUTEN | AUFWAND: ☆☆

ZUTATEN

8 bofrost*Lammrücken-Medaillons, mariniert
200 g bofrost*Suppengemüse, 10 Sorten
1 EL mildes Olivenöl
350 g bofrost*Dicke Bohnen
1 TL Tomatenmark
800 ml Geflügelbrühe
1/2 TL getrocknetes Bohnenkraut
gemahlener Kümmel
1/2 TL Currypulver
1 Streifen unbehandelte Zitronenschale
1 halbierte geschälte Knoblauchzehe
Salz · Cayennepfeffer
1 EL bofrost*Kräuterprofi »Petersilie«

1 Die Lammrücken-Medaillons über Nacht zugedeckt im Kühlschrank auftauen lassen. Das Suppengemüse ebenfalls antauen lassen, größere Gemüsesorten wie Porree oder Kohlrabi halbieren. 1 EL Öl bei schwacher Hitze in einem Topf heiß werden lassen. Die gefrorenen dicken Bohnen und das Suppengemüse darin andünsten. Das Tomatenmark unterrühren und mit andünsten. Die Geflügelbrühe dazugießen und 8 Minuten knapp unter dem Siedepunkt ziehen lassen. Bohnenkraut, 1 Prise Kümmel und Curry hinzufügen. Zitronenschale und Knoblauch dazugeben, einige Minuten darin ziehen lassen und anschließend wieder entfernen.

2 Die Lammrücken-Medaillons in 1 1/2 cm große Würfel schneiden. Das restliche Öl in einer Pfanne bei mittlerer Hitze heiß werden lassen und das Fleisch darin rundum anbraten. In die Suppe geben und 3 bis 4 Minuten rosa durchziehen lassen. Mit Salz und 1 Prise Cayennepfeffer abschmecken.

3 Den Eintopf in vorgewärmten Tellern oder Schüsseln anrichten und mit der gefrorenen Petersilie bestreuen.

Mein Tipp *Dieser Eintopf lässt sich leicht variieren, indem man das Lammfleisch durch Schweinefilet-Medaillons ersetzt. Wer es herzhafter mag, kann den Eintopf noch mit Gulaschgewürz (siehe Seite 8) abschmecken.*

Geflügel-Gemüse-Eintopf *mit Pilzen*

FÜR 4 PERSONEN | ZUBEREITUNGSZEIT: 20 MINUTEN | AUFWAND: **

ZUTATEN

3 bofrost*Hähnchen-Brustfilets, naturbelassen
1/2 TL Pimentkörner
1/2–1 TL schwarze Pfefferkörner
400 g bofrost*Leipziger Allerlei
800 ml Geflügelbrühe
1 Lorbeerblatt · 1 EL Öl
150 g bofrost*Feinschmecker-Pilzmischung
5 Petersilienzweige
2 Streifen unbehandelte Zitronenschale
1 halbierte geschälte Knoblauchzehe
2 Scheiben Ingwer
Salz · Cayennepfeffer
frisch geriebene Muskatnuss
2 EL bofrost*Kräuterprofi »Schnittlauch«

1 Die Hähnchen-Brustfilets über Nacht im Kühlschrank zugedeckt auftauen lassen. Am nächsten Tag waschen und trockentupfen. Piment und Pfefferkörner in einen Einwegteebeutel oder ein Tee-Ei füllen und mit einer Klammer verschließen.

2 Das Leipziger Allerlei in einem Topf ohne Fett bei schwacher Hitze andünsten. Die Brühe dazugießen, Lorbeerblatt und Gewürzsäckchen dazugeben und alles etwa 7 Minuten knapp unter dem Siedepunkt ziehen lassen.

3 Die Hähnchen-Brustfilets in 1 1/2 bis 2 cm große Würfel schneiden. In einer Pfanne das Öl bei schwacher Hitze heiß werden lassen und das Fleisch 1 bis 2 Minuten darin anbraten, dann in die Suppe geben. Die gefrorene Pilzmischung in einer Pfanne ohne Fett 2 bis 3 Minuten anbraten und ebenfalls in die Suppe geben.

4 Die Petersilie waschen, trockenschütteln und mit Zitronenschale, Knoblauch und Ingwer einige Minuten in der Suppe ziehen lassen. Die Gewürze anschließend ebenso wie das Lorbeerblatt und das Gewürzsäckchen wieder entfernen. Den Eintopf mit Salz und 1 Prise Cayennepfeffer abschmecken.

5 Jeweils etwas Muskatnuss in vorgewärmte Suppenteller reiben, den Eintopf darauf verteilen und mit dem gefrorenen Schnittlauch bestreuen.

Kohlrabisuppe *mit Schinkenwürfeln*

FÜR 4 PERSONEN | ZUBEREITUNGSZEIT: 20 MINUTEN | AUFWAND: *

ZUTATEN

700 g bofrost*Kohlrabi
800 ml Geflügelbrühe
80 g Sahne
2 EL kalte Butter
Salz
Cayennepfeffer
60 g gekochter Hinterschinken
1 EL bofrost*Kräuterprofi »Petersilie«

1 Den gefrorenen Kohlrabi in der Geflügelbrühe in 15 Minuten knapp unter dem Siedepunkt weich ziehen lassen. Nach 10 Minuten mit einem Schaumlöffel etwa 200 g Kohlrabi herausnehmen, etwas abkühlen lassen und in kleine Würfel schneiden. Die Sahne in die Suppe geben und mit dem Stabmixer pürieren. Die Butter untermixen und mit Salz und 1 Prise Cayennepfeffer abschmecken.

2 Den Schinken in Würfel schneiden und mit den Kohlrabiwürfeln in vorgewärmte Suppenteller verteilen. Die Suppe mit dem Stabmixer nochmals aufschäumen, in die Teller geben und mit der gefrorenen Petersilie bestreuen.

Mein Tipp *Als zusätzliche Einlage kann man noch 150 g bofrost*Feinschmecker-Pilzmischung, die in einer Pfanne ohne Fett kurz angebraten wird, beim Anrichten in die Suppe geben.*

Überbackene Zwiebelsuppe

FÜR 4 PERSONEN | ZUBEREITUNGSZEIT: 25 MINUTEN | GARZEIT: 15 MINUTEN | AUFWAND: *

ZUTATEN

350 g bofrost*Zwiebelwürfel
2 EL Butter
70 ml Weißwein
650 ml Geflügelbrühe
1 Lorbeerblatt
1 Streifen unbehandelte Zitronenschale
1 Scheibe Knoblauch
getrockneter Majoran
Salz · Cayennepfeffer
4 Scheiben Toastbrot
frisch geriebene Muskatnuss
60 g geriebener Comté, Gruyère (ersatzweise Emmentaler)

1 Die gefrorenen Zwiebelwürfel in einem Topf bei mittlerer Hitze in der Butter in 5 bis 10 Minuten leicht anbräunen. Mit Weißwein ablöschen, auf ein Drittel einkochen lassen und mit der Geflügelbrühe aufgießen. Das Lorbeerblatt dazugeben und 15 Minuten knapp unter dem Siedepunkt ziehen lassen. Zitronenschale und Knoblauch einige Minuten mitziehen lassen, die Zitronenschale mit dem Lorbeerblatt anschließend wieder entfernen. Mit 1 Prise Majoran, Salz und 1 Prise Cayennepfeffer herzhaft abschmecken.

2 Das Toastbrot in Tassengröße rund ausstechen und toasten. Die Grillfunktion des Backofens einschalten. In 4 feuerfeste Suppentassen etwas frische Muskatnuss reiben, die Suppe darauf verteilen, jeweils eine Scheibe Toastbrot darauf legen, mit geriebenem Käse bestreuen und im vorgeheizten Ofen auf der untersten Schiene etwa 5 Minuten goldbraun überbacken.

Mein Tipp *Die Zwiebeln werden schön braun, wenn man 1 Prise Zucker hinzufügt.*

Kartoffelgulasch *mit Mini-Krakauern*

FÜR 4 PERSONEN | VORBEREITUNGSZEIT: 10 MINUTEN | ZUBEREITUNGSZEIT: 40 MINUTEN | AUFWAND: ☆☆

ZUTATEN

6 bofrost*Mini-Krakauer
600 g Kartoffeln
1 l Gemüsebrühe
1 kleines Lorbeerblatt
1 mittelgroße Knoblauchzehe
1 TL gemahlener Kümmel
1 TL unbehandelte abgeriebene Zitronenschale
1 TL getrockneter Majoran
1–2 TL edelsüßes Paprikapulver
1 EL Olivenöl
100 g bofrost*Zwiebelwürfel
350 g bofrost*Paprikastreifen
1–2 TL Tomatenmark
Salz · Pfeffer aus der Mühle
Cayennepfeffer
Petersilienblättchen zum Garnieren

1 Die Mini-Krakauer über Nacht im Kühlschrank zugedeckt auftauen lassen. Am nächsten Tag in 1/2 cm dicke Scheiben schneiden.

2 Die Kartoffeln schälen und in etwa 1 1/2 cm große Würfel schneiden. In einem Topf die Brühe erhitzen, das Lorbeerblatt hinzufügen und die Kartoffeln darin etwa 30 Minuten weich kochen. In ein Sieb abgießen, die Flüssigkeit auffangen, das Lorbeerblatt entfernen. Den Kartoffelsud mit 70 g Kartoffelwürfel mit dem Stabmixer pürieren und durch ein Sieb passieren.

3 Für das Gulaschgewürz Knoblauch schälen, klein hacken und mit Kümmel, Zitronenschale und Majoran vermischen. Das Paprikapulver mit etwas kaltem Wasser glatt rühren.

4 Das Öl in einem Topf bei schwacher Hitze heiß werden lassen. Die gefrorenen Zwiebelwürfel und die Paprikastreifen darin glasig andünsten. Das Tomatenmark hineinrühren, kurz mit anschwitzen und den Kartoffelsud dazugießen. Paprika- und Gulaschgewürz hinzufügen und 5 bis 10 Minuten ziehen lassen. Die restlichen gekochten Kartoffelwürfel dazugeben und mit Salz, Pfeffer und 1 Prise Cayennepfeffer würzen.

5 Die Wurstscheiben in das Kartoffelgulasch geben und etwa 1 bis 2 Minuten darin erhitzen, aber nicht mehr kochen lassen. Das Gulasch in vorgewärmten Suppentellern verteilen, mit den Petersilienblättchen garnieren.

Paprikasuppe *mit Partyfrikadellen*

FÜR 4 PERSONEN | ZUBEREITUNGSZEIT: 25 MINUTEN | GARZEIT: 20 MINUTEN | AUFWAND: *

ZUTATEN

120 g bofrost*Zwiebelwürfel
400 g bofrost*Paprikastreifen
200 g passierte Tomaten (Fertigprodukt)
1 l Geflügelbrühe
1/2 kleine geschälte Knoblauchzehe (in Scheiben)
1/2 TL getrockneter Oregano
3 EL kalte Butter
3 EL mildes Olivenöl · Salz
Zucker · Cayennepfeffer
3 EL Öl
12 bofrost*Partyfrikadellen
Basilikumblättchen zum Garnieren

1 Die gefrorenen Zwiebelwürfel und Paprikastreifen in einem Topf ohne Fett andünsten. Die Tomaten hinzufügen, die Brühe dazugießen und alles knapp unter dem Siedepunkt 10 bis 15 Minuten weich ziehen lassen. Knoblauch und Oregano dazugeben, alles pürieren und die Butter und das Olivenöl mit dem Stabmixer unterrühren. Mit Salz, Zucker und 1 Prise Cayennepfeffer abschmecken.

2 Das Öl in einer Pfanne bei schwacher Hitze heiß werden lassen, die gefrorenen Partyfrikadellen darin auf beiden Seiten jeweils 4 Minuten braten, herausnehmen und auf Küchenpapier abtropfen lassen.

3 Die Suppe nochmals mit dem Stabmixer aufschlagen, auf vorgewärmte Suppenteller verteilen und je 3 Partyfrikadellen nach Belieben auf Spieße stecken und hineinsetzen. Mit Basilikumblättchen garnieren.

Mein Tipp

Statt der Partyfrikadellen passen auch wunderbar kleine Fleischklößchen oder angebratene Fischwürfel in die Suppe.

Erbsensuppe *mit Kopfsalat*

Für 4 Personen | Zubereitungszeit: 15 Minuten | Aufwand: *

ZUTATEN

1 EL Öl
120 g bofrost*Zwiebelwürfel
300 g bofrost*Erbsen, extra zart
$^{3}/_{4}$ l Geflügelbrühe
80 g Sahne
2 EL kalte Butter
Salz · Cayennepfeffer
frisch geriebene Muskatnuss
4 mittelgroße Kopfsalatblätter
1 EL frisch geschnittene Minze
4 Minzezweige zum Garnieren

1 In einem Topf bei schwacher Hitze das Öl heiß werden lassen. Die gefrorenen Zwiebelwürfel darin andünsten. Die gefrorenen Erbsen hinzufügen, die Brühe dazugießen und die Erbsen 3 bis 5 Minuten knapp unter dem Siedepunkt weich ziehen lassen. 4 EL Erbsen als Einlage herausnehmen und beiseite stellen. Die Sahne in die Suppe geben, kurz darin erhitzen, die Butter hinzufügen und alles mit dem Stabmixer pürieren. Mit Salz und je 1 Prise Cayennepfeffer und Muskatnuss abschmecken.

2 Die Kopfsalatblätter putzen, waschen, trockentupfen und in feine Streifen schneiden.

3 Den Salat und die für die Einlage beiseite gestellten Erbsen sowie die Minze in tiefen vorgewärmten Tellern verteilen, die Suppe nochmals aufschäumen und darüber verteilen. Mit den Minzezweigen garnieren.

Mein Tipp *Die Kopfsalatstreifen sollten nicht in der Suppe erhitzt werden, dann behalten sie ihre frische Farbe.*

Kräutersuppe *mit Spinat*

FÜR 4–6 PERSONEN | ZUBEREITUNGSZEIT: 10 MINUTEN | GARZEIT: 25 MINUTEN | AUFWAND: *

ZUTATEN
1 Kartoffel (ca. 150 g)
3 EL kalte Butter
80 g bofrost*Zwiebelwürfel
1 l Geflügelbrühe · 120 g Sahne
1 Streifen unbehandelte Zitronenschale
100 g bofrost*Junger Spinat, gehackt
100 g bofrost*Kräuterprofi »Kräutermischung«
1 geschälte Knoblauchzehe (in Scheiben)
Cayennepfeffer
frisch geriebene Muskatnuss
Kräuterblätter zum Garnieren
2 EL Sahne

1 Die Kartoffel schälen, waschen und in kleine Würfel schneiden. 1 EL Butter bei schwacher Hitze in einem Topf heiß werden lassen. Die Kartoffel- und die gefrorenen Zwiebelwürfel darin glasig andünsten. Die Brühe dazugießen und alles 25 Minuten mehr ziehen als köcheln lassen. Die Sahne mit der restlichen Butter hinzufügen und mit dem Stabmixer pürieren.

2 Die Zitronenschale dazugeben, einige Minuten darin ziehen lassen und wieder entfernen. Kurz vor dem Servieren den gefrorenen Spinat, die gefrorene Kräutermischung und den Knoblauch dazugeben. Mit dem Stabmixer pürieren. Mit Salz und je 1 Prise Cayennepfeffer und Muskatnuss würzen.

3 Die Kräutersuppe in vorgewärmten Suppentellern anrichten und mit frischen Kräuterblättern und Sahne garnieren.

Mein Tipp *Die Suppe sollte möglichst frisch serviert werden, damit sie ihre kräftige, grüne Farbe behält.*

Möhren-Ingwer-Suppe *mit Fleischklößchen*

FÜR 2 PERSONEN | ZUBEREITUNGSZEIT: 10 MINUTEN | GARZEIT: 20 MINUTEN | AUFWAND: ☆

ZUTATEN

1/2 Tomate
1/2–1 TL Puderzucker
100 g bofrost*Möhren, gewürfelt
60 g bofrost*Porree
500 ml Geflügelbrühe
1 dünne Apfelscheibe (ohne Kerngehäuse)
50 g Sahne
1 Msp. klein geschnittener Ingwer
1 Msp. gehackter Knoblauch
1/2 TL Currypulver
2 EL kalte Butter
Salz · Cayennepfeffer
120 g bofrost*Fleischklößchen
Kerbelblättchen zum Garnieren

1 Die Tomate waschen, den Stielansatz herausschneiden und die Tomate in kleine Würfel schneiden. In einem Topf bei schwacher Hitze den Puderzucker hell karamellisieren. Die gefrorenen Möhrenwürfel, den gefrorenen Porree und die Tomate darin andünsten. Die Geflügelbrühe dazugießen und knapp unter dem Siedepunkt etwa 15 Minuten ziehen lassen.

2 Die Apfelscheibe mit Sahne, Ingwer, Knoblauch und Curry hinzufügen. Die Suppe mit dem Stabmixer pürieren und dabei die Butter untermixen. Mit Salz und 1 Prise Cayennepfeffer abschmecken.

3 Die gefrorenen Fleischklößchen etwa 5 Minuten in der Suppe erhitzen.

4 Die Fleischklößchen mit einer Schaumkelle aus der Suppe heben und auf vorgewärmte Suppenteller verteilen. Die Suppe mit dem Stabmixer noch einmal aufschäumen, auf die Klößchen geben und mit Kerbel garnieren.

Mein Tipp *Für eine vegetarische Suppe kann man die Geflügelbrühe durch Gemüsebrühe ersetzen. Die Fleischklößchen können einfach weggelassen werden. Als Einlage dünne Spalten von 1/2 kleinen Apfel in einer Pfanne bei schwacher Hitze in etwas Butter anbräunen und mit der Suppe anrichten.*

Blumenkohl-Curry-Suppe *mit Garnelen*

Für 4 Personen | Zubereitungszeit: 30 Minuten | Aufwand: *

ZUTATEN

150 g bofrost*Luxuskrabben
1 l Gemüsebrühe
700 g bofrost*Blumenkohl
1 kleine Knoblauchzehe
1 Scheibe Ingwer
80 g Sahne
1 TL Currypulver
1 EL kalte Butter
Salz
1 EL bofrost*Kräuterprofi »Schnittlauch«

1 Die Luxuskrabben 15 Minuten nebeneinander auftauen und abtropfen lassen. Die Gemüsebrühe in einem Topf erhitzen. Den gefrorenen Blumenkohl darin knapp unter dem Siedepunkt etwa 20 Minuten weich ziehen lassen. Ein Drittel der Blumenkohleinlage herausnehmen, etwas abkühlen lassen, in kleine Stücke teilen und beiseite stellen.

2 Knoblauch und Ingwer schälen, klein schneiden, mit Sahne und Curry in die Suppe geben und mit dem Stabmixer pürieren. Unter dem Siedepunkt einige Minuten ziehen lassen. Die Butter untermixen und mit Salz und nach Belieben noch mit etwas Curry abschmecken. Den beiseite gestellten Blumenkohl in die Suppe geben.

3 Die Luxuskrabben auf vorgewärmte Suppenteller verteilen, die heiße Suppe darauf geben und mit dem gefrorenen Schnittlauch bestreuen.

Mein Tipp *Dazu passen kross gebackene bofrost*Baguette-Brötchen.*

Bouillabaisse

mit Lachs, Kabeljau und Seelachs

Für 4 Personen | Vorbereitungszeit: 20 Minuten | Zubereitungszeit: 20 Minuten | Aufwand: ***

ZUTATEN

1 Stück bofrost*Lachsfilet
1 Stück bofrost*Kabeljaufilet
1 Stück bofrost*Alaska-Seelachsfilet, naturbelassen
100 g bofrost*Porree
1/4 Fenchelknolle
1 Stange Staudensellerie
2 EL mildes Olivenöl
80 g bofrost*Zwiebelwürfel
1–2 TL Tomatenmark
100 ml Weißwein
800 ml Gemüsebrühe
je 1/2 TL Anis- und Fenchelsamen
1 TL schwarze Pfefferkörner
1 Lorbeerblatt
1 Thymianzweig
1 Döschen Safranfäden
1/2 geschälte Knoblauchzehe
Salz · Cayennepfeffer
120 g bofrost*Luxuskrabben

1 Die Fischfilets über Nacht im Kühlschrank zugedeckt auftauen lassen. Den Porree ebenfalls über Nacht im Kühlschrank auftauen lassen. Am nächsten Tag Lachs, Kabeljau und Alaska-Seelachs kalt abspülen, trockentupfen und in 1 1/2 cm große Stücke schneiden.

2 Den Fenchel und den Sellerie putzen, waschen, den Sellerie in dünne Scheiben schneiden, den Fenchel in 1/2 bis 1 cm große Stücke schneiden, den Porree vierteln.

3 In einem Topf 1 EL Öl bei schwacher Hitze heiß werden lassen. Fenchel, Sellerie, Porree und gefrorene Zwiebeln darin glasig andünsten, das Tomatenmark unterrühren und kurz mitdünsten. Den Weißwein dazugießen und fast vollständig einköcheln lassen. Die Brühe dazugeben und erhitzen.

4 Anis, Fenchel und Pfefferkörner in einen Einwegteebeutel füllen, verschließen, mit dem Lorbeerblatt in die Suppe geben und knapp unter dem Siedepunkt etwa 15 Minuten ziehen lassen. Thymian waschen und trockenschütteln. Safran, Thymian und Knoblauch ebenfalls in die Suppe geben und einige Minuten darin ziehen lassen. Thymian, Knoblauch, Lorbeerblatt und Gewürzbeutel wieder entfernen. Die Suppe mit Salz und 1 Prise Cayennepfeffer abschmecken und das restliche Olivenöl hinzufügen.

5 Salzwasser in einem Topf zum Kochen bringen. Das kochende Wasser vom Herd nehmen. Die Fischwürfel hineingeben und 2 bis 3 Minuten darin ziehen lassen. Die Luxuskrabben kurz hinzufügen und alles vorsichtig in ein Sieb abgießen. Die Fischmischung in die Suppe geben und darin weitere 2 Minuten glasig ziehen, aber nicht mehr kochen lassen.

Mein Tipp

Dazu passen kross geröstete Baguettescheiben, die mit etwas Knoblauch eingerieben werden. Anstatt Anis- und Fenchelsamen kann man die Suppe mit einigen Tropfen Anisschnaps (z. B. Pastis) abschmecken.

Spargelsuppe *mit Krabben*

Für 4 Personen | Vorbereitungszeit: 10 Minuten | Zubereitungszeit: 20 Minuten | Aufwand: *

ZUTATEN

700 g bofrost*Weißer Stangenspargel
150 g bofrost*Luxuskrabben
800 ml Gemüsebrühe
1 kleine Kartoffel (ca. 70 g)
80 g Sahne
1–2 EL kalte Butter
1 Streifen unbehandelte Zitronenschale
Salz · Currypulver
Cayennepfeffer
1/2–1 EL bofrost*Kräuterprofi »Petersilie«
Kräuterblättchen zum Garnieren

1 Den Spargel bei Zimmertemperatur etwa 10 Minuten, die Luxuskrabben etwa 15 Minuten auftauen lassen.

2 Den Spargel schräg in 1 1/2 bis 2 cm lange Stücke schneiden, mit der Brühe in einen Topf geben und erhitzen. Die Kartoffel schälen, dazuhobeln und 15 Minuten knapp unter dem Siedepunkt weich ziehen lassen, nach 10 Minuten etwa 200 g Spargelstücke für die Einlage herausheben und beiseite stellen. Am Ende der Garzeit die Sahne hinzufügen, die Suppe mit dem Stabmixer pürieren und durch ein grobes Sieb streichen. Die Butter untermixen, die Zitronenschale für einige Minuten darin ziehen lassen und wieder entfernen. Mit Salz und je 1 Prise Curry und Cayennepfeffer würzen.

3 Den Spargel für die Einlage in einer Pfanne ohne Fett bei mittlerer Hitze heiß werden lassen, die Krabben hinzufügen, die Pfanne vom Herd nehmen, 2 Minuten darin erhitzen und die gefrorene Petersilie hinzufügen.

4 Die Spargel-Krabben-Einlage auf vorgewärmte Suppenteller verteilen, die Suppe mit einem Stabmixer nochmals aufschäumen und darüber verteilen. Mit Kräuterblättchen garnieren.

Mein Tipp *Zusätzlich Croûtons auf die Suppe streuen. Dafür 1 Toastbrotscheibe würfeln, in 2 EL Butter bräunen, auf Küchenpapier abtropfen lassen.*

Safran-Gemüse-Suppe *mit Pangasiusfilet*

FÜR 4 PERSONEN | ZUBEREITUNGSZEIT: 20 MINUTEN | AUFWAND: ☆☆

ZUTATEN

2 bofrost*Pangasiusfilets
1/2 kleiner Zucchino (ca. 150 g)
250 g kleine Cocktailtomaten
80 g bofrost*Porree
50 ml Weißwein
1,2 l Gemüsebrühe
80 g bofrost*Möhren, gewürfelt
je 1 frischer Petersilien- und Basilikumzweig
1 halbierte, geschälte Knoblauchzehe
1 Döschen Safranfäden
1 Streifen unbehandelte Orangenschale
3 EL mildes Olivenöl
Salz · Cayennepfeffer

1 Die Pangasiusfilets über Nacht im Kühlschrank zugedeckt auftauen. Am nächsten Tag kalt abspülen und trockentupfen. Zu 2 dünnen Filets auseinander ziehen und jeweils in 3 gleich große Stücke schneiden.

2 Den Zucchino putzen, waschen und in 1/2 bis 1 cm große Würfel schneiden. Die Cocktailtomaten waschen und halbieren. Den Porree bei Zimmertemperatur 5 Minuten auftauen lassen und halbieren.

3 In einem weiten Topf oder Bräter den Weißwein auf ein Drittel einköcheln lassen. Die Brühe dazugießen, Porree und gefrorene Möhren hinzufügen und knapp unter dem Siedepunkt 7 Minuten ziehen lassen. Tomaten, Zucchini, Petersilien- und Basilikumzweig, Knoblauch, Safran, Orangenschale und Öl hinzufügen und mit Salz und 1 Prise Cayennepfeffer würzen. Einige Minuten ziehen lassen, die Kräuterzweige, Knoblauch und Orangenschale entfernen.

4 Die Suppe vom Herd nehmen, die Fischfilets in die Suppe legen und 3 bis 4 Minuten darin saftig durchziehen lassen. Die Suppe mit je 3 Fischstücken in vorgewärmte Suppenteller füllen.

Mein Tipp *Die Fischfilets kann man durch Geflügelbrustwürfel ersetzen. In einer Pfanne in wenig Öl anbraten, auf Küchenpapier abtropfen und 3 bis 4 Minuten knapp unter dem Siedepunkt in der Suppe ziehen lassen.*

Gemüse & Beilagen

Endlich spielt Gemüse wieder die Rolle , die ihm zusteht – und das nicht nur bei Vegetarieren. Nie zuvor war das Angebot an Gemüse vielfältiger und reichhaltiger. Deshalb sind auch die Rezepte abwechslungsreicher geworden. Denn nichts ist einfacher, als Gemüse mit Kräutern und Gewürzen raffiniert zu verfeinern. Und mit Gemüse, das schon fertig geputzt und geschnitten ist, kann man sich die lästige »Pflicht« sparen und gleich zur kulinarischen »Kür« kommen. So lassen sich mit wenig Aufwand große Erfolge feiern.

Kohlrabigemüse *mit Petersilienpesto*

FÜR 4 PERSONEN | ZUBEREITUNGSZEIT: 20 MINUTEN | AUFWAND: *

ZUTATEN

60 g bofrost*Blattspinat
1 Packung bofrost*Kräuterprofi »Petersilie«
1 EL geriebener Parmesan
1 kleine gehackte Knoblauchzehe
1 EL gebräunte Mandelblättchen
4 EL mildes Olivenöl
4 EL braune Butter (siehe Seite 10)
Salz · Pfeffer aus der Mühle
Zitronensaft
500 g bofrost*Kohlrabi
150 ml Gemüsebrühe
Salz · Pfeffer aus der Mühle

1 Für das Pesto den Spinat und die Petersilie über Nacht im Kühlschrank jeweils zugedeckt auftauen lassen.

2 Aus dem Spinat mit den Händen das Wasser ausdrücken, grob zerkleinern und mit der Petersilie in einen Blitzhacker geben. Parmesan, Knoblauch, Mandeln, Olivenöl und warme braune Butter hinzufügen. Mit Salz, Pfeffer und einigen Tropfen Zitronensaft würzen und zu einer grünen Paste mixen.

3 Für das Kohlrabigemüse die gefrorenen Kohlrabi in einem Topf ohne Fett bei milder Hitze andünsten, die Brühe dazugießen und zugedeckt bei milder Hitze 10 Minuten mehr weich ziehen als köcheln lassen.

4 Das Pesto unter das Kohlrabigemüse rühren und mit Salz und Pfeffer abschmecken.

Mein Tipp *Die braune Butter sollte zwar flüssig und warm sein, jedoch keinesfalls zu heiß, damit die wertvollen Inhaltsstoffe der Petersilie erhalten bleiben.*

Glasierte Möhrchen *mit Kardamom*

Für 4 Personen | Zubereitungszeit: 10 Minuten | Aufwand: ☆

ZUTATEN

350 g bofrost*Babymöhren
Salz
1–2 TL Puderzucker
5 ganze Kardamomkapseln, angedrückt (ersatzweise gemahlener Kardamom)
1 Scheibe Ingwer
1 Streifen unbehandelte Zitronenschale
100 ml Geflügelbrühe
1 EL Butter
Cayennepfeffer

1 Die gefrorenen Möhren in Salzwasser 3 Minuten kochen, in ein Sieb abgießen und gut abtropfen lassen.

2 Den Puderzucker in einem kleinen Topf bei milder Hitze hell karamellisieren. Kardamom, Ingwer und Zitronenschale hinzufügen, die Brühe dazugießen und die Möhren hinzufügen. Die Flüssigkeit fast vollständig verdampfen und die Butter darin schmelzen lassen. Ingwer, Zitronenschale und Kardamomkapseln anschließend wieder entfernen und die Möhren mit Salz, 1 Prise Cayennepfeffer und nach Belieben noch mit etwas Kardamom aus der Gewürzmühle würzen.

Mein Tipp

Um Puderzucker zu karamellisieren, sollte man ihn möglichst in einen noch kalten Topf stäuben, dadurch kann man den Schmelzvorgang besser kontrollieren. Übrigens: Der Puderzucker schmilzt viel gleichmäßiger, wenn man nicht umrührt.

Möhren-Birnen-Gemüse *mit Vanille*

FÜR 4 PERSONEN | ZUBEREITUNGSZEIT: 15 MINUTEN | AUFWAND: ☆

ZUTATEN

450 g bofrost*Babymöhren
Salz
1 reife feste Birne
1–2 TL Puderzucker
1 kleine Knoblauchzehe
1/2 Vanilleschote
1 Streifen unbehandelte Zitronenschale
100 ml Geflügelbrühe
1 EL Butter
Cayennepfeffer

1 Die gefrorenen Möhren in Salzwasser 3 Minuten kochen, auf ein Sieb geben und abtropfen lassen. Die Birne waschen, vierteln, entkernen, in schmale Spalten schneiden und diese halbieren.

2 Den Puderzucker in einer Pfanne bei milder Hitze hell karamellisieren, die Birnenspalten darin 1 Minute anbraten. Die Knoblauchzehe schälen, in Scheiben schneiden und zu den Birnen geben. Vanille, Zitronenschale und Möhren hinzufügen und die Brühe dazugießen. Die Flüssigkeit fast vollständig verdampfen und die Butter darin schmelzen lassen. Vanille, Knoblauch und Zitronenschale anschließend wieder entfernen und das Gemüse mit Salz und 1 Prise Cayennepfeffer würzen.

Mein Tipp *Dieses Gemüse harmoniert sowohl mit gebratenem Zander als auch mit Schweinefilet. Außerdem kann man noch blanchierten Gemüsefenchel mit dazugeben.*

Kaiserschotengemüse *mit Schwarzwurzel*

Für 4 Personen | Zubereitungszeit: 30 Minuten | Aufwand: *

ZUTATEN

200 g bofrost*Babymöhren
Salz
200 g bofrost*Kaiserschoten
1 mittelgroße Schwarzwurzel
50 ml Gemüsebrühe
1 Streifen unbehandelte Zitronenschale
1 geschälte halbierte Knoblauchzehe
1 Scheibe Ingwer
1 EL kalte Butter
1 TL braune Butter (siehe Seite 10)
frisch geriebene Muskatnuss
Cayennepfeffer

1 Die gefrorenen Möhren in Salzwasser 3 Minuten kochen, die gefrorenen Kaiserschoten nach 1 Minute dazugeben und 2 Minuten mitkochen. Möhren und Kaiserschoten kalt abschrecken und abtropfen lassen, die Kaiserschoten schräg halbieren.

2 Die Schwarzwurzel unter fließendem kaltem Wasser abbürsten, schälen, längs halbieren und schräg in 2 cm lange Stücke schneiden. In Salzwasser etwa 5 Minuten bissfest kochen, kalt abschrecken und auf einem Sieb abtropfen lassen.

3 Die Kaiserschoten, die Möhren und die Schwarzwurzeln mit Brühe, Zitronenschale, Knoblauch und Ingwer in einer großen Pfanne erhitzen. Die Gewürze nach 4 bis 5 Minuten wieder entfernen, Butter und braune Butter hinzufügen und mit Salz, Muskatnuss und 1 Prise Cayennepfeffer würzen.

Mein Tipp

*Der milchige Saft der Schwarzwurzeln färbt das Fruchtfleisch braun, aber auch Hände und Kleidung. Wenn Sie die Schwarzwurzeln 10 Sekunden blanchieren, abschrecken und dann schälen, tritt kein Saft aus. Ansonsten sollten Sie zum Schälen Einweghandschuhe verwenden. Anstelle von Schwarzwurzeln können Sie auch bofrost*Weißer Stangenspargel wählen.*

Kaiserschoten-Tomaten-Gemüse *mit Chili*

Für 4 Personen | Zubereitungszeit: 30 Minuten | Aufwand: ☆☆

ZUTATEN

2 Bund Frühlingszwiebeln
250 g bofrost*Kaiserschoten
Salz
4 Tomaten
80 ml Gemüsebrühe
1 halbierte Knoblauchzehe
1 Thymianzweig
1 Streifen unbehandelte Zitronenschale
1 kleine getrocknete Chilischote
1 EL kalte Butter
Cayennepfeffer
frisch geriebene Muskatnuss
1 EL bofrost*Kräuterprofi »Petersilie«

1 Die Frühlingszwiebeln putzen, waschen und schräg in 1 cm breite Stücke schneiden. Die Kaiserschoten 5 Minuten bei Zimmertemperatur antauen lassen und schräg halbieren. Frühlingszwiebeln und Kaiserschoten 3 bis 4 Minuten in Salzwasser kochen, kalt abschrecken und auf einem Sieb abtropfen lassen. Von den Tomaten den Stiel entfernen, die Tomaten kreuzweise einritzen, überbrühen, häuten, vierteln, entkernen und das Fruchtfleisch quer in Streifen schneiden.

2 In einer großen Pfanne die Brühe mit Knoblauch, Thymian, Zitronenschale und Chilischote erwärmen und die Kaiserschoten mit den Frühlingszwiebeln darin erhitzen. Die Tomaten und die Butter hinzufügen, mit Salz, je 1 Prise Cayennepfeffer und Muskatnuss würzen, zum Schluss die gefrorene Petersilie dazugeben. Knoblauch, Thymian, Zitronenschale und Chilischote kurz vor dem Servieren wieder entfernen.

Mein Tipp *Dieses Gemüse kann man sowohl zu feinen Fischzubereitungen servieren als auch zu Geflügel oder Fleisch.*

Bohnen-Peperoni-Gemüse *mit Bohnenkraut*

FÜR 4 PERSONEN | ZUBEREITUNGSZEIT: 15 MINUTEN | AUFWAND: ☆

ZUTATEN

350 g bofrost*Brechbohnen
Salz
3 rote türkische Peperoni (ersatzweise 120 g bofrost* Paprikastreifen)
1 EL mildes Olivenöl
70 ml Gemüsebrühe
1 geschälte halbierte Knoblauchzehe
1 Scheibe Ingwer
getrocknetes Bohnenkraut
Cayennepfeffer · 1 EL kalte Butter

1 Die gefrorenen Bohnen in Salzwasser 4 bis 5 Minuten kochen, kalt abschrecken und auf einem Sieb abtropfen lassen.

2 Die Peperoni waschen, halbieren, entkernen und die Schoten in 1 cm breite Stücke schneiden.

3 Das Öl in einer beschichteten Pfanne bei schwacher Hitze heiß werden lassen und die Peperoni darin glasig andünsten. Brühe, Knoblauch und Ingwer hinzufügen und 3 Minuten darin ziehen lassen. Die Bohnen dazugeben, mit Salz und je 1 Prise Bohnenkraut und Cayennepfeffer würzen. Zum Schluss die Butter hinzufügen. Knoblauch und Ingwer kurz vor dem Servieren entfernen.

Mein Tipp *Diese Gemüsebeilage passt wunderbar zu Lammfleischgerichten, aber auch zu Schwein oder Geflügel.*

Gratiniertes Gemüse
mit Thymian

FÜR 4 PERSONEN | ZUBEREITUNGSZEIT: 25 MINUTEN | AUFWAND: ☆☆

ZUTATEN

Für die Gratiniermasse:

100 g weiche Butter
2 EL mildes Olivenöl
1/2 Knoblauchzehe
2 TL frische Thymianblättchen (ersatzweise getrocknete)
1 EL bofrost*Kräuterprofi »Petersilie«
1 EL geriebener Parmesan
3 EL Weißbrotbrösel
Salz · Pfeffer aus der Mühle

Für das Gemüse:

1 Zucchino (ca. 250 g) · Salz
80 g bofrost*Zwiebelwürfel
400 g bofrost*Paprikastreifen
2 EL Gemüsebrühe
1 EL mildes Olivenöl
Cayennepfeffer

1 Für die Gratiniermasse die Butter mit dem Olivenöl in einer Schüssel schaumig rühren. Den Knoblauch schälen und klein hacken. Den Thymian waschen, trockenschütteln und ebenfalls klein hacken. Knoblauch, Thymian, gefrorene Petersilie und Parmesan unter das Butter-Öl-Gemisch rühren und die Weißbrotbrösel hinzufügen. Mit Salz und Pfeffer würzen.

2 Für das Gemüse den Zucchino putzen, waschen und in etwa 3 mm dicke Scheiben schneiden. In Salzwasser 2 Minuten kochen, kalt abschrecken und auf einem Sieb abtropfen lassen.

3 Die gefrorenen Zwiebelwürfel und die gefrorenen Paprikastreifen in einer Pfanne ohne Fett andünsten, die Brühe dazugießen und 4 bis 5 Minuten mehr ziehen als köcheln lassen. Die Brühe darf dabei fast vollständig verdampfen. Das Olivenöl hinzufügen und das Gemüse mit Salz und 1 Prise Cayennepfeffer würzen. Die Grillfunktion des Backofens einschalten.

4 Die Paprika-Zwiebel-Mischung gleichmäßig in eine kleine Auflaufform oder in breite, ofenfeste Portionsförmchen füllen und mit den Zucchinischeiben dicht belegen. Die Gratiniermasse darauf verteilen und das Gemüse auf der untersten Schiene unter dem Grill etwa 4 Minuten goldbraun überbacken.

Mein Tipp

Weißbrotbrösel können Sie ganz leicht selbst herstellen, indem Sie Toastbrot in kleine Würfel schneiden und in einem Blitzhacker (Mixaufsatz eines Stabmixers) zu Brösel mixen (siehe Seite 9).

Spinat *mit Mandeln*

FÜR 4 PERSONEN | VORBEREITUNGSZEIT: 10 MINUTEN | ZUBEREITUNGSZEIT: 20 MINUTEN | AUFWAND: ☆

ZUTATEN

540 g bofrost*Blattspinat
1 EL Butter
50 g bofrost*Zwiebelwürfel
350 ml Gemüsebrühe
2 Streifen unbehandelte Zitronenschale
1 geschälte halbierte Knoblauchzehe
Salz · frisch geriebene Muskatnuss
Cayennepfeffer
2 EL braune Butter (siehe Seite 10)
2 EL gebräunte Mandelblättchen

1 Den Spinat zugedeckt über Nacht im Kühlschrank auftauen lassen. Am nächsten Tag mit den Händen das restliche Wasser ausdrücken und die Spinatblätter etwas auseinander pflücken.

2 Die Butter in einer Pfanne bei schwacher Hitze zerlassen und die gefrorenen Zwiebelwürfel darin glasig andünsten. Die Brühe, den Spinat, die Zitronenschale und den Knoblauch hinzufügen und erhitzen. Die Zitronenschale und den Knoblauch nach etwa 5 Minuten wieder entfernen.

3 Den Spinat mit Salz, je 1 Prise Muskatnuss und Cayennepfeffer sowie brauner Butter abschmecken. Kurz vor dem Servieren die Mandelblättchen untermischen.

Mein Tipp: *Mandelblättchen bekommen ein intensiveres Aroma, wenn man sie in einer Pfanne ohne Fett einige Minuten unter Rühren bräunt.*

Spargelgemüse *mit dicken Bohnen*

Für 4 Personen | Zubereitungszeit: 30 Minuten | Aufwand: *

ZUTATEN

300 g bofrost*Weißer Stangenspargel
150 g bofrost*Dicke Bohnen
Salz
150 g bofrost*Kaiserschoten
80 ml Gemüsebrühe
1 Thymianzweig
1/2 geschälte Knoblauchzehe
1 Scheibe Ingwer
1 EL mildes Olivenöl
schwarzer Pfeffer aus der Mühle

1 Den Spargel 15 Minuten antauen lassen, anschließend schräg in 2 cm lange Stücke schneiden.

2 Die gefrorenen dicken Bohnen in Salzwasser 4 bis 5 Minuten kochen, kalt abschrecken und auf einem Sieb abtropfen lassen. Die gefrorenen Kaiserschoten schräg halbieren, in Salzwasser 3 bis 4 Minuten kochen, ebenfalls kalt abschrecken und auf einem Sieb abtropfen lassen.

3 Den Spargel in einer Pfanne bei mittlerer Hitze erwärmen, die Brühe hinzufügen und den Spargel darin zugedeckt 4 Minuten dünsten. Thymian waschen und trockenschütteln. Dicke Bohnen, Kaiserschoten, Knoblauch, Ingwer und Thymian dazugeben und etwa 5 Minuten ziehen lassen. Den Knoblauch, den Ingwer und den Thymian wieder entfernen, das Olivenöl hinzufügen und mit Salz und Pfeffer würzen.

Mein Tipp *Das Spargelgemüse können Sie ebenso gut zu Fisch und Geflügel wie auch zu Lammrücken servieren.*

Meerrettichwirsing *mit Birnenspalten*

FÜR 4 PERSONEN | ZUBEREITUNGSZEIT: 20 MINUTEN | AUFWAND: *

ZUTATEN

500 g bofrost*Rahmwirsing
1 reife, feste rote Birne
2 TL Puderzucker
1 EL Butter
1 EL Sahnemeerrettich
Salz
frisch geriebene Muskatnuss
Cayennepfeffer

1 Den gefrorenen Wirsing in einem kleinen Topf bei milder Hitze unter häufigem Rühren etwa 7 Minuten erwärmen.

2 Die Birne waschen, vierteln, entkernen und in möglichst schmale Spalten schneiden. In einer Pfanne bei milder Hitze den Puderzucker hell karamellisieren, die Butter hinzufügen und die Birnenspalten darin auf beiden Seiten anbraten.

3 Die Birnenspalten mit dem Meerrettich unter den Rahmwirsing rühren, mit Salz und je 1 Prise Muskatnuss und Cayennepfeffer würzen.

Mein Tipp *Der Meerrettichwirsing sollte möglichst frisch serviert und nicht zu lange warm gehalten werden, damit er seine grüne Farbe behält.*

Rosenkohl-Maronen-Gemüse *mit Speck*

FÜR 4 PERSONEN | ZUBEREITUNGSZEIT: 30 MINUTEN | AUFWAND: *

ZUTATEN

80 g durchwachsener Frühstücksspeck in Scheiben (Bacon)
1 EL Öl
300 g bofrost*Rosenkohl-Röschen, extra fein
Salz · 150 ml Geflügelbrühe
1 kleines Lorbeerblatt
1 kleines Stück Zimtrinde
1/4 Vanilleschote
1 Streifen unbehandelte Orangenschale
250 g gegarte Maronen (Fertigprodukt)
1 EL kalte Butter
1 EL braune Butter (siehe Seite 10)
frisch geriebene Muskatnuss
Cayennepfeffer

1 Die Speckscheiben quer in 1 bis 2 cm breite Streifen schneiden. In einer Pfanne im Öl bei schwacher Hitze kross braten und auf Küchenpapier abtropfen lassen.

2 Den gefrorenen Rosenkohl in Salzwasser 10 Minuten kochen, mit kaltem Wasser abschrecken und auf einem Sieb abtropfen lassen.

3 Die Brühe mit dem Lorbeerblatt, Zimt, Vanille und Orangenschale in einer tiefen großen Pfanne erwärmen, Rosenkohl und Maronen hinzufügen und darin erhitzen. Butter und braune Butter hinzufügen und mit Salz, je 1 Prise Muskatnuss und Cayennepfeffer würzen. Lorbeer, Zimt, Vanille und Orangenschale wieder entfernen.

4 Den gebratenen Speck vor dem Servieren über das Rosenkohl-Maronen-Gemüse streuen.

Mein Tipp

Maronen oder Esskastanien sind die Früchte des echten Kastanienbaums. Verwendet man frische Maronen, sollte man sie in kochendem Wasser oder im Backofen garen, bis sich Schale und Haut abziehen lassen. Das Rosenkohl-Maronen-Gemüse passt gut zu Wildgerichten, Schwein, aber auch zu Ente oder Gans.

Kartoffel-Gemüse-Gratin
mit Speck

Für 4 Personen | Vorbereitungszeit: 1 Stunde | Garzeit: 1 Stunde | Aufwand: *

ZUTATEN

60 g bofrost*Kohlrabi
50 g bofrost*Zwiebelwürfel
60 g bofrost*Möhren gewürfelt
350 g mehlig kochende Kartoffeln
70 g Knollensellerie
4 Scheiben Frühstücksspeck
200 g Sahne
Salz
schwarzer Pfeffer aus der Mühle
frisch geriebene Muskatnuss
Butter für die Auflaufform
60 g geriebener Emmentaler
(oder Bergkäse)

1 Die Kohlrabi sowie Zwiebel- und Möhrenwürfel bei Zimmertemperatur etwa 1 Stunde auftauen lassen.

2 Die Kartoffeln waschen, schälen und in dünne Scheiben hobeln. Den Knollensellerie schälen und in 1/2 cm große Würfel schneiden, die Speckscheiben in 1 cm breite Streifen schneiden.

3 Die Sahne mit Salz, Pfeffer und 1 Prise Muskatnuss kräftig würzen. Das aufgetaute Gemüse auf Küchenpapier abtropfen lassen und die Kohlrabistäbchen in Würfel schneiden. Alle Gemüsewürfel mit dem Speck und der Hälfte der Sahne vermischen, die restliche Sahne unter die Kartoffelscheiben mischen.

4 Den Backofen auf 170 bis 180 °C vorheizen. Eine kleine Auflaufform mit Butter einfetten. Die Hälfte der Kartoffel-Sahne-Mischung in die Form füllen, die Gemüse-Sahne-Mischung darauf verteilen und mit dem restlichen Kartoffel-Sahne-Gemisch abschließen. Das Kartoffel-Gemüse-Gratin mit dem Käse bestreuen und im Ofen etwa 1 Stunde goldbraun backen.

Mein Tipp

Die Hälfte der Sahne kann durch Milch ersetzt werden. Soll das Gratin etwas herzhafter schmecken, kann man die Sahne noch zusätzlich mit getrocknetem Bohnenkraut oder Thymian würzen.

Gemüse-Mix *mit Meerrettich*

FÜR 4 PERSONEN | ZUBEREITUNGSZEIT: 15 MINUTEN | GARZEIT: 10 MINUTEN | AUFWAND: ✲✲

ZUTATEN

20 g bofrost*Bratkartoffeln (ersatzweise 20 g geschälte Kartoffeln, in dünne Scheiben geschnitten)
1–2 EL bofrost*Zwiebelwürfel
1/4 l Gemüsebrühe
1/2 kleines Lorbeerblatt
1/2 geschälte Knoblauchzehe
4 EL Sahne · 1 EL Butter
2 TL Sahnemeerrettich
500 g bofrost*Julienne-Gemüse-Mix
Salz · frisch geriebene Muskatnuss
Cayennepfeffer

1 Die gefrorenen Bratkartoffeln (oder die Kartoffelscheiben) mit den gefrorenen Zwiebelwürfeln und der Brühe in einen Topf geben, das Lorbeerblatt und den Knoblauch hinzufügen, etwa 10 Minuten knapp unter dem Siedepunkt weich ziehen lassen.

2 Die Gewürze anschließend wieder entfernen, Sahne, Butter und Meerrettich hinzufügen und das Gemüse mit dem Stabmixer pürieren.

3 Den gefrorenen Gemüse-Mix in einer Pfanne ohne Fett bei mittlerer Hitze erwärmen, die Meerrettichsoße hinzufügen und das Gemüse mit Salz und je 1 Prise Muskatnuss und Cayennepfeffer abschmecken.

Mein Tipp *Im Gegensatz zum frischen Meerrettich behält Sahnemeerrettich beim Erhitzen sein mildes Aroma. Wer einen etwas schärferen Geschmack bevorzugt, kann beim Anrichten noch frischen Meerrettich über das Gericht hobeln.*

Bratkartoffelgröstel *mit Pilzen*

FÜR 4 PERSONEN | ZUBEREITUNGSZEIT: 30 MINUTEN | AUFWAND: ✲

ZUTATEN

1 1/2 Bund Frühlingszwiebeln
4–5 EL Öl
500 g bofrost*Bratkartoffeln
250 g bofrost*Feinschmecker-Pilzmischung
1–2 EL braune Butter
1/2 geschälte Knoblauchzehe
Salz
schwarzer Pfeffer aus der Mühle
gemahlener Kümmel
1/2–1 TL abgeriebene unbehandelte Zitronenschale
1/2–1 EL bofrost*Kräuterprofi »Petersilie«

1 Die Frühlingszwiebeln putzen, waschen und schräg in 1/2 cm breite Stücke schneiden.

2 Das Öl in einer großen Pfanne bei schwacher Hitze heiß werden lassen, die gefrorenen Bratkartoffeln 8 bis 10 Minuten darin knusprig braun braten. Nach 7 Minuten die Frühlingszwiebeln hinzufügen und mitbraten.

3 In einer weiteren Pfanne bei mittlerer Hitze die Pilze 3 bis 4 Minuten anbraten und anschließend zu den Kartoffeln geben. Die braune Butter und die Knoblauchzehe hinzufügen. Mit Salz, Pfeffer, 1 Prise Kümmel und Zitronenschale abschmecken und den Knoblauch vor dem Servieren wieder entfernen. Das Bratkartoffelgröstel mit der gefrorenen Petersilie bestreuen.

Mein Tipp

*Die Bratkartoffeln können auch durch bofrost*Rosmarin-Kartoffeln ersetzt werden. Die Kartoffeln dafür in der Pfanne braten, ein paar Minuten vor Garzeitende die Frühlingszwiebeln hinzufügen und mit Pilzen und Gewürzen wie oben beschrieben zubereiten.*

Wurzelpüree *mit Sahne*

Für 4 Personen | Zubereitungszeit: 15 Minuten | Garzeit: 20 Minuten | Aufwand: ✲

ZUTATEN
300 g Knollensellerie
1 EL Öl
250 g bofrost*Zwiebelwürfel
250 g bofrost*Möhren, gewürfelt
300–350 ml Gemüsebrühe
2 TL Sahnemeerrettich
80 g Sahne
2 EL kalte Butter
1 EL braune Butter
(siehe Seite 10)
Salz · frisch geriebene Muskatnuss
Cayennepfeffer

1 Den Sellerie schälen und in 1/2 bis 1 cm große Würfel schneiden.

2 Das Öl in einem Topf bei schwacher Hitze heiß werden lassen. Die Selleriewürfel und die gefrorenen Zwiebel- und Möhrenwürfel darin glasig andünsten. Die Brühe hinzufügen, erhitzen und das Gemüse zugedeckt bei schwacher Hitze 15 bis 20 Minuten weich dünsten. Aus dem Topf nehmen und auf einem Sieb abtropfen lassen, dabei die Flüssigkeit auffangen.

3 Das Gemüse, den Meerrettich und die Sahne mit dem Stabmixer pürieren. Falls nötig, noch etwas Kochflüssigkeit hinzufügen. Die Butter hineinrühren und das Wurzelpüree mit Salz und je 1 Prise Muskatnuss und Cayennepfeffer würzen.

Mein Tipp *Eine besondere Note bekommt das Gemüse, wenn man es statt mit Meerrettich mit einer Prise Currypulver würzt.*

Kohlrabi-Kartoffel-Püree *mit Safran*

FÜR 4–6 PERSONEN | ZUBEREITUNGSZEIT: 25 MINUTEN | GARZEIT: 40 MINUTEN | AUFWAND: ✲✲

ZUTATEN

650 g Kartoffeln
1–1 1/2 l Gemüsebrühe
1 ungeschälte Knoblauchzehe
1 getrocknete rote Chilischote
1 kleines Lorbeerblatt
350 g bofrost*Kohlrabi
1/2 Döschen Safranfäden
150 ml heiße Milch · 3 EL Butter
Salz · frisch geriebene Muskatnuss
Cayennepfeffer
1 Msp. abgeriebene unbehandelte Orangenschale

1 Die Kartoffeln waschen, schälen, vierteln und in der Brühe mit Knoblauch, Chilischote und Lorbeerblatt etwa 40 Minuten gar kochen. Nach 20 bis 25 Minuten den gefrorenen Kohlrabi hinzufügen. Am Ende der Garzeit die Gewürze wieder entfernen und das Gemüse in ein Sieb abgießen, dabei die Flüssigkeit auffangen. Die Kartoffeln herausnehmen und durch die Kartoffelpresse drücken oder mit einem Kartoffelstampfer zerdrücken. Den Kohlrabi in einem Blitzhacker mit dem Safran pürieren, falls nötig, noch ein wenig Kochsud hinzufügen.

2 Kohlrabipüree und passierte Kartoffeln zusammen in einen kleinen Topf geben und die heiße Milch nach und nach mit einem Kochlöffel hineinrühren. Zum Schluss die Butter hinzufügen und das Püree mit Salz, je 1 Prise Muskatnuss und Cayennepfeffer sowie Orangenschale abschmecken.

Mein Tipp *Damit das Püree schön locker wird, verwendet man zum Rühren am besten einen Kochlöffel oder einen Teigschaber, keinen Schneebesen.*

Brezenknödel *mit Petersilie*

FÜR 4 PERSONEN | VORBEREITUNGSZEIT: 40 MINUTEN | GARZEIT: 30 MINUTEN | AUFWAND: ☆☆

ZUTATEN

3 bofrost*Laugenstangen (oder Laugenbrezeln vom Vortag)
$1/4$ l Milch
2 Eier
Salz · Pfeffer aus der Mühle
frisch geriebene Muskatnuss
1 EL Öl
50 g bofrost*Zwiebelwürfel
1 EL bofrost*Kräuterprofi »Petersilie«

1 Den Backofen auf 200 °C vorheizen. Die Laugenstangen am Vortag auf ein mit bofrost*Dauer-Backfolie ausgelegtes Backblech legen, 15 Minuten antauen lassen, 3-mal einritzen und etwa 18 Minuten im Backofen fertig backen. Auskühlen und über Nacht zugedeckt stehen lassen.

2 Die Laugenstangen in $1/2$ bis 1 cm große Würfel oder in dünne Scheiben schneiden. Die Milch aufkochen, vom Herd nehmen und die Eier verquirlen. Die Milch langsam unter die Eier rühren. Mit Salz, Pfeffer und 1 Prise Muskatnuss würzen und mit den Laugenstangenwürfeln locker vermischen.

3 Das Öl in einer Pfanne bei schwacher Hitze heiß werden lassen und die gefrorenen Zwiebelwürfel darin glasig andünsten. Mit der gefrorenen Petersilie in die Brezenknödelmasse geben, nach Belieben nachwürzen und 10 Minuten ziehen lassen.

4 Zwei Blätter Alufolie jeweils mit Frischhaltefolie belegen. Die Knödelmasse darauf zu länglichen Rollen von etwa 5 cm Durchmesser formen. Die Masse zuerst in die Frischhaltefolie rollen und mit der Alufolie fest umwickeln.

5 Die Knödelrollen in einem großen Topf in leicht siedendem Wasser etwa 30 Minuten garen. Aus dem Wasser heben, ein paar Minuten ruhen lassen, aus der Folie wickeln und noch heiß in Scheiben schneiden.

Knödel *mit Kräutern*

FÜR 4 PERSONEN | ZUBEREITUNGSZEIT: 20 MINUTEN | GARZEIT: 30 MINUTEN | AUFWAND: ✲✲

ZUTATEN

250 g Toastbrot
1/8 l Milch
2 Eier
5 EL bofrost*Kräuterprofi »Kräutermischung«
Salz · Pfeffer aus der Mühle
frisch geriebene Muskatnuss

1 Das Toastbrot in 1 cm große Würfel schneiden. Die Milch aufkochen, vom Herd nehmen und die Eier verquirlen. Die Milch langsam unter die Eier rühren und die gefrorene Kräutermischung hinzufügen. Mit Salz, Pfeffer und 2 Prisen Muskatnuss würzen. Die Masse über die Toastbrotwürfel gießen, locker vermischen und 10 Minuten ziehen lassen.

2 Zwei Blätter Alufolie jeweils mit Frischhaltefolie belegen. Die Kräuterknödelmasse darauf zu länglichen Rollen von etwa 5 cm Durchmesser formen. Zuerst in die Frischhaltefolie rollen, dann mit der Alufolie fest umwickeln.

3 Die Knödelrollen in einem großen Topf mit leicht siedendem Wasser gut 30 Minuten garen. Die Knödel mit dem Schaumlöffel aus dem Wasser heben, aus der Folie wickeln und noch heiß in Scheiben schneiden.

Mein Tipp

Der Kräuterknödel lässt sich sehr gut vorbereiten und hält sich, in Folie eingewickelt, ungekocht einen halben Tag im Kühlschrank. Bleibt von den Knödelscheiben etwas übrig, kann man sie in einer Pfanne in Butter bei milder Hitze anbraten und als Beilage servieren. Die Knödel sind die ideale Beilage zu einem warmem Gericht, Sie können aber auch eine Schnittlauchsoße dazu reichen.

Kräuterspätzle *mit Spinat*

FÜR 4 PERSONEN | ZUBEREITUNGSZEIT: 25 MINUTEN | AUFWAND: ✲

ZUTATEN

60 g bofrost*Blattspinat
30 g bofrost*Kräuterprofi »Kräutermischung«
30 g bofrost*Kräuterprofi »Petersilie«
1/2 kleine Knoblauchzehe
1 TL Mandelblättchen
1 TL geriebener Parmesan
50 ml Olivenöl
4 EL braune Butter (siehe Seite 10)
Salz · Pfeffer aus der Mühle
Zitronensaft
600 g bofrost*Original schwäbische Eierspätzle
150 ml Gemüsebrühe

1 Den Blattspinat, die Kräutermischung und die Petersilie jeweils zugedeckt in einer Schüssel über Nacht im Kühlschrank auftauen lassen.

2 Am nächsten Tag aus den aufgetauten Spinatblättern mit den Händen das Wasser gut ausdrücken. Den Knoblauch schälen und in Scheiben schneiden. Den Spinat grob schneiden und mit den Kräutern in einen Blitzhacker geben. Die Mandelblättchen in einer Pfanne ohne Fett bei mittlerer Hitze goldbraun rösten. Parmesan, Mandeln, Knoblauch, Olivenöl und braune Butter ebenfalls in den Blitzhacker geben. Die Kräuter-Spinat-Masse mit Salz, Pfeffer und etwas Zitronensaft abschmecken und zu einer grünen Paste mixen.

3 Die gefrorenen Spätzle in einer großen Pfanne mit der Brühe erhitzen und die Kräuterpaste untermischen.

Mein Tipp
Für Bärlauchspätzle kann man die Kräutermischung und die Petersilie im Frühjahr durch frische Bärlauchblätter ersetzen. Dafür etwa 80 g Bärlauchblätter waschen, trockenschütteln und klein hacken. Dann die Kräuterspätzle wie beschrieben zubereiten.

Schwammerlspätzle *mit Petersilie*

FÜR 4 PERSONEN | ZUBEREITUNGSZEIT: 15 MINUTEN | GARZEIT: 20 MINUTEN | AUFWAND: ✲

ZUTATEN

200 ml Gemüsebrühe
60 g bofrost*Champignons, in Scheiben
60 g Sahne · 1 EL kalte Butter
1 Streifen unbehandelte Zitronenschale
Salz · Cayennepfeffer
400 g bofrost*Original schwäbische Eierspätzle
100 g bofrost*Feinschmecker-Pilzmischung
1 TL bofrost*Kräuterprofi »Petersilie«

1 Die Gemüsebrühe mit den gefrorenen Champignons und der Sahne langsam in einem Topf aufkochen lassen. Die Pilzsoße vom Herd nehmen, mit dem Stabmixer fein pürieren, durch ein Sieb passieren und die Butter hinzufügen. Die Zitronenschale dazugeben, einige Minuten darin ziehen lassen und anschließend wieder entfernen. Die fertige Soße mit Salz und 1 Prise Cayennepfeffer abschmecken.

2 Die Pilzsoße in eine große Pfanne geben und die gefrorenen Spätzle mit der Pilzmischung etwa 5 Minuten darin erhitzen. Die Schwammerlspätzle nach Belieben noch etwas nachwürzen und mit der gefrorenen Petersilie bestreut servieren.

Mein Tipp *Die Schwammerlspätzle passen besonders gut zu rosa gebratenem Kalbsrücken oder auch Rehrücken. Je nach Vorliebe kann noch 1 EL fein gewürfelter Kochschinken unter die Schwammerlspätzle gemischt werden.*

Makkaroni
mit Gemüse-Mix

Für 4 Personen | Zubereitungszeit: 25 Minuten | Aufwand: ✲

ZUTATEN
200 g Makkaroni (ersatzweise Penne oder Fusilli)
Salz
500 g bofrost*Julienne Gemüse-Mix
150 ml Gemüsebrühe
1 Knoblauchzehe
2 Scheiben Ingwer
2 Streifen unbehandelte Zitronenschale
2 EL kalte Butter
frisch geriebene Muskatnuss
Cayennepfeffer
1 EL bofrost*Kräuterprofi »Kräutermischung«

1 Die Makkaroni (ersatzweise Penne oder Fusilli) nach Packungsanweisung in reichlich Salzwasser bissfest kochen und auf einem Sieb gut abtropfen lassen.

2 Die gefrorenen Gemüsestreifen in einer Pfanne ohne Fett bei schwacher Hitze erwärmen. Die Brühe hinzufügen und das Gemüse 2 bis 3 Minuten darin bissfest dünsten. Die Knoblauchzehe schälen und halbieren.

3 Die Nudeln mit Knoblauch, Ingwer und Zitronenschale zum Gemüse in die Pfanne geben und darin wieder erhitzen. Die Butter hinzufügen und die Makkaroni mit Salz, Muskatnuss und 1 Prise Cayennepfeffer herzhaft abschmecken. Knoblauch, Ingwer und Zitronenschale anschließend wieder entfernen und die gefrorene Kräutermischung darüber streuen.

Mein Tipp

Besonders fein schmeckt der Gemüse-Mix auch, wenn man die gemischten Kräuter durch $\frac{1}{2}$ bis 1 TL frisch geschnittene Estragonblätter ersetzt. Diese Beilage können Sie dann gut zu Fisch und Geflügel reichen.

Gebratener Blumenkohl *mit Champignons*

Für 4 Personen | Zubereitungszeit: 25 Minuten | Aufwand: ✲

ZUTATEN

500 g bofrost*Blumenkohl
1–2 EL Olivenöl
150 g bofrost*Champignons
1 EL bofrost*Kräuterprofi »Kräutermischung«
Salz
schwarzer Pfeffer aus der Mühle
frisch geriebene Muskatnuss

1 Den Blumenkohl in einer Schüssel zugedeckt über Nacht im Kühlschrank auftauen lassen. Am nächsten Tag in 1/2 bis 1 cm dicke Scheiben schneiden und auf Küchenpapier abtropfen lassen.

2 Das Öl in einer Pfanne erhitzen und den Blumenkohl 6 bis 8 Minuten darin goldbraun anbraten, die gefrorenen Champignons hinzufügen und 2 Minuten mit erhitzen. Die gefrorene Kräutermischung unterrühren und den Blumenkohl mit Salz, Pfeffer und 1 Prise Muskatnuss würzen.

Mein Tipp *Man kann den gebratenen Blumenkohl noch mit 1 EL Butter verfeinern. Eine besondere Note bekommt diese Gemüsebeilage, wenn man sie mit 1/2 TL Currypulver abschmeckt.*

Blumenkohlgemüse *mit Orangenbröseln*

Für 4 Personen | Zubereitungszeit: 25 Minuten | Aufwand: *

ZUTATEN

80 g Butter
40 g Weißbrotbrösel
Salz · schwarzer Pfeffer aus der Mühle
1/2 TL abgeriebene unbehandelte Orangenschale
500 g bofrost*Blumenkohl
60 ml Gemüsebrühe
Cayennepfeffer
frisch geriebene Muskatnuss

1 Die Hälfte der Butter in einer Pfanne bei schwacher Hitze zerlassen und die Weißbrotbrösel darin golden anbraten. Mit Salz und Pfeffer leicht würzen und die Orangenschale hinzufügen.

2 Den gefrorenen Blumenkohl in Salzwasser etwa 4 Minuten bissfest blanchieren, kalt abschrecken und auf einem Sieb abtropfen lassen. Den Blumenkohl in etwas kleinere Röschen zerteilen und in einer Pfanne in der Brühe erhitzen. Die restliche Butter hinzufügen und mit Salz, Cayennepfeffer und 1 Prise Muskatnuss würzen.

3 Den Blumenkohl auf Tellern als Beilage anrichten und die Orangenbrösel darüber verteilen.

Mein Tipp *Ein feines Knoblaucharoma bekommen die Orangenbrösel, wenn man eine ungeschälte Knoblauchzehe von Anfang an mitbrät und sie vor dem Servieren wieder entfernt.*

Aromatischer Gemüsereis *mit Anis*

FÜR 4 PERSONEN | ZUBEREITUNGSZEIT: 20 MINUTEN | GARZEIT: 20 MINUTEN | AUFWAND: ☆

ZUTATEN

125 g Basmatireis
3 EL kalte Butter
3 EL bofrost*Zwiebelwürfel
3 Streifen unbehandelte Limettenschale
1/4 aufgeschlitzte Vanilleschote
1 kleines Stück Zimtrinde
3 Zacken Sternanis
180 ml Gemüsebrühe
300 g bofrost*Leipziger Allerlei
Salz · Cayennepfeffer

1 Den Backofen auf 180 °C vorheizen. Den Reis gründlich waschen und auf einem Sieb gut abtropfen lassen.

2 In einem Topf bei schwacher Hitze 1 EL Butter zerlassen und die gefrorenen Zwiebelwürfel darin glasig anschwitzen. Den Reis mit Limettenschale, Vanilleschote, Zimtrinde und Sternanis hinzufügen und etwas mitschwitzen lassen. Die Brühe dazugießen und einmal aufkochen lassen. Einen Deckel auflegen und den Reis im Ofen 15 bis 20 Minuten kernig ausquellen lassen. Anschließend die Gewürze aus dem Reis wieder entfernen.

3 Das gefrorene Leipziger Allerlei in Salzwasser 8 Minuten kochen, auf einem Sieb gut abtropfen lassen und mit dem Reis mischen. Die restliche Butter hinzufügen und nach Belieben mit Salz und 1 Prise Cayennepfeffer abschmecken.

Mein Tipp *Der Gemüsereis passt als Beilage besonders gut zu Geflügel- oder Fischgerichten mit Soße.*

Maisplätzchen *mit Cornflakes*

FÜR 4 PERSONEN | ZUBEREITUNGSZEIT: 20 MINUTEN | GARZEIT: 30 MINUTEN | AUFWAND: ✲✲

ZUTATEN

100 g bofrost*Mais
Butter für die Förmchen
50 g weiche Butter
1 Eigelb
Salz
schwarzer Pfeffer aus der Mühle
frisch geriebene Muskatnuss
1 Eiweiß
20 g Cornflakes
1 EL bofrost*Kräuterprofi »Kräutermischung«
2 EL Hartweizengrieß (ca. 25 g)

1 Die Maiskörner bei Zimmertemperatur etwa 15 Minuten auftauen lassen. Den Backofen auf 180 °C vorheizen. 8 Vertiefungen eines Muffinblechs mit Butter einfetten oder 8 Papierförmchen einsetzen.

2 Die Butter mit dem Eigelb, Salz, Pfeffer und 1 Prise Muskatnuss schaumig rühren, dann die Maiskörner untermischen.

3 Das Eiweiß mit 1 Prise Salz zu einem cremigen Schnee schlagen und mit den Cornflakes, der gefrorenen Kräutermischung und dem Grieß unter die Maismasse ziehen.

4 Die Maismasse in die Vertiefungen des Muffinblechs füllen und im Backofen etwa 25 Minuten goldbraun backen. Die Maisplätzchen aus dem Ofen nehmen, kurz abkühlen lassen und aus den Formen stürzen.

Mein Tipp *Beim Aufschlagen des Eiweißes ist es wichtig, dass Schüssel und Quirl ganz fettfrei sind, damit ein schöner Schnee entsteht.*

Nudelrisotto
mit Kaiserschoten

Für 4 Personen | Vorbereitungszeit: 30 Minuten | Zubereitungszeit: 20 Minuten | Aufwand: ☆☆

ZUTATEN

70 g bofrost*Kaiserschoten
2 EL Olivenöl
40 g bofrost*Zwiebelwürfel
150 g Risoni-Nudeln (reisförmige Hartweizennudeln)
3 EL Weißwein
1 Lorbeerblatt
300 ml heiße Gemüsebrühe
120 g bofrost*Champignons, in Scheiben
1 Knoblauchzehe
1 Streifen unbehandelte Zitronenschale
1 EL Butter
Salz · frisch geriebene Muskatnuss
Cayennepfeffer

1 Die Kaiserschoten in einer Schüssel bei Zimmertemperatur 30 Minuten auftauen lassen, anschließend schräg in dünne Streifen schneiden.

2 Das Öl in einem kleinen Topf bei schwacher Hitze heiß werden lassen, die gefrorenen Zwiebelwürfel darin glasig anschwitzen, die Risoni-Nudeln dazugeben, etwas mitschwitzen lassen und den Weißwein dazugießen. Die Flüssigkeit etwas einkochen lassen, das Lorbeerblatt hinzufügen und die heiße Brühe unter Rühren nach und nach dazugießen, bis die Nudeln nach etwa 8 bis 10 Minuten al dente (bissfest) sind.

3 Nach 5 Minuten die Kaiserschoten zu den Nudeln geben und am Ende der Garzeit die gefrorenen Champignons unterrühren und mit erhitzen.

4 Die Knoblauchzehe schälen und halbieren. Den Knoblauch und die Zitronenschale zu den Nudeln geben, einige Minuten darin ziehen lassen und mit dem Lorbeerblatt anschließend wieder entfernen. Die Butter hinzufügen und das Nudelrisotto mit Salz und je 1 Prise Muskatnuss und Cayennepfeffer abschmecken.

Mein Tipp

Möchte man anstelle von Risoni-Nudeln Risottoreis verwenden, muss die Flüssigkeitsmenge auf etwa 450 ml erhöht werden, und die Zubereitung des Gerichts dauert rund 10 Minuten länger.

Vegetarisch

Es muss nicht immer Fleisch sein. Denn, was gibt es Köstlicheres als ein cremiges Risotto mit Pilzen, knusprige Gemüseplätzchen mit Tomatenragout oder feinen Spargel mit Basilikum-Hollandaise? Angesichts des reichhaltigen Angebots an knackigem Gemüse fällt es besonders leicht, abwechslungsreiche vegetarische Gerichte für jede Gelegenheit zu zaubern. Schauen Sie mal über den Tellerrand und lassen Sie sich von den Rezepten inspirieren. Sie werden diese einfachen und doch raffinierten Kombinationen lieben.

Kartoffelgnocchi
mit Kräuter-Spinat-Füllung

Für 4 Personen | Vorbereitungszeit: 1 Stunde 30 Minuten | Zubereitungszeit: 30 Minuten | Aufwand: ☆☆☆

ZUTATEN

Für die Gnocchi:
600 g Kartoffeln · Salz
1 TL ganzer Kümmel
2 EL braune Butter (siehe Seite 10)
2 Eigelb
55 g doppelgriffiges Mehl (ersatzweise Weizenmehl Typ 405)
55 g Speisestärke
frisch geriebene Muskatnuss

Für die Füllung:
60 g bofrost*Blattspinat
3 EL bofrost*Kräuterprofi »Kräutermischung«
Mehl zum Bestäuben
Salz

Außerdem:
60 g braune Butter
1 EL kleine Salbeiblätter
1–2 EL geriebener Parmesan

1 Für die Gnocchi die Kartoffeln waschen und in Salzwasser mit dem Kümmel weich kochen. Abgießen, schälen, durch eine Kartoffelpresse drücken und etwa 30 Minuten abkühlen lassen.

2 Inzwischen für die Füllung den Blattspinat und die Kräutermischung bei Zimmertemperatur auftauen lassen.

3 Die braune Butter erwärmen und mit den Eigelben unter die Kartoffelmasse mischen. Mehl und Speisestärke dazusieben und locker unter die Masse kneten. Mit Salz und 1 Prise Muskatnuss würzen.

4 Für die Füllung den aufgetauten Blattspinat mit den Händen das Wasser ausdrücken, Spinat klein hacken und mit den Kräutern unter ein Viertel der Gnocchimasse kneten.

5 Die Kartoffelmasse zu mehreren Rollen von etwa 2 cm Dicke formen und dabei mit Mehl bestäuben. Die Rollen flach drücken oder zwischen zwei Lagen Frischhaltefolie ausrollen. Die Spinat-Kräuter-Masse mit etwas Mehl zu dünneren Rollen in gleicher Länge formen. Jeweils 1 Rolle auf eine flache Kartoffelgnocchimasse legen und darin einwickeln. Die Rollen nachformen, dabei leicht mit Mehl bestäuben und mit einem Messerrücken oder einer Teigkarte in 1 bis 2 cm breite Stücke teilen.

6 Die Gnocchi portionsweise in kochendes Salzwasser geben, an die Oberfläche steigen lassen und 2 Minuten ziehen lassen, bis sie gar sind. Mit einem Schaumlöffel herausnehmen und abtropfen lassen.

7 Zum Anrichten die braune Butter mit den Salbeiblättern in einer Pfanne bei mittlerer Hitze heiß werden lassen. Die Gnocchi hineingeben, erwärmen und mit frisch geriebenem Parmesan auf vorgewärmten Tellern anrichten.

Mein Tipp

Die Gnocchi kann man auch sehr gut im Voraus zubereiten. Die gekochten Gnocchi einfach mit etwas Öl vermischen, auf einem Tablett ausgebreitet abkühlen lassen und zugedeckt in den Kühlschrank stellen. So lassen sie sich bis zu 2 Tage aufbewahren.

Röstinchen *mit Gorgonzola-Broccoli*

FÜR 4 PERSONEN | ZUBEREITUNGSZEIT: 30 MINUTEN | AUFWAND: ☆☆

ZUTATEN

Für die Röstinchen:

16 bofrost*Backofen-Röstis

Für den Gorgonzola-Broccoli:

300 ml Gemüsebrühe
100 g Gorgonzola
1–2 EL Birnenwürfel
4 EL Sahne · 1 TL Speisestärke
1 Msp. gehackter Knoblauch
Cayennepfeffer
4 EL Butter
1/4 aufgeschlitzte Vanilleschote
500 g bofrost*Broccoli
Salz
schwarzer Pfeffer aus der Mühle
frisch geriebene Muskatnuss

1 Für die Röstinchen den Backofen auf 180 °C vorheizen. Die gefrorenen Backofen-Röstis auf ein mit bofrost*Dauer-Backfolie belegtes Backblech setzen und im Ofen etwa 15 Minuten knusprig braun backen.

2 Für den Gorgonzola-Broccoli die Hälfte der Brühe erwärmen, Gorgonzola, Birnenwürfel und Sahne hinzufügen und vorsichtig bis knapp unter dem Siedepunkt erhitzen. Die Speisestärke mit ein wenig kaltem Wasser glatt rühren, in die Soße geben und 2 Minuten mitköcheln lassen. Knoblauch, 1 Prise Cayennepfeffer und die Hälfte der Butter hinzufügen und die Soße mit dem Stabmixer glatt rühren. Die Vanilleschote dazugeben, einige Minuten in der Soße ziehen lassen und anschließend wieder entfernen.

3 Den gefrorenen Broccoli in Salzwasser etwa 4 Minuten bissfest kochen, kalt abschrecken und auf einem Sieb abtrofen lassen. In einer Pfanne in der restlichen Brühe erhitzen, die restliche Butter hinzufügen und den Broccoli mit Salz, Pfeffer und 1 Prise Muskatnuss würzen.

4 Die Röstinchen auf vorgewärmte Teller verteilen und den Gorgonzola-Broccoli daneben anrichten.

Mein Tipp *Die Birne sollte möglichst reif sein und ein weiches Fruchtfleisch haben, damit sie sich gut untermixen lässt.*

Knusper-Pockets *mit Tomatenragout*

FÜR 4 PERSONEN | ZUBEREITUNGSZEIT: 30 MINUTEN | AUFWAND: ☆☆

ZUTATEN

Für die Knusper-Pockets:
1 kg bofrost*Knusper-Pockets

Für das Tomatenragout:
400 g Tomatenfruchtfleisch in Stücken (aus der Dose)
60 ml Gemüsebrühe
4 EL mildes Olivenöl
1/2 geschälte Knoblauchzehe
1 kleines Stück Zimtrinde
Salz · Zucker · Cayennepfeffer
1 EL gehacktes Basilikum

1 Für die Knusper-Pockets den Backofen auf 200 °C vorheizen. Die gefrorenen Knusper-Pockets auf ein mit bofrost*Dauer-Backfolie belegtes Backblech legen und im Backofen etwa 15 Minuten goldbraun und knusprig backen.

2 Für das Tomatenragout das Tomatenfruchtfleisch in einen Topf geben, die Brühe hinzufügen und mit einem Schaumlöffel etwa 150 g Tomatenstücke herausheben und beiseite stellen.

3 Die Tomaten-Brühe-Mischung im Topf erhitzen und das Olivenöl untermixen. Knoblauch und Zimt hinzufügen, 5 Minuten darin ziehen lassen und anschließend wieder entfernen. Die beiseite gestellten Tomatenstücke in die Soße zurückgeben, mit Salz und je 1 Prise Zucker und Cayennepfeffer abschmecken. Zum Schluss das Basilikum dazugeben.

4 Die Knusper-Pockets mit dem Tomatenragout auf vorgewärmten Tellern anrichten.

Mein Tipp *Je nach Vorliebe kann man das Tomatenragout auch mit getrocknetem oder frischem Oregano statt mit Basilikum würzen.*

Ricotta-Spinat-Knödel
auf Porree-Champignon-Gemüse

Für 4 Personen | Zubereitungszeit: 20–25 Minuten | Ruhezeit: 30 Minuten | Aufwand: ☆☆☆

ZUTATEN

Für die Knödel:

240 g bofrost*Blattspinat
1 EL Butter
60 g bofrost*Zwiebelwürfel
1 Msp. gehackter Knoblauch
150 g Ricotta · 1 Eigelb
je 40 g Weißbrotbrösel
und Hartweizengrieß
50 g geriebener Parmesan
1 EL braune Butter (siehe Seite 10)
Salz · Pfeffer aus der Mühle
frisch geriebene Muskatnuss

Für das Gemüse:

400 g bofrost*Porree
150 ml Gemüsebrühe
50 g Sahne
200 g bofrost*Champignons,
in Scheiben
1 EL Butter
1 Msp. abgeriebene unbehandelte
Zitronenschale
Salz · Pfeffer aus der Mühle
gemahlener Kümmel
frisch geriebene Muskatnuss
1 EL bofrost*Kräuterprofi
»Petersilie«

1 Für die Knödel den Blattspinat in einer Schüssel über Nacht im Kühlschrank zugedeckt auftauen lassen.

2 Am nächsten Tag aus dem Spinat mit den Händen das Wasser ausdrücken und den Spinat klein hacken. Die Butter in einer Pfanne zerlassen und die gefrorenen Zwiebelwürfel bei schwacher Hitze mit dem Knoblauch darin glasig andünsten.

3 Den Ricotta mit Eigelb, Weißbrotbröseln, Hartweizengrieß, Zwiebeln, Knoblauch, Spinat, Parmesan und brauner Butter in eine Schüssel geben. Mit Salz, Pfeffer und 1 Prise Muskatnuss würzen. Alles zu einer glatten Masse verarbeiten und 30 Minuten zugedeckt ruhen lassen.

4 Mit angefeuchteten Händen aus der Masse 16 kleinere Knödel formen. Die Knödel in siedendem Salzwasser etwa 10 Minuten knapp unter dem Siedepunkt ziehen lassen.

5 Für das Gemüse den gefrorenen Porree bei schwacher Hitze in einer Pfanne ohne Fett anschwitzen, die Brühe hinzufügen und den Porree etwa 4 Minuten darin ziehen lassen, zum Schluss die Sahne dazugeben.

6 Die gefrorenen Champignons separat in einer Pfanne ohne Fett bei mittlerer Hitze 1 bis 2 Minuten anbraten und zum Porreegemüse geben. Die Butter hinzufügen und das Gemüse mit Zitronenschale, Salz, Pfeffer, je 1 Prise Kümmel und Muskatnuss würzen, zum Schluss die gefrorene Petersilie untermischen. Die Knödel mit dem Schaumlöffel aus dem Wasser heben und abtropfen lassen.

7 Das Porree-Champignon-Gemüse in tiefen vorgewärmten Tellern verteilen und die Ricotta-Spinat-Knödel darauf anrichten.

Mein Tipp

Der Spinat sollte gut ausgedrückt werden, damit die Knödelmasse eine festere Konsistenz erhält und die Knödel beim Garen die Form behalten.

Spargel *mit Basilikum-Hollandaise*

FÜR 4 PERSONEN | ZUBEREITUNGSZEIT: 20 MINUTEN | AUFWAND: ☆☆☆

ZUTATEN

Für die Basilikum-Hollandaise:
1 Schalotte
50 ml Weißwein
1 TL Weißweinessig
5 schwarze Pfefferkörner
1/8 l Gemüsebrühe · 3 Eigelb
150 g kalte gewürfelte Butter
Salz · Cayennepfeffer
Zitronensaft
1–2 EL braune Butter
(siehe Seite 10)
2 EL gehacktes Basilikum

Für den Spargel:
1 kg bofrost*Weißer
Stangenspargel
Salz · Zucker

1 Für die Basilikum-Hollandaise die Schalotte schälen und in kleine Würfel schneiden. In einen Topf geben und mit Weißwein, Weißweinessig, Pfefferkörnern und 90 ml Brühe fast vollständig einkochen lassen, die restliche Brühe hinzufügen und alles durch ein Sieb gießen.

2 Das Eigelb mit der Brühe in einem runden Kessel im Wasserbad zu einem feinporigen Schaum aufschlagen. Die Temperatur sollte dabei 80 °C erreichen, aber nicht überschreiten. Die Butterwürfel nach und nach unter die Masse rühren. Die Soße sollte dabei nicht zu heiß werden. Mit Salz, 1 Prise Cayennepfeffer, ein paar Tropfen Zitronensaft und der braunen Butter abschmecken. Das Basilikum unterrühren. Die Hollandaise bis zum Gebrauch bei etwa 55 °C im Wasserbad warm halten.

3 Für den Spargel reichlich Wasser in einem breiten Topf zum Kochen bringen und mit Salz und Zucker etwa zu gleichen Teilen kräftig würzen. Den gefrorenen Spargel hineingeben und bei milder Hitze 8 bis 10 Minuten bissfest kochen.

4 Die Spargelstangen mit einem Schaumlöffel aus dem Wasser heben, kurz abtropfen lassen, auf vorgewärmten Tellern anrichten und die Basilikum-Hollandaise darüber geben.

Blumenkohl *im Teigmantel*

FÜR 4 PERSONEN | ZUBEREITUNGSZEIT: 30 MINUTEN | AUFWAND: ☆

ZUTATEN

Für den Teigmantel:
250 g Mehl
1/8 l Weißwein
350 ml eiskaltes Wasser
2 EL Öl
50 g geriebener Parmesan
Salz · Cayennepfeffer

Für den Blumenkohl:
Öl zum Frittieren
1 kg bofrost*Blumenkohl
Salz
100 g Mehl zum Wenden

1 Für den Teigmantel das Mehl, den Weißwein, das Eiswasser und das Öl glatt rühren, den Parmesan untermischen und den Teig mit Salz und 1 Prise Cayennepfeffer würzen.

2 Für den Blumenkohl in einem Topf bei mittlerer Hitze etwa 4 cm hoch Öl auf ca. 170 bis 180 °C erhitzen.

3 Den gefrorenen Blumenkohl in Salzwasser etwa 4 Minuten bissfest blanchieren, kalt abschrecken und auf einem Sieb abtropfen lassen. Größere Blumenkohlröschen dabei etwas zerteilen.

4 Die Blumenkohlröschen zuerst in Mehl wenden, dann durch den Backteig ziehen, etwas abtropfen lassen und im heißen Fett goldbraun frittieren (siehe Tipp unten). Auf Küchenpapier abtropfen lassen, dann auf einer warmen Platte anrichten.

Mein Tipp

Das Fett hat die richtige Temperatur zum Frittieren, wenn man den Stiel eines Holzkochlöffels auf den Topfboden stellt und Bläschen entlang des Kochlöffels hochsteigen. Damit der Teig schön knusprig wird, sollte unbedingt eiskaltes Wasser verwendet werden. Je nach Vorliebe kann der Parmesan weggelassen und mit 1 EL Currypulver gewürzt werden.

Broccoli-Lasagne
mit Béchamelsoße

FÜR 4 PERSONEN | ZUBEREITUNGSZEIT: 40 MINUTEN | GARZEIT: 1 STUNDE | AUFWAND: ✲✲

ZUTATEN

Für die Lasagne:

1 EL neutrales Pflanzenöl
70 g bofrost*Zwiebelwürfel
350 g bofrost*Broccoli
150 g bofrost*Pariser Karotten
Butter für die Form
9 vorgegarte Lasagneblätter
4 EL geröstete Mandelblättchen
400 g Butterkäse in Scheiben

Für die Soße:

je 60 g Butter und Mehl
400 ml kalte Gemüsebrühe
350 ml kalte Milch
1/2 kleine Zwiebel · 1 Lorbeerblatt
2 Gewürznelken · 1 Thymianzweig
1 ungeschälte Knoblauchzehe
Salz · Cayennepfeffer
frisch geriebene Muskatnuss

1 Für die Lasagne das Öl in einer Pfanne bei schwacher Hitze heiß werden lassen und die gefrorenen Zwiebelwürfel darin glasig andünsten. Den Broccoli und die Pariser Karotten bis zum Gebrauch bei Zimmertemperatur zugedeckt auftauen lassen. Die Broccoliröschen anschließend etwas zerkleinern.

2 Für die Soße die Butter in einem Topf schmelzen lassen, das Mehl darin einige Minuten anschwitzen und die kalte Brühe mit der Milch unter Rühren hinzufügen.

3 Die Zwiebel schälen, mit einem Lorbeerblatt belegen und die 2 Gewürznelken darauf feststecken. Die gespickte Zwiebel mit dem Thymian und dem Knoblauch in die Soße geben und das Ganze unter Rühren langsam zum Kochen bringen. 15 Minuten leicht köcheln lassen. Zwiebel, Thymian und Knoblauch wieder entfernen und die Soße mit Salz und je 1 Prise Cayennepfeffer und Muskatnuss würzen.

4 Den Backofen auf 175 °C vorheizen. Eine Auflaufform mit Butter einpinseln und ein Viertel der Béchamelsoße darin gleichmäßig verteilen. Mit 3 Lasagneblättern bedecken, mit einem weiteren Viertel der Béchamelsoße bestreichen und die Hälfte des Gemüses darauf verteilen. Die Hälfte der Mandeln darüber streuen und die Hälfte der Käsescheiben darauf verteilen. 3 weitere Lasagneblätter darauf schichten, wieder ein Viertel der Béchamelsoße darüber verteilen und das restliche Gemüse mit den Mandeln darauf geben. Mit den letzten 3 Lasagneblättern belegen, mit der übrigen Béchamelsoße bestreichen und den restlichen Käse darauf legen.

5 Die Broccoli-Lasagne im Ofen auf der mittleren Schiene 50 bis 60 Minuten backen. Die Lasagne aus dem Ofen nehmen, in Stücke schneiden und auf vorgewärmten Tellern anrichten.

Mein Tipp

Die noch ungebackene Lasagne kann man gut mehrere Stunden zugedeckt im Kühlschrank aufbewahren und dann etwa 1 Stunde vor Bedarf im vorgeheizten Ofen backen.

Spinatrisotto *mit Pilzen*

FÜR 4 PERSONEN | ZUBEREITUNGSZEIT: 25 MINUTEN | AUFWAND: ☆

ZUTATEN

120 g bofrost*Blattspinat
2 EL Butter
60 g bofrost*Zwiebelwürfel
300 g Risottoreis
60 ml Weißwein
3/4–1 l heiße Geflügelbrühe
1 Scheibe Knoblauch
1 Scheibe Ingwer
1 Streifen unbehandelte Zitronenschale
140 g bofrost*Feinschmecker-Pilzmischung
Salz · Cayennepfeffer
40 g geriebener Parmesan
1 kleines Stück Parmesan

1 Den Spinat über Nacht im Kühlschrank zugedeckt auftauen lassen.

2 Am nächsten Tag 1 EL Butter in einem breiten Topf zerlassen und die gefrorenen Zwiebelwürfel bei schwacher Hitze darin glasig anschwitzen, den Reis dazugeben und so lange mitschwitzen lassen, bis die Reiskörner heiß sind. Den Weißwein dazugießen und die Flüssigkeit einkochen lassen, danach etwas heiße Brühe hinzufügen. Unter ständigem Rühren nach und nach weiter Flüssigkeit dazugießen und vom Reis aufsaugen lassen, bis die Reiskörner nach 20 Minuten noch einen leichten Biss haben.

3 Nach etwa 15 Minuten Knoblauch, Ingwer und Zitronenschale hinzufügen. Sobald der Reis fertig ist, alle ganzen Gewürze wieder entfernen.

4 Aus dem Spinat das Wasser ausdrücken und die Blätter etwas auseinander pflücken. Die gefrorenen Pilze in einer Pfanne ohne Fett etwa 3 Minuten anbraten.

5 Spinat und Pilze unter das Risotto mischen, dabei ein paar Pilze zum Garnieren beiseite legen. Das Risotto mit Salz und 1 Prise Cayennepfeffer würzen. Zum Schluss die restliche Butter und den Parmesan unterrühren.

6 Das Risotto auf Tellern anrichten, die Pilze darauf streuen und etwas Parmesan darüber hobeln.

Penne *mit Frühlingsgemüse*

Für 4 Personen | Vorbereitungszeit: 25 Minuten | Zubereitungszeit: 20 Minuten | Aufwand: *

ZUTATEN

100 g bofrost*Kaiserschoten
150 g bofrost*Weißer Stangenspargel
100 g bofrost*Babymöhren
Salz
350 g Penne
1/4 l Gemüsebrühe
1 geschälte halbierte Knoblauchzehe
3 EL mildes Olivenöl
Cayennepfeffer
1 EL bofrost*Kräuterprofi »Kräutermischung«
Kräuterblättchen zum Garnieren

1 Die Kaiserschoten und den Spargel 15 Minuten bei Zimmertemperatur auftauen lassen, die Kaiserschoten schräg halbieren und den Spargel schräg in 3 bis 4 cm lange Stücke schneiden. Die Kaiserschoten, den Spargel und die gefrorenen Babymöhren nacheinander in Salzwasser bissfest blanchieren, kalt abschrecken und auf einem Sieb abtropfen lassen.

2 Die Nudeln nach Packungsanweisung in reichlich Salzwasser bissfest kochen und auf einem Sieb abtropfen lassen.

3 Die Brühe mit dem Knoblauch und dem Gemüse einmal aufkochen lassen, die Nudeln hinzufügen und darin erhitzen. Den Knoblauch wieder entfernen und das Öl unter die Nudel-Gemüse-Mischung rühren. Mit Salz und 1 Prise Cayennepfeffer würzen und die gefrorenen Kräuter hinzufügen.

4 Die Penne auf vorgewärmten Pastatellern anrichten und mit Kräuterblättchen garnieren.

Mein Tipp *Nach Belieben kann man noch frischen Parmesan über die Nudeln hobeln.*

Topfen-Käse-Pflanzerl
mit Paprika-Kürbis-Gemüse

Für 4 Personen | Vorbereitungszeit: 40 Minuten | Zubereitungszeit: 20 Minuten | Aufwand: ☆☆☆

ZUTATEN

Für die Pflanzerl:
200 g halbfester, würziger Rotschmierkäse (z. B. Limburger)
800 g Magerquark
30 g weiche Butter · 2 Eigelb
220 g Weißbrotbrösel · Salz
schwarzer Pfeffer aus der Mühle
gemahlener Kümmel
frisch geriebene Muskatnuss
4 EL Pflanzenöl

Für das Paprika-Kürbis-Gemüse:
150 g Muskatkürbis
40 g Puderzucker
100 ml Weißweinessig
100 g bofrost*Zwiebelwürfel
400 g bofrost*Paprikastreifen
Salz
schwarzer Pfeffer aus der Mühle
gemahlener Piment
Cayennepfeffer · Bohnenkraut
1/2 geschälte Knoblauchzehe
1 Scheibe Ingwer
100 ml Gemüsebrühe
5 EL mildes Olivenöl

1 Für die Pflanzerl den Käse in kleine Würfel schneiden oder auf einer Reibe grob reiben. Den Quark in ein feuchtes Küchentuch geben und etwa 400 ml Flüssigkeit herauspressen.

2 Die Butter mit den Eigelben glatt rühren. Quark und Käsewürfel dazugeben und 120 g Weißbrotbrösel untermischen. Mit Salz, Pfeffer und je 1 Prise Kümmel und Muskatnuss abschmecken.

3 Die Masse 30 Minuten ziehen lassen. Mit angefeuchteten Händen daraus kleine, flache Pflanzerl formen und in den restlichen Bröseln wenden.

4 In einer Pfanne das Öl bei sehr schwacher Hitze heiß werden lassen und die Pflanzerl auf beiden Seiten langsam darin bräunen. Herausnehmen und auf Küchenpapier abtropfen lassen.

5 Für das Paprika-Kürbis-Gemüse den Kürbis schälen, die Kerne entfernen und das Fruchtfleisch erst in etwa 3 mm dicke Scheiben, dann in etwa 4 cm lange Streifen schneiden.

6 In einer Pfanne den Puderzucker hell karamellisieren lassen, den Essig dazugießen und auf etwa ein Drittel einköcheln lassen. Den Kürbis, die gefrorenen Zwiebelwürfel und Paprikastreifen dazugeben und bei schwacher Hitze andünsten. Mit Salz, Pfeffer und je 1 Prise Piment, Cayennepfeffer und Bohnenkraut würzen. Knoblauch, Ingwer und die Brühe zum Gemüse geben. Etwa 5 Minuten ziehen lassen, dann vom Herd nehmen, das Öl hinzufügen und den Knoblauch und den Ingwer wieder entfernen. Nach Bedarf mit Salz, Zucker, Pfeffer und Essig nachwürzen.

7 Das Paprika-Kürbis-Gemüse auf vorgewärmten Tellern anrichten und die Käsepflanzerl daneben setzen.

Mein Tipp

In Österreich nennt man diesen ausgepressten Quark Topfen. Er gibt den Pflanzerln eine feste Bindung, man kann dadurch auf Mehl verzichten und sie schmecken noch feiner.

Linguine *mit Kopfsalatpesto*

FÜR 4 PERSONEN | ZUBEREITUNGSZEIT: 30 MINUTEN | AUFWAND: ☆

ZUTATEN

Für das Pesto:
120 g bofrost*junger Spinat, gehackt
120 g Kopfsalatblätter
2 EL Mandelblättchen
1 geschälte Knoblauchzehe
2 EL geriebener Parmesan
Zitronensaft
100 ml mildes Olivenöl
8 EL braune Butter (siehe Seite 10) · Salz

Für die Nudeln:
800 g Linguine (ersatzweise Spaghetti)
Salz · 400 ml Gemüsebrühe
Cayennepfeffer
4 EL geraspelter Parmesan

1 Für das Pesto den Spinat über Nacht im Kühlschrank zugedeckt auftauen lassen. Am nächsten Tag aus dem Spinat das überschüssige Wasser mit den Händen ausdrücken. Die Salatblätter waschen, trockenschleudern und klein schneiden. Die Mandeln in einer Pfanne bei schwacher Hitze ohne Fett hellbraun anrösten und auskühlen lassen. Die Knoblauchzehe etwas zerkleinern.

2 Salat, Spinat, Knoblauch, Parmesan, Mandeln, ein paar Tropfen Zitronensaft, Olivenöl und braune Butter in einem Mixer oder mit dem Stabmixer pürieren und mit Salz abschmecken.

3 Für die Nudeln die Linguine nach Packungsanweisung in reichlich Salzwasser bissfest kochen und auf einem Sieb abtropfen lassen. Mit der Brühe in einem Topf erhitzen und zum Schluss das Pesto darunter ziehen. Mit Salz und 1 Prise Cayennepfeffer würzen.

4 Die Linguine in vorgewärmten Pastatellern anrichten und mit Parmesan bestreuen.

Mein Tipp *Das Nudelwasser sollte stark gesalzen werden – man sollte das Salz richtig schmecken können, dann bekommen die Nudeln den besten Geschmack. Anstelle von Kopfsalat können Sie ganz klassisch Basilikumblätter nehmen.*

Gorgonzolaspätzle *mit Basilikum*

FÜR 2 PERSONEN | ZUBEREITUNGSZEIT: 15 MINUTEN | AUFWAND: ☆

ZUTATEN

Für die Gorgonzolasoße:

1/4 l Gemüsebrühe
70 g Sahne · 160 g Gorgonzola
2 Knoblauchscheiben
schwarzer Pfeffer aus der Mühle
Cayennepfeffer · 1 EL Butter
1 Birnenscheibe · 1/4 Vanilleschote

Für die Spätzle:

500 g bofrost*Original schwäbische Eierspätzle
1 EL klein geschnittenes Basilikum
frisch geriebene Muskatnuss
Pfeffer aus der Mühle
Basilikumblätter zum Garnieren

1 Für die Gorgonzolasoße die Brühe erwärmen, Sahne und Gorgonzola hinzufügen und bis knapp unter dem Siedepunkt erhitzen. Knoblauch, Pfeffer, 1 Prise Cayennepfeffer und Butter hinzufügen und die Soße mit dem Stabmixer glatt mixen. Die Birnenscheibe und die Vanilleschote dazugeben und einige Minuten darin ziehen lassen, anschließend wieder entfernen.

2 Für die Spätzle die gefrorenen Eierspätzle in der Gorgonzolasoße in einer Pfanne etwa 10 Minuten erhitzen. Das Basilikum dazugeben und die Spätzle mit 1 Prise Muskatnuss würzen.

3 Die Gorgonzolaspätzle auf vorgewärmten Pastatellern anrichten, etwas Pfeffer darüber mahlen und mit Basilikumblättern garnieren.

Mein Tipp *Statt Basilikum passen auch sehr gut ein paar Salbeiblätter in die Gorgonzolasoße. Dafür etwa 4 bis 6 Salbeiblätter waschen, trockenschütteln und klein schneiden und unter die Spätzle mit der Gorgonzolasoße mischen.*

Fisch & Meeresfrüchte

Längst haben sich Fische & Meeresfrüchte nicht nur bei Feinschmeckern ihren Platz auf der Speisekarte erobert. Um sie zu einem besonderen Leckerbissen zu machen, braucht man nicht viel: ein paar delikate Kräuter, knackiges Gemüse oder eine feine Marinade. Dann den Fisch schonend garen und fein anrichten – schon haben Sie ein köstliches Gericht. Schwimmen Sie doch einfach mal mit auf der Fischwelle und angeln Sie sich das beste aus den Rezepten. Sie werden über Ihren guten Fang staunen!

Saltimbocca vom Limanda
mit Zitronen-Porree-Risotto

FÜR 4 PERSONEN | ZUBEREITUNGSZEIT: 40 MINUTEN | AUFWAND: ☆☆☆

ZUTATEN

Für den Fisch:

4 bofrost*Limandafilets (Limanda aspera; à ca. 120 g)
16 Salbeiblätter
16 dünne Scheiben Parmaschinken
2 EL Olivenöl
Pfeffer aus der Mühle

Für das Risotto:

120 g bofrost*Porree
1 EL Olivenöl
60 g bofrost*Zwiebelwürfel
150 g Risottoreis
2 EL Weißwein · Zitronensaft
450 ml heiße Gemüsebrühe
1 kleines Lorbeerblatt
1/2 Knoblauchzehe
1 Scheibe Ingwer
abgeriebene Schale von 1 unbehandelten Zitrone
2 EL mildes Olivenöl
1 EL geriebener Parmesan
Salz · Cayennepfeffer

1 Für den Fisch die Filets über Nacht im Kühlschrank zugedeckt auftauen lassen. Die Filets am nächsten Tag kalt abspülen und trockentupfen, längs auseinander ziehen und jeweils quer halbieren. Mit je 1 Salbeiblatt belegen und mit den Schinkenscheiben umwickeln.

2 Das Öl in einer Pfanne bei mittlerer Hitze heiß werden lassen und den eingewickelten Fisch auf beiden Seiten insgesamt 2 bis 3 Minuten braten, auf Küchenpapier abtropfen lassen und pfeffern.

3 Für das Risotto den Porree 15 Minuten bei Zimmertemperatur auftauen lassen und vierteln.

4 Das Öl in einem breiten Topf bei schwacher Hitze heiß werden lassen und die gefrorenen Zwiebelwürfel darin glasig andünsten. Den Reis dazugeben und so lange mit anschwitzen, bis die Reiskörner heiß sind. Den Weißwein und ein paar Tropfen Zitronensaft dazugeben, einköcheln lassen, dann etwas Gemüsebrühe dazugießen. Das Lorbeerblatt hinzufügen und unter ständigem Rühren nach und nach die Gemüsebrühe dazugeben, bis die Reiskörner nach 15 bis 20 Minuten noch etwas Biss haben.

5 Porree, Knoblauch und Ingwer in das Risotto geben. Sobald der Reis fertig ist, alle ganzen Gewürze wieder entfernen. Die Zitronenschale, das Olivenöl und den Parmesan unterrühren und das Risotto mit Salz und 1 Prise Cayennepfeffer abschmecken.

6 Das Risotto auf vorgewärmte Teller verteilen und je 3 Saltimboccas daneben anrichten.

Mein Tipp

Damit die Schinkenscheiben sich nicht vom Fisch lösen, werden die Enden übereinander gelegt und der Fisch mit der Nahtseite nach unten in die heiße Pfanne gelegt.

Rotbarsch *in der Folie*

Für 2 Personen | Zubereitungszeit: 35 Minuten | Aufwand: *

ZUTATEN

2 bofrost*Rotbarschfilets, naturbelassen
Salz · Pfeffer aus der Mühle
2 EL Olivenöl
2 Scheiben frischer Ingwer
2 Scheiben Knoblauch
2 Scheiben unbehandelte Zitrone
2 kleine getrocknete Chilischoten
2 Lorbeerblätter
einige Petersilienblätter
2 Dillzweige
4 EL Weißwein
2 EL Butter

1 Die Rotbarschfilets über Nacht im Kühlschrank zugedeckt auftauen lassen. Am nächsten Tag kalt abspülen und trockentupfen und mit Salz und Pfeffer würzen. Den Backofen auf 180 °C vorheizen.

2 Jeweils 2 Blätter Alufolie mit Olivenöl bestreichen. Ingwer, Knoblauch, Zitronenscheiben, Chilischoten, Lorbeerblätter, Petersilienblätter und Dill darauf verteilen. Den Weißwein darüber träufeln und je 1 Fischfilet auf die Folien legen. Die Butter darauf verteilen und die Folie über den Filets zusammenfalten.

3 Die Rotbarschfilets mit der Faltstelle nach oben im Ofen etwa 15 Minuten saftig garen.

4 Die Fische aus dem Ofen nehmen und mit der Alufolie auf Teller setzen, dabei die Folie leicht öffnen.

Mein Tipp

Anstelle von Rotbarschfilets können auch ganze Fische, wie Forelle oder Saibling, in der Folie zubereitet werden. Sie haben je nach Größe eine Garzeit von etwa 15 bis 25 Minuten und sind fertig, wenn sich die Rückenflosse leicht herausziehen lässt.

Schellfisch *mit Kräuter-Gurken-Dip*

FÜR 4 PERSONEN | ZUBEREITUNGSZEIT: 30 MINUTEN | AUFWAND: *

ZUTATEN

Für den Fisch:

4 bofrost*Schellfischfilets
1 EL Öl
Salz · Pfeffer aus der Mühle

Für den Dip:

200 g Crème fraîche
1/2 TL scharfer Senf
2 EL Milch (je nach Konsistenz der Crème fraîche)
1 hart gekochtes Ei
4 Sardellenfilets · 2 TL Kapern
1 Gewürzgurke (ca. 70 g)
2 EL bofrost*Kräuterprofi »Kräutermischung«
1 EL Rotweinessig
Worcestershiresoße
Salz · Zucker · Cayennepfeffer

1 Für den Fisch den Schellfisch über Nacht im Kühlschrank zugedeckt auftauen lassen. Am nächsten Tag den Backofen auf 100 °C vorheizen.

2 Den Fisch kalt abspülen und trockentupfen. Das Öl in einer beschichteten Pfanne bei mittlerer Hitze heiß werden lassen und den Fisch auf beiden Seiten insgesamt etwa 3 Minuten anbraten.

3 Ein Backbleich leicht einölen, den Fisch darauf setzen und 8 Minuten im Ofen glasig durchziehen lasen. Mit Salz und Pfeffer würzen.

4 Für den Dip die Crème fraîche mit Senf glatt rühren. Falls die Crème fraîche etwas zu fest ist, noch 2 EL Milch unterrühren. Das Ei schälen und mit den Sardellenfilets, den Kapern und der Gewürzgurke klein hacken. Die gefrorene Kräutermischung, den Essig und die Worcestershiresoße hinzufügen. Den Dip mit Salz und je 1 Prise Zucker und Cayennepfeffer abschmecken.

5 Den Schellfisch auf vorgewärmten Tellern anrichten und den Kräuter-Gurken-Dip in kleinen Schälchen separat dazu servieren. Nach Belieben mit Zitronenscheiben und Dill garnieren.

Mein Tipp *Dazu passen besonders gut frische kleine Petersilienkartoffeln.*

Rotbarsch *mit Rahmspinat*

FÜR 4 PERSONEN | ZUBEREITUNGSZEIT: 30 MINUTEN | AUFWAND: ☆☆

ZUTATEN

Für den Fisch:
4 bofrost*Rotbarschfilets, naturbelassen
1 EL Öl
Salz · Pfeffer aus der Mühle

Für den Rahmspinat:
500 g bofrost*Rahmspinat
Kardamom aus der Mühle (ersatzweise 1 Prise gemahlener Kardamom)
Cayennepfeffer · 1 EL kalte Butter
1 EL braune Butter (siehe Seite 10)

Für die Kartoffeln:
500 g bofrost*Bratkartoffeln
2–3 EL Öl
Salz · Pfeffer aus der Mühle
8 Limettenspalten

1 Für den Fisch die Rotbarschfilets über Nacht im Kühlschrank zugedeckt auftauen lassen. Am nächsten Tag Fisch kalt abspülen und trockentupfen.

2 Für den Fisch das Öl in einer beschichteten Pfanne bei mittlerer Hitze heiß werden lassen und den Fisch auf beiden Seiten insgesamt 3 bis 4 Minuten anbraten. Die Pfanne vom Herd nehmen und den Fisch darin in weiteren 1 bis 2 Minuten glasig durchziehen lassen. Auf Küchenpapier abtropfen lassen und mit Salz und Pfeffer würzen.

3 Für den Rahmspinat den gefrorenen Spinat langsam erhitzen und mit Kardamom aus der Mühle würzen. Mit 1 Prise Cayennepfeffer würzen und Butter sowie braune Butter unterrühren.

4 Für die Kartoffeln das Öl in einer großen Pfanne heiß werden lassen und die gefrorenen Bratkartoffeln etwa 7 Minuten bei schwacher Hitze knusprig braun braten und mit Salz und Pfeffer würzen.

5 Die Rotbarschfilets mit dem Rahmspinat auf vorgewärmten Tellern anrichten und die Bratkartoffeln dazu servieren. Mit Limettenspalten anrichten.

Mein Tipp *Fisch lässt sich am besten in einer beschichteten Pfanne braten, er löst sich dann gut vom Pfannenboden. Außerdem benötigt man weniger Fett.*

Gebratene Scholle *in Kapernbutter*

Für 4 Personen | Vorbereitungszeit: 45 Minuten | Zubereitungszeit: 15 Minuten | Aufwand: ⁂

ZUTATEN

Für den Fisch:
4 bofrost*Schollenfilets
Salz · 70 g doppelgriffiges Mehl
2–3 EL Öl · Pfeffer aus der Mühle

Für die Kapernbutter:
70 g durchwachsener Speck
1 EL Öl
100 g braune Butter (siehe Seite 10)
1–2 EL kleine Kapern
1 EL Zitronensaft

Für die Kartoffeln:
500 g kleine Kartoffeln
Salz · 1/2 TL Kümmel
70 ml Gemüsebrühe · 1 EL Butter
Pfeffer aus der Mühle
1 EL bofrost*Kräuterprofi »Schnittlauch«

1 Für den Fisch die Schollenfilets über Nacht zugedeckt im Kühlschrank auftauen lassen. Am nächsten Tag den Fisch kalt abspülen und trockentupfen, mit Salz würzen und im Mehl wenden.

2 In einer großen beschichteten Pfanne das Öl bei schwacher Hitze heiß werden lassen und den Fisch auf beiden Seiten insgesamt etwa 3 Minuten anbraten, herausnehmen und auf Küchenpapier abtropfen lassen.

3 Für die Kapernbutter den Speck in kleine Würfel schneiden, in einer Pfanne in 1 EL Öl kross braten und auf Küchenpapier abtropfen lassen. Die braune Butter erwärmen, Kapern, Speck und Zitronensaft hinzufügen.

4 Die kleinen Kartoffeln in reichlich Salzwasser etwa 35 Minuten mit Kümmel weich kochen, in ein Sieb abgießen und pellen. Vor dem Servieren in der Brühe erhitzen, die Butter hinzufügen, mit Salz und Pfeffer würzen und den gefrorenen Schnittlauch darüber streuen.

5 Die Schollenfilets auf vorgewärmten Tellern anrichten, die Kapernbutter darüber träufeln, Pfeffer darüber mahlen und die Kartoffeln dazu servieren.

Gedämpfter Kabeljau
auf Gewürzsabayon

FÜR 4 PERSONEN | ZUBEREITUNGSZEIT: 45 MINUTEN | AUFWAND: ☆☆☆

ZUTATEN

Für den Fisch:
4 bofrost*Kabeljaufilets, naturbelassen

Für die Sabayon:
1/4 l Weißwein · 1 Lorbeerblatt
je 1 TL schwarze Pfeffer-, Fenchel- und Korianderkörner
1 getrocknete Chilischote
1/2–1 TL Pimentkörner
1 geschälte halbierte Knoblauchzehe
1 Scheibe Ingwer
1 Streifen unbehandelte Zitronenschale
3 Eigelb · Salz
100 g eiskalte Butter
Zitronensaft · Cayennepfeffer
1–2 EL braune Butter (siehe Seite 10)
Butter für den Dämpfeinsatz

Für den Broccoli:
500 g bofrost*Broccoli
Salz · 150 ml Gemüsebrühe
1/2 geschälte Knoblauchzehe
1 Scheibe Ingwer
1 Streifen unbehandelte Zitronenschale
1 EL Butter
Pfeffer aus der Mühle
frisch geriebene Muskatnuss

1 Für den Fisch die Kabeljaufilets über Nacht im Kühlschrank zugedeckt auftauen lassen. Für die Sabayon 1/4 l Wasser und den Wein in einem Dämpftopf erhitzen. Lorbeer, Pfeffer-, Fenchel- und Korianderkörner, Chili, Pimentkörner, Knoblauch, Ingwer und Zitronenschale hinzufügen und 8 bis 10 Minuten am Siedepunkt ziehen lassen. Beiseite stellen.

2 Für die Sabayon 100 ml der Gewürzflüssigkeit durch ein Sieb gießen und in einen runden Schlagkessel geben. Die Eigelbe hineinrühren und mit Salz würzen. In einem kleinen Topf etwas Wasser zum Kochen bringen, den Schlagkessel so darauf stellen, dass er nur im Wasserdampf, aber nicht im Wasser steht. Die Eigelb-Gewürzwein-Mischung mit einem Schneebesen zu einem festen Schaum aufschlagen. Die Butter in kleine Würfel teilen und nach und nach hineinrühren. Mit etwas Zitronensaft, Salz, 1 Prise Cayennepfeffer und der braunen Butter abschmecken. Die Sabayon neben dem Herd auf dem Wasserbad bis zum Gebrauch warm stellen.

3 Den Dämpfeinsatz in den Dämpftopf legen, mit Butter bestreichen, den Deckel aufsetzen und die restliche Gewürzflüssigkeit zum Kochen bringen. Die Kabeljaufilets halbieren, auf den Dämpfeinsatz legen, den Deckel wieder aufsetzen, 2 Minuten dämpfen lassen, den Topf vom Herd nehmen und den Fisch in der Nachhitze weitere 3 bis 4 Minuten glasig durchziehen lassen.

4 Den Broccoli etwa 4 Minuten in Salzwasser kochen, kalt abschrecken und auf einem Sieb abtropfen lassen. Mit Brühe, Knoblauch, Ingwer und Zitronenschale in einer tiefen Pfanne erhitzen. Die Butter hinzufügen und mit Salz, Pfeffer und 1 Prise Muskatnuss abschmecken. Knoblauch, Ingwer und Zitronenschale anschließend wieder entfernen. Die Fischfilets auf vorgewärmten Tellern anrichten, mit der Sabayon teilweise überziehen und den Broccoli dazu anrichten. Vor dem Servieren Pfeffer aus der Mühle darüber mahlen.

Mein Tipp

Beim Aufschlagen der Sabayon ist es wichtig, dass der Schaum zwar auf etwa 80 °C (kurz vorm Kochen) erhitzt, jedoch nicht heißer wird, damit eine sämige Soße entsteht. Wer den Gewürzschaum noch etwas kräftiger gewürzt möchte, füllt Pfeffer, Piment, Koriander, Fenchel und Chili in eine Gewürzmühle und mahlt die Gewürze vor dem Servieren frisch über das Gericht.

Pangasius *mit Knoblauch-Vanille-Butter*

FÜR 4 PERSONEN | ZUBEREITUNGSZEIT: 30 MINUTEN | AUFWAND: ☆☆

ZUTATEN

Für den Fisch:
4 bofrost*Pangasiusfilets
1–2 EL Öl · Salz
Pfeffer aus der Mühle
50 g Butter
1 kleine Knoblauchzehe
1/2 Vanilleschote

Für den Spinat:
250 g bofrost*Blattspinat
1–2 EL Pinienkerne
150 ml Gemüsebrühe
Salz · Pfeffer aus der Mühle
frisch geriebene Muskatnuss
1 EL Butter · 1 TL braune Butter

1 Für den Fisch und den Spinat die Pangasiusfilets und den Blattspinat über Nacht jeweils zugedeckt im Kühlschrank auftauen lassen. Am nächsten Tag den Fisch kalt abspülen und trockentupfen.

2 Das Öl in einer Pfanne bei schwacher Hitze heiß werden lassen und die Fischfilets auf beiden Seiten insgesamt 3 bis 4 Minuten anbraten. Die Pfanne vom Herd nehmen und den Fisch noch 1 Minute darin ziehen lassen. Herausnehmen, auf Küchenpapier abtropfen lassen und mit Salz und Pfeffer würzen.

3 Für den Spinat die Pinienkerne in einer Pfanne ohne Fett hell anrösten. Aus dem Spinat mit den Händen das Wasser drücken und die Blätter ein wenig auseinander pflücken. Die Spinatblätter in der Brühe erhitzen, mit Salz, Pfeffer und 1 Prise Muskatnuss würzen und die Butter sowie die braune Butter unterrühren.

4 Für den Fisch in einer zweiten kleinen Pfanne bei schwacher Hitze die Butter schmelzen lassen. Den Knoblauch schälen und in Scheiben schneiden. Mit der Vanilleschote 1 bis 2 Minuten in der Butter ziehen lassen.

5 Den Spinat auf vorgewärmte Teller verteilen und die gerösteten Pinienkerne darüber streuen. Den Fisch dazu anrichten und die Knoblauch-Vanille-Butter darüber träufeln. Knoblauch und Vanille dabei wieder entfernen.

Rotbarsch *auf Austernpilzen*

FÜR 4 PERSONEN | ZUBEREITUNGSZEIT: 30 MINUTEN | AUFWAND: ☆☆

ZUTATEN

Für den Fisch:
4 bofrost*Rotbarschfilets, naturbelassen (mittelgroß)
Butter oder Öl zum Einfetten
Salz · Pfeffer aus der Mühle
Zitronensaft zum Beträufeln

Für die Pilze:
400 g Austernpilze
80 g bofrost*Zwiebelwürfel
1 EL Öl · 150 ml Geflügelbrühe
50 g Sahne
1 EL bofrost*Kräuterprofi »Kräutermischung«
Salz · Pfeffer · gemahlener Kümmel
1/2 TL abgeriebene unbehandelte Zitronenschale
1 EL kalte Butter

1 Für den Fisch den Rotbarsch im Kühlschrank über Nacht zugedeckt auftauen lassen. Am nächsten Tag den Fisch kalt abspülen und trockentupfen.

2 In einem Dämpftopf etwas Wasser zum Kochen bringen, den Dämpfeinsatz einlegen und mit etwas Butter oder Öl bestreichen. Die Rotbarschfilets darauf legen, den Deckel aufsetzen und bei schwacher Hitze etwa 4 Minuten dämpfen. Den Topf vom Herd nehmen und den Fisch in der Nachhitze bei geschlossenem Deckel weitere 4 bis 5 Minuten saftig durchziehen lassen. Anschließend mit Salz und Pfeffer würzen und mit einigen Tropfen Zitronensaft beträufeln.

3 Für die Pilze die Austernpilze putzen, trocken abreiben und in kleine Stücke schneiden. Mit den gefrorenen Zwiebeln bei mittlerer Hitze in einer tiefen Pfanne im Öl 3 Minuten andünsten. Die Brühe und die Sahne mit der gefrorenen Kräutermischung hinzufügen. Die Pilze mit Salz, Pfeffer, 1 Prise Kümmel und Zitronenschale würzen und die Butter hinzufügen.

4 Die Austernpilze auf vorgewärmte Teller verteilen und die Rotbarschfilets darauf anrichten.

Mein Tipp *Dazu passt bofrost*Leipziger Allerlei oder bofrost*Romanesco-Gemüse-Mix.*

Seelachs *mit Currykruste*

FÜR 4 PERSONEN | ZUBEREITUNGSZEIT: 25 MINUTEN | AUFWAND: ☆☆

ZUTATEN

Für den Fisch:
4 bofrost*Seelachsfilets
1–2 EL Öl · Salz
Pfeffer aus der Mühle

Für die Soße:
250 g Schältomaten aus der Dose
70 ml Gemüsebrühe
1 TL mildes Currypulver
50 g mildes Olivenöl
1/2 Knoblauchzehe · Salz
Pfeffer aus der Mühle
Cayennepfeffer · Zucker

Für die Currykruste:
100 g weiche Butter
2 TL mildes Currypulver
30 g Toastbrotbrösel · Salz

1 Für den Fisch den Seelachs über Nacht zugedeckt im Kühlschrank auftauen lassen. Am nächsten Tag kalt abspülen und trockentupfen.

2 Für die Soße die Tomaten mit Brühe und Curry erhitzen. Mit einem Stabmixer pürieren und dabei das Olivenöl einlaufen lassen. Die Knoblauchzehe einlegen, einige Minuten darin ziehen lassen und anschließend wieder entfernen. Mit Salz, Pfeffer, je 1 Prise Cayennepfeffer und Zucker würzen.

3 Für die Currykruste die Butter schaumig rühren, Currypulver und Toastbrotbrösel hineinrühren und mit Salz würzen. Die Grillfunktion des Backofens einschalten.

4 In einer beschichteten Pfanne das Öl bei schwacher Hitze heiß werden lassen und den Fisch auf beiden Seiten insgesamt etwa 3 Minuten braten, auf Küchenpapier abtropfen lassen und mit Salz und Pfeffer würzen.

5 Eine flache Auflaufform einölen und den Fisch in die Form setzen. Die Currybutter für die Kruste darauf verteilen und auf der untersten Schiene im Ofen etwa 4 bis 5 Minuten goldbraun überbacken.

6 Die Tomatensoße auf vorgewärmte Teller geben und die überbackenen Seelachsfilets darauf anrichten.

Lachswürfel *auf Spinat-Kokos-Soße*

Für 4 Personen | Zubereitungszeit: 30 Minuten | Aufwand: ⁂

ZUTATEN

Für die Soße:

150 g bofrost*Junger Spinat, gehackt
30 g bofrost*Zwiebelwürfel
1 EL Pflanzenöl
300 ml Gemüsebrühe
4 EL Sahne · 4 EL Kokosmilch
1 Msp. gehackte Knoblauchzehe
1 EL kalte Butter
Salz · Cayennepfeffer
frisch geriebene Muskatnuss
2 EL Kokosflocken oder Kokoschips

Für den Fisch:

4 bofrost*Lachsfilets · Salz
4 EL mildes Olivenöl
Salz · Pfeffer aus der Mühle
1 TL abgeriebene unbehandelte Limettenschale

1 Für die Soße und den Fisch den Spinat und die Lachsfilets jeweils zugedeckt über Nacht im Kühlschrank auftauen lassen. Am nächsten Tag aus dem Spinat mit den Händen das Wasser ausdrücken.

2 Für den Spinat die gefrorenen Zwiebelwürfel in einem kleinen Topf bei milder Hitze im Öl glasig andünsten, die Brühe dazugießen, den Spinat hinzufügen und 10 Minuten mehr ziehen als köcheln lassen. Sahne, Kokosmilch und Knoblauch dazugeben, kurz erhitzen und pürieren. Die Butter untermixen und mit Salz, 1 Prise Cayennepfeffer und Muskatnuss abschmecken. Die Kokosflocken oder -chips in einer Pfanne ohne Fett hell rösten.

3 Für den Fisch die Lachsfilets kalt abspülen und trockentupfen. 2 l Wasser zum Kochen bringen, vom Herd nehmen, 400 ml kaltes Wasser hinzufügen und kräftig salzen. Jedes Lachsfilet in 8 Würfel schneiden, in das etwa 80 °C heiße Wasser legen und 3 Minuten darin glasig durchziehen lassen.

4 Das Olivenöl auf einen warmen Teller geben, salzen, pfeffern und die Limettenschale unterrühren. Den Lachs mit einer Schaumkelle aus dem Wasser heben, abtropfen lassen und im Öl wenden. Die Spinatsoße auf warmen Tellern anrichten, die Lachswürfel darauf setzen. Mit Kokosflocken bestreuen.

Mein Tipp *Zu diesem Gericht passt Curryreis.*

Lachsnockerl
auf Kartoffel-Dill-Soße

FÜR 4 PERSONEN | VORBEREITUNGSZEIT: 20 MINUTEN | ZUBEREITUNGSZEIT: 30 MINUTEN | AUFWAND: ☆☆☆

ZUTATEN

Für die Nockerl:

300 g bofrost*Lachsfilet
Salz · Pfeffer aus der Mühle
frisch geriebene Muskatnuss
2 TL scharfer Senf
300 g eiskalte Sahne
Cayennepfeffer
2 Dillzweige
2 Streifen Zitronenschale

Für die Soße:

1 kleine Kartoffel (ca. 80 g)
40 g bofrost*Zwiebelwürfel
1 kleines Lorbeerblatt
1 ungeschälte Knoblauchzehe
300 ml Gemüsebrühe
60 g Sahne · 1 EL Butter
1 TL scharfer Senf
1 Streifen unbehandelte Zitronenschale
1–2 TL gehackte Dillspitzen
Salz · Cayennepfeffer
einige Tropfen Zitronensaft

1 Für die Nockerl die Lachsfilets zugedeckt über Nacht im Kühlschrank auftauen lassen.

2 Für die Soße die Kartoffel schälen und in 1/2 bis 1 cm große Würfel schneiden. Kartoffelwürfel und gefrorene Zwiebelwürfel mit dem Lorbeerblatt und der Knoblauchzehe in etwa 20 Minuten in der Brühe weich köcheln. Lorbeerblatt und Knoblauchzehe wieder entfernen. Die Sahne dazugeben, erhitzen, Butter und Senf hinzufügen und mit dem Stabmixer aufmixen. Die Zitronenschale einlegen, 3 Minuten darin ziehen lassen und wieder entfernen. Den Dill unterrühren und mit Salz, 1 Prise Cayennepfeffer und ein paar Tropfen Zitronensaft abschmecken.

3 Für die Nockerl die Lachsfilets kalt abspülen, trockentupfen und in 1 bis 1 1/2 cm große Würfel schneiden, mit Salz, Pfeffer, Cayennepfeffer und Muskatnuss würzen. Das Fischfleisch in einen Blitzhacker geben. Den Senf und ein Drittel der eiskalten Sahne hinzufügen. Kurz mixen, bis Sahne und Fischfleisch gebunden sind. Die restliche Sahne in zwei Portionen hinzufügen und mixen, bis eine glatte, glänzende Oberfläche entstanden ist. Die fertige Farce in eine Schüssel füllen und kalt stellen. (Je nach Größe des Mixers kann die Farce auch in Portionen zubereitet werden.)

4 In einem weiten Topf Salzwasser aufkochen lassen, Dillzweige und Zitronenschale einlegen und vom Herd nehmen. Aus der Lachsfarce mit 2 nassen Esslöffeln oder einem Eisportionierer 20 Nockerl formen, in das Salzwasser geben und etwa 10 bis 12 Minuten ziehen lassen. Das Wasser darf dabei auf keinen Fall kochen.

5 Zum Anrichten die Dillsoße nochmals aufschäumen, auf warmen Tellern anrichten und die Lachsnockerl darauf setzen.

Mein Tipp

Das Lachsfleisch sollte unbedingt eiskalt sein. Die Lachsnockerl können etwa 30 Minuten warm gehalten werden. Damit die Nocken nicht austrocknen, am besten mit Küchenpapier bedecken. Dazu passen Salzkartoffeln, Pellkartoffeln oder Petersilienkartoffeln.

Farfalle *mit Porree-Krabben-Soße*

Für 4 Personen | Vorbereitungszeit: 30 Minuten | Zubereitungszeit: 30 Minuten | Aufwand: ☆☆

ZUTATEN

Für die Soße:

200 g bofrost*Porree
1 EL Öl · 5 EL Weißwein
1/4 l Geflügelbrühe
50 g Sahne · 1 EL Butter · Salz
gemahlener Koriander
1/2 geschälte Knoblauchzehe
1 Scheibe Ingwer
1 Streifen unbehandelte Zitronenschale
120 g bofrost*Kaiserschoten

Für die Nudeln:

350 g Farfalle · Salz
200 g bofrost*Luxuskrabben
Cayennepfeffer

1 Für die Soße den Porree 20 Minuten auftauen lassen, zerkleinern und in einem Topf im Öl bei kleiner Hitze glasig dünsten. Mit Weißwein ablöschen und weitgehend einköcheln lassen. Mit der Brühe auffüllen und 10 Minuten knapp unter dem Siedepunkt ziehen lassen.

2 Die Sahne hinzufügen und weitere 5 Minuten ziehen lassen, danach pürieren und durch ein Sieb passieren. Die Butter hineinmixen, mit Salz und 1 Prise Koriander würzen. Knoblauch, Ingwer und Zitronenschale einlegen, 5 Minuten darin ziehen lassen und wieder entfernen. Die Kaiserschoten schräg in Drittel schneiden.

3 Für die Nudeln die Farfalle in reichlich Salzwasser bissfest kochen und auf einem Sieb abtropfen lassen. Farfalle, Kaiserschoten und gefrorene Krabben in der Porreesoße erhitzen, mit Salz und 1 Prise Cayennepfeffer abschmecken. In vorgewärmten Pastatellern anrichten.

Mein Tipp: *Je nach Geschmack können die Krabben durch gebratene Fischwürfel oder bofrost*Hähnchen-Brustfilet (in Würfel geschnitten) ersetzt werden.*

Linguine *mit Garnelen*

Für 2 Personen | Vorbereitungszeit: 20 Minuten | Zubereitungszeit: 10 Minuten | Aufwand: *

ZUTATEN

200 g bofrost*Garnelen in Kräutersoße
200 g Linguine (ersatzweise Spaghetti) · Salz
1 kleine Knoblauchzehe
170 ml Gemüsebrühe
1 kleine getrocknete Chilischote
1 kleines Lorbeerblatt
3 EL mildes Olivenöl
1 Streifen unbehandelte Zitronenschale
einige Tropfen Zitronensaft

1 Die Garnelen 30 Minuten ausgebreitet auftauen lassen.

2 Die Nudeln in Salzwasser bissfest kochen und auf einem Sieb abtropfen lassen, nicht mit kaltem Wasser abbrausen.

3 Die Knoblauchzehe in Scheiben schneiden und mit der Brühe, der Chilischote und dem Lorbeerblatt in einem Topf erwärmen. Knoblauch, Chili und Lorbeer wieder herausnehmen. Die Nudeln in der Brühe erhitzen, das Öl hinzufügen und salzen.

4 Die Garnelen mit der Zitronenschale bei sehr milder Hitze in einer großen Pfanne 2 Minuten mehr ziehen als köcheln lassen, die Pfanne vom Herd nehmen und noch 1 weitere Minute in der Nachhitze der Pfanne ziehen lassen. Mit Zitronensaft abschmecken, die Zitronenschale wieder entfernen.

5 Die Nudeln in warmen Pastatellern anrichten, die Garnelen darauf verteilen und mit der Kräutersoße beträufeln. Nach Belieben mit abgeriebener unbehandelter Zitronenschale bestreuen.

Mein Tipp *Das Nudelwasser wird so kräftig gesalzen, dass es fast wie Meerwasser schmeckt. Die Nudeln schmecken dann bereits nach dem Kochen.*

Überbackener Limanda
mit Lachs-Gemüse-Farce

FÜR 4 PERSONEN | VORBEREITUNGSZEIT: 30 MINUTEN | ZUBEREITUNGSZEIT: 30 MINUTEN | AUFWAND: ☆☆

ZUTATEN

Für die Farce:

120 g bofrost*Lachsfilet
Salz · Pfeffer aus der Mühle
Cayennepfeffer
frisch geriebene Muskatnuss
$\frac{1}{2}$–1 TL scharfer Senf
120 g eiskalte Sahne
einige Tropfen Zitronensaft
50 g bofrost*Bouillon-Gemüse

Für den Fisch:

4 bofrost*Limandafilets
(Limanda aspera)

Außerdem:

Butter für das Blech
Salz · Pfeffer aus der Mühle

1 Für die Farce die Lachsfilets zugedeckt über Nacht im Kühlschrank auftauen lassen. Am nächsten Tag kalt abspülen und trockentupfen.

2 Für den Fisch die Limandafilets nebeneinander auftauen lassen. Für die Farce die Lachsfilets in 1 bis $1\frac{1}{2}$ cm große Würfel schneiden, mit Salz, Pfeffer, Cayennepfeffer und Muskatnuss würzen. Das Fischfleisch in einen Blitzhacker geben. Den Senf und ein Drittel der eiskalten Sahne hinzufügen und kurz mixen, bis Sahne und Fischfleisch gebunden sind. Die restliche Sahne in zwei Portionen hinzufügen und mixen, bis eine glatte, glänzende Oberfläche entstanden ist. Die Farce in eine Schüssel füllen und kalt stellen. (Je nach Größe des Mixers kann die Farce in 2 Portionen zubereitet werden.)

3 Das Bouillon-Gemüse in Salzwasser 2 Minuten kochen, mit kaltem Wasser abschrecken, auf einem Sieb abtropfen lassen und mit der Farce verrühren.

4 Die aufgetauten Limandafilets kalt abspülen und trockentupfen. Die Fischfilets nebeneinander auf eine Platte legen und die Schwanzenden dabei etwas einschlagen. Auf der Oberseite gleichmäßig mit der Farce bestreichen und mit einer nassen Palette glatt streichen. Mit Frischhaltefolie bedeckt bis zum Gebrauch in den Kühlschrank stellen.

5 Den Backofen auf 100 °C vorheizen. Ein Backblech mit Butter bepinseln, salzen, pfeffern und die Fische nebeneinander darauf setzen. Mit Mikrowellenfolie, ersatzweise mit Alufolie, bespannen und in den Backofen schieben. Den Fisch darin etwa 20 Minuten saftig ziehen lassen. Auf warmen Tellern anrichten. Nach Belieben bofrost*Julienne Gemüse-Mix dazu servieren.

Mein Tipp

*Sehr gut kann der Fisch auch gedämpft werden. Dazu passt bofrost*Broccoli-Sahne-Gratin oder bofrost*Rahmspinat. Der Limanda eignet sich gut als Partygericht für mehrere Gäste.*

Muscheln
im Gewürzsud

FÜR 4 PERSONEN | ZUBEREITUNGSZEIT: 25 MINUTEN | GARZEIT: 15 MINUTEN | AUFWAND: ☆☆

ZUTATEN

1 TL Puderzucker
300 g bofrost*Julienne Gemüse-Mix
2 cl Anislikör · 80 ml Weißwein
1/4 l Gemüsebrühe
1 Lorbeerblatt
1 geschälte Knoblauchzehe
5 schwarze Pfefferkörner
1 Döschen Safranfäden
1 Streifen unbehandelte Zitronenschale
30 g kalte Butterwürfel
Salz · Cayennepfeffer
2 kg Miesmuscheln
1 EL bofrost*Kräuterprofi »Petersilie«

1 Den Puderzucker in einem Topf bei milder Hitze karamellisieren und die Gemüsejulienne darin anschwitzen. Mit Anislikör und Weißwein ablöschen, auf die Hälfte einkochen lassen, mit der Brühe aufgießen, die Gewürze einlegen und das Ganze 15 Minuten mehr ziehen als köcheln lassen.

2 Den Sud durch ein Sieb gießen und die Gewürze dabei entfernen. Die Butter in kleinen Stückchen in den Sud mixen und mit Salz, 1 Prise Cayennepfeffer und je nach Geschmack noch etwas Anislikör abschmecken. Das Gemüse wieder in den Sud geben.

3 Die Muscheln gründlich waschen und bürsten, geöffnete Exemplare dabei aussortieren.

4 In einem Topf 200 ml Wasser erhitzen, die Muscheln hineingeben und zugedeckt garen, bis sie sich öffnen. Mit einer Schaumkelle herausnehmen, geschlossene Muscheln dabei entfernen. Die geöffneten Muscheln mit dem Anis-Gemüse-Sud mischen und, falls nötig, noch etwas salzen.

5 Die Muscheln in vier vorgewärmte tiefe Tellern verteilen, mit der gefrorenen Petersilie bestreuen und servieren.

Mein Tipp

Miesmuscheln können durch andere Arten, wie Herzmuscheln oder Venusmuscheln, ersetzt werden. Muscheln haben Saison in allen Monaten mit »r«.

Schuh

Fleisch & Geflügel

Ein zartes aromatisches Stück Fleisch oder ein knusprig gebratenes Stück Geflügel, kombiniert mit einer delikaten Soße oder frischem Gemüse – was gibt es Köstlicheres für einen anspruchsvollen Gaumen? Alle, die gern kochen, finden hier eine reichhaltige Auswahl an leckeren Fleisch- und Geflügelgerichten, die garantiert gelingen. Ob es sich um ein einfaches Mittagsmahl, ein kleines Abendessen oder ein großes Festtagsessen handelt – für jede Gelegenheit gibt es das passende Rezept.

Thailändisches Hähnchencurry
mit Gemüse-Wildreis

Für 4 Personen | Zubereitungszeit: 40 Minuten | Aufwand: ☆☆

ZUTATEN

Für das Hähnchen:
4 bofrost*Hähnchen-Brustfilets, naturbelassen
1–2 EL Öl
Salz

Für die Soße:
1 EL Butter
60 g bofrost*Zwiebelwürfel
je 1 TL rote Currypaste und Tomatenmark
1/2 l Kokosmilch
60 g brauner Rohrzucker
Saft von 1 Limette
Salz
1–2 TL Speisestärke
2 Knoblauchzehen
2 TL gehackter Ingwer
2 Streifen unbehandelte Zitronenschale

Für den Reis:
1 EL Butter
700 g bofrost*Gemüse-Wildreis-Mischung

1 Für das Hähnchen die Hähnchenbrüste über Nacht im Kühlschrank zugedeckt auftauen lassen. Am nächsten Tag waschen, trockentupfen und in 1 1/2 cm große Würfel schneiden.

2 Für die Soße die Butter in einem Topf bei schwacher Hitze zerlassen und die gefrorenen Zwiebelwürfel darin 3 bis 4 Minuten hell anbräunen. Die rote Currypaste mit dem Tomatenmark dazugeben und etwas mit anschwitzen lassen. Die Kokosmilch dazugeben, aufkochen lassen, den braunen Zucker und den Limettensaft hinzufügen und leicht mit Salz würzen.

3 Die Soße 5 Minuten ziehen lassen, mit dem Stabmixer pürieren, durch ein Sieb passieren und erneut aufkochen lassen. Die Speisestärke mit wenig kaltem Wasser verrühren, in die leicht köchelnde Soße rühren und 2 Minuten weiterköcheln lassen. Den Knoblauch schälen, klein hacken und mit dem Ingwer in die Soße geben. Die Zitronenschale dazugeben, einige Minuten darin ziehen lassen und anschließend wieder entfernen.

4 Für das Hähnchen in einer Pfanne das Öl bei schwacher Hitze heiß werden lassen und das Fleisch insgesamt etwa 2 Minuten braten, herausnehmen und auf Küchenpapier abtropfen lassen.

5 Das Hähnchenfleisch in die Soße geben und knapp unter dem Siedepunkt noch 4 Minuten darin ziehen lassen. Mit Salz und, falls nötig, noch etwas Zucker und Limettensaft abschmecken.

6 Für den Reis in einem weiteren Topf die Butter bei schwacher Hitze zerlassen und die gefrorene Reismischung etwa 7 Minuten darin erhitzen. Den Reis auf Tellern verteilen, das Fleisch daneben anrichten und die Soße darüber geben.

Mein Tipp

Rote Currypaste ist eine thailändische Gewürzpaste, die rote Chilischoten enthält. Wer es nicht so scharf mag, sollte zunächst etwas vorsichtiger damit dosieren und bei Bedarf später noch etwas nachwürzen.

Huhn *aus dem Pfeffertopf*

Für 4 Personen | Zubereitungszeit: 30 Minuten | Garzeit: 40 Minuten | Aufwand: ☆☆

ZUTATEN

4 bofrost*Ganze Schenkel von Hähnchen
100 ml Olivenöl
120 g bofrost*Zwiebelwürfel
150 ml Weißwein
200 ml Geflügelbrühe
2 rote türkische Peperoni (ersatzweise 60 g bofrost*Paprikastreifen)
400 g bofrost*Bratkartoffeln
2 kleine getrocknete Chilischoten
1 kleines Lorbeerblatt
1 Msp. abgeriebene unbehandelte Zitronenschale
1 halbierte Knoblauchzehe
1 Scheibe Ingwer
1 Thymianzweig
Salz · schwarzer Pfeffer aus der Mühle

1 Die Hähnchenschenkel über Nacht im Kühlschrank zugedeckt auftauen lassen. Am nächsten Tag waschen, trockentupfen und am Gelenk halbieren. In einem Topf 1 EL Öl bei mittlerer Hitze heiß werden lassen und die Schenkel darin rundherum anbraten, dann herausnehmen. Die gefrorenen Zwiebeln dazugeben und glasig darin andünsten. Den Weißwein dazugießen und etwas einköcheln lassen. Die Brühe dazugießen, Schenkel hinzufügen und zugedeckt etwa 40 Minuten knapp unter dem Siedepunkt ziehen lassen.

2 Die Peperoni waschen, längs halbieren, entkernen und quer in ca. 1 1/2 cm große Stücke schneiden. Die gefrorenen Kartoffelscheiben, die Peperoni, die Chilischoten und das Lorbeerblatt nach 30 Minuten zu den Schenkeln geben.

3 Den Schmorsud durch ein Sieb abgießen, auffangen, das restliche Olivenöl und die Zitronenschale mit dem Stabmixer unterrühren. Den Sud zum Fleisch zurückgeben. Knoblauch, Ingwer und Thymian 5 Minuten darin ziehen lassen, anschließend mit Lorbeerblatt und Chilischoten wieder entfernen. Den Pfeffertopf mit Salz abschmecken und schwarzen Pfeffer aus der Mühle grob darüber mahlen.

Mein Tipp *Da sich der Schärfegrad von Chilischoten oft nicht genau bestimmen lässt, kann man anstatt ganzer Chilischoten auch gemahlene Chilischoten bzw. Cayennepfeffer verwenden.*

Huhn Marengo *mit Champignons*

FÜR 4 PERSONEN | ZUBEREITUNGSZEIT: 35 MINUTEN | AUFWAND: ✲✲

ZUTATEN

4 bofrost*Hähnchen-Brustfilets, naturbelassen
1–2 EL Öl · 80 ml Weißwein
1 EL Tomatenmark
300 ml Geflügelbrühe
1 Lorbeerblatt
4 mittelgroße Tomaten
1 TL Speisestärke
120 g bofrost*Champignons, in Scheiben
1/2 gehackte Knoblauchzehe
Salz · Pfeffer aus der Mühle
Oregano · Zucker
1 EL bofrost*Kräuterprofi »Petersilie«
4 Toastbrotscheiben
4 EL Butter

1 Die Hähnchen-Brustfilets über Nacht im Kühlschrank zugedeckt auftauen lassen. Am nächsten Tag waschen, trockentupfen und in 3 Teile schneiden.

2 In einer tiefen Schmorpfanne das Öl bei schwacher Hitze heiß werden lassen und das Hähnchenfleisch darin 1 bis 2 Minuten rundherum anbraten, anschließend herausnehmen und beiseite stellen.

3 Den Weißwein in die Pfanne gießen, das Tomatenmark unterrühren und sämig einköcheln lassen. Die Brühe dazugießen, das Fleisch mit dem Lorbeerblatt dazugeben, einen Deckel so auflegen, dass noch ein Spalt offen bleibt und das Fleisch knapp unter dem Siedepunkt 10 Minuten saftig garen.

4 Die Tomaten waschen, kreuzweise einritzen, überbrühen, häuten, entkernen, das Fruchtfleisch klein schneiden. Die Speisestärke mit 1 TL kaltem Wasser verrühren und zur Soße geben. Den Lorbeer entfernen, Tomaten und gefrorene Champignons dazugeben, mit Knoblauch, Salz, Pfeffer und je 1 Prise Oregano und Zucker würzen, die gefrorene Petersilie unterrühren.

5 Aus den Toastscheiben 12 kleine Herzen ausstechen. In einer Pfanne die Butter bei schwacher Hitze zerlassen und das Brot auf beiden Seiten darin bräunen, herausnehmen, auf Küchenpapier abtropfen lassen und leicht mit Salz würzen. Die Hähnchenbruststücke mit der Tomatensoße auf vorgewärmten Tellern anrichten und die Herzcroûtons dazu servieren.

Indisches Hähnchencurry
mit Kardamomreis

FÜR 4 PERSONEN | ZUBEREITUNGSZEIT: 45 MINUTEN | MARINIERZEIT: 2 STUNDEN | AUFWAND: ☆☆☆

ZUTATEN

Für das Hähnchencurry:

4 bofrost*Ganze Schenkel von Hähnchen
1 mittelscharfe Chilischote
2 1/2 EL Currypulver
2 EL Olivenöl
je 1 TL gehackter Ingwer und Knoblauch · 1/2 TL Salz
150 g Kartoffeln · 1–2 EL Öl
75 g bofrost*Zwiebelwürfel
300 ml Geflügelbrühe
150 g stückige Tomaten (aus der Dose)
1 Lorbeerblatt · 1/4 l Kokosmilch
1 halbierte Knoblauchzehe
2 Scheiben Ingwer
1 Splitter Zimtstange
1/4 Vanilleschote
2 Streifen unbehandelte Zitronenschale · Zitronensaft
Salz · Zucker

Für den Reis:

250 g Basmatireis
60 g bofrost*Zwiebelwürfel · 1 EL Öl
6 angedrückte Kapseln Kardamom (ersatzweise 1/2 TL gemahlener Kardamom)
350 ml Gemüsebrühe
3 EL kalte Butter
Salz · Cayennepfeffer

1 Für das Hähnchencurry die Hähnchenschenkel über Nacht im Kühlschrank zugedeckt auftauen lassen. Am nächsten Tag waschen und trockentupfen.

2 Die Chilischote halbieren, waschen, entkernen und klein hacken. Die Hälfte des Currypulvers mit Olivenöl, Ingwer, Knoblauch, Salz und Chili verrühren. Die Hähnchenschenkel enthäuten, am Gelenk halbieren, entbeinen, mit der Currymischung einreiben und 2 Stunden zugedeckt ziehen lassen.

3 Die Kartoffeln schälen, waschen und in 1 bis 2 cm große Würfel schneiden. Das Öl in einer großen Schmorpfanne bei schwacher Hitze heiß werden lassen und die Hähnchenkeulen darin rundherum anbraten, herausnehmen und beiseite stellen. Kartoffeln und gefrorene Zwiebeln in die Schmorpfanne geben und darin andünsten. Das Hähnchenfleisch wieder dazugeben. Die Brühe dazugießen, die Tomaten, das restliche Currypulver und das Lorbeerblatt hinzufügen.

4 Einen Deckel so auf die Pfanne auflegen, dass noch ein Spalt offen bleibt, und alles knapp unter dem Siedepunkt etwa 25 Minuten fertig schmoren. Nach 10 Minuten die Kokosmilch mit Knoblauch, Ingwer, Zimt, Vanille und Zitronenschale hinzufügen, die Gewürze einige Minuten darin ziehen lassen und anschließend wieder entfernen.

5 Für den Reis in der Zwischenzeit den Backofen auf 180 °C vorheizen. Den Reis gründlich kalt waschen und in einem Sieb abtropfen lassen. In einem Topf das Öl bei schwacher Hitze heiß werden lassen. Die gefrorenen Zwiebeln darin glasig andünsten. Den Reis mit den Kardamomkapseln hinzufügen, mit anschwitzen lassen und die Brühe dazugießen. Den Reis einmal aufkochen lassen und zugedeckt im Ofen 15 bis 20 Minuten körnig quellen lassen. Die Kardamomkapseln aus dem Reis entfernen, die Butter unterrühren und nach Bedarf noch mit Salz und 1 Prise Cayennepfeffer würzen.

6 Das Hähnchenfleisch aus der Soße nehmen und die Soße mit dem Stabmixer sämig pürieren. Mit ein paar Tropfen Zitronensaft, Salz, 1 Prise Zucker und je nach Bedarf mit etwas Curry abschmecken. Das Fleisch wieder zurück in die Soße geben. Das Hähnchencurry mit dem Reis servieren.

Mein Tipp

Verwendet man anstelle ganzer Kardamomkapseln gemahlenen Kardamom, sollte man ihn erst am Ende der Garzeit mit der Butter unter den Reis rühren.

Coq au vin
mit Champignons

Für 4 Personen | Zubereitungszeit: 30 Minuten | Garzeit: 35 Minuten | Aufwand: ☆☆☆

ZUTATEN

4 bofrost*Ganze Schenkel von Hähnchen
120 g Knollensellerie
3–4 EL Öl
1 TL Puderzucker
250 g bofrost*Zwiebelwürfel
100 g bofrost*Möhren, gewürfelt
1 EL Tomatenmark
40 ml Cognac
1/2 l kräftiger Rotwein
600 ml Geflügelbrühe
1/2 TL Pimentkörner
1 TL schwarze Pfefferkörner
1 Lorbeerblatt
6 Scheiben Frühstücksspeck
1 EL Speisestärke
1 Thymianzweig
2 Knoblauchscheiben
1 Streifen unbehandelte Zitronenschale
3 EL Butter
200 g bofrost*Champignons, in Scheiben
Salz · Pfeffer aus der Mühle

1 Die Hähnchenschenkel über Nacht im Kühlschrank zugedeckt auftauen lassen. Am nächsten Tag das Fleisch waschen, trockentupfen, enthäuten und am Gelenk halbieren. Den Sellerie schälen und in kleine Würfel in der Größe der Möhrenwürfel schneiden.

2 In einem Topf bei mittlerer Hitze 1 bis 2 EL Öl heiß werden lassen, das Hähnchenfleisch darin rundherum anbraten und wieder herausnehmen. Den Puderzucker in den Topf stäuben und hell karamellisieren lassen. Den Sellerie, die gefrorenen Zwiebeln und die gefrorenen Möhren darin anschwitzen, das Tomatenmark hinzufügen und etwas mit anschwitzen. Den Cognac und Rotwein hinzufügen und die Soße auf ein Drittel einkochen lassen. Die angebratenen Hähnchenteile dazugeben, 550 ml Brühe dazugießen, einen Deckel so auf den Topf auflegen, dass noch ein Spalt offen bleibt, und alles knapp unter dem Siedepunkt etwa 35 Minuten schmoren.

3 Pimentkörner und Pfefferkörner in einen Einwegteebeutel füllen, verschließen und mit dem Lorbeerblatt nach 15 Minuten hinzufügen. Den Speck in 1 cm breite Streifen schneiden.

4 Die Hähnchenschenkel herausnehmen, die Soße durch ein Sieb gießen, dabei die Gewürze entfernen und die Soße um etwa ein Drittel einkochen lassen. Die Speisestärke mit wenig kaltem Wasser verrühren und unter die leicht kochende Soße rühren. Thymian, Knoblauch und Zitronenschale dazugeben, einige Minuten darin ziehen lassen und wieder entfernen. 2 EL Butter unter die Soße mixen, die gefrorenen Champignons hinzufügen, mit Salz und Pfeffer abschmecken und die Hähnchenkeulen darin erhitzen.

5 In einer kleinen Pfanne 1 EL Öl heiß werden lassen und den Speck kross anbraten, herausnehmen und auf Küchenpapier abtropfen lassen. Die Hähnchenschenkel mit der Soße auf vorgewärmten Tellern anrichten und mit dem Speck bestreuen.

Mein Tipp

*Zu Coq au vin passen sehr gut bofrost*Romanesco-Gemüse-Mix, bofrost*Rosmarin-Kartoffeln sowie bofrost*Original schwäbische Eierspätzle.*

Truthahngeschnetzeltes *in Currysoße*

FÜR 4 PERSONEN | VORBEREITUNGSZEIT: 20 MINUTEN | ZUBEREITUNGSZEIT: 25 MINUTEN | AUFWAND: *

ZUTATEN

4 bofrost*Truthahn-Schnitzel
250 g bofrost*Porree
2 EL Butter
100 ml Weißwein
400 ml Geflügelbrühe
100 g Sahne
1 EL mildes Currypulver
1 EL Speisestärke
2 EL Butter · Salz
1 geschälte, halbierte Knoblauchzehe
2 Scheiben Ingwer
2 Streifen unbehandelte Zitronenschale
3 EL Öl

1 Die Truthahnschnitzel über Nacht im Kühlschrank zugedeckt auftauen lassen. Am nächsten Tag waschen, trockentupfen und in dünne Streifen schneiden.

2 Den Porree 20 Minuten bei Zimmertemperatur auftauen lassen und zerkleinern. In einem Topf bei schwacher Hitze die Butter zerlassen und den Porree darin glasig andünsten. Den Weißwein dazugießen und weitgehend einkochen lassen. Die Brühe dazugießen und alles 10 Minuten knapp unter dem Siedepunkt ziehen lassen. Die Sahne mit dem Curry zur Soße geben, weitere 5 Minuten ziehen lassen, mit dem Stabmixer pürieren und durch ein Sieb passieren. Die Speisestärke mit wenig kaltem Wasser verrühren, unter die Soße rühren und 2 Minuten köcheln lassen. Die Butter untermixen und mit Salz, Knoblauch, Ingwer und Zitronenschale würzen. Die Gewürze 5 Minuten darin ziehen lassen, dann wieder entfernen.

3 Das Öl in einer Pfanne bei mittlerer Hitze heiß werden lassen und die Schnitzelstreifen portionsweise jeweils etwa 2 Minuten darin anbraten. Das Fleisch in die Currysoße geben und auf vorgewärmten Tellern anrichten.

Mein Tipp *Truthahngeschnetzeltes kann mit einer Reisbeilage oder als Nudelgericht mit Bandnudeln serviert werden. Nach Belieben kann man die Sahne durch Kokosmilch ersetzen.*

Hähnchenbrustwürfel *in Orangen-Senf-Soße*

Für 4 Personen | Zubereitungszeit: 25 Minuten | Aufwand: *

ZUTATEN

500 g bofrost*Hähnchen-Brustfilets, naturbelassen
1 EL Öl
100 ml Gemüsebrühe
100 g Sahne
1 EL scharfer Senf
1 EL Weißwurstsenf (süßer Senf)
1–2 EL Butter
1/4 TL abgeriebene unbehandelte Orangenschale
Salz · Cayennepfeffer

1 Die Hähnchen-Brustfilets etwa 1 Stunde bei Zimmertemperatur auftauen lassen, waschen, trockentupfen und in Würfel schneiden.

2 Das Öl in einer Pfanne bei mittlerer Hitze heiß werden lassen und das Hähnchenfleisch etwa 2 Minuten darin anbraten, dann aus der Pfanne nehmen und beiseite stellen.

3 Die Brühe und die Sahne in die Pfanne geben und aufkochen lassen. Beide Senfsorten und die Butter unterrühren, die Orangenschale hinzufügen und mit Salz und 1 Prise Cayennepfeffer abschmecken.

4 Die Hähnchenbrustwürfel in die Soße geben, etwa 2 Minuten darin ziehen lassen und auf vorgewärmten Tellern anrichten.

Mein Tipp *Ideale Beilage zu den Hähnchenbrustwürfeln ist die bofrost*Gemüse-Wildreis-Mischung.*

Pochierte Hähnchenbrust
mit Paprikasoße und Limettenreis

FÜR 4 PERSONEN | ZUBEREITUNGSZEIT: 45 MINUTEN | AUFWAND: ✲✲

ZUTATEN

Für die Hähnchenbrust:
4 Stück bofrost*Hähnchen-Brustfilets, naturbelassen · Salz

Für den Reis:
250 g Basmatireis · 1 EL Öl
60 g bofrost*Zwiebelwürfel
5 Streifen unbehandelte Limettenschale
6 Zacken Sternanis
350 ml Gemüsebrühe
2 EL kalte Butter
Salz · Cayennepfeffer

Für die Soße:
1 EL Olivenöl
350 g bofrost*Paprikastreifen
80 g bofrost*Zwiebelwürfel
50 g bofrost*Maiskörner
600 ml Geflügelbrühe
2 EL kalte Butter
1/2 kleine gehackte Knoblauchzehe
1/2 TL edelsüßes Paprikapulver
Salz · Cayennepfeffer
unbehandelte Limettenschale
Koriander aus der Mühle (ersatzweise gemahlener Koriander)

1 Für die Hähnchenbrust das Fleisch über Nacht im Kühlschrank zugedeckt auftauen lassen. Am nächsten Tag waschen und trockentopfen.

2 In einem Topf 3 l Wasser zum Kochen bringen, von der Herdplatte nehmen und kräftig mit Salz würzen, sodass es leicht salzig schmeckt. Das Fleisch in das Wasser geben und etwa 25 Minuten darin saftig durchziehen lassen. Den Backofen auf 180 °C vorheizen.

3 Für den Limettenreis den Reis gründlich waschen und in einem Sieb abtropfen lassen. Das Öl bei schwacher Hitze heiß werden lassen und die gefrorenen Zwiebeln darin glasig andünsten. Den Reis mit Limettenschale und Sternanis hinzufügen, etwas mit anschwitzen, dann die Brühe dazugießen. Einmal aufkochen lassen, einen Deckel auflegen und den Reis im Ofen 15 bis 20 Minuten körnig quellen lassen. Limettenstreifen und Anis aus dem Reis wieder entfernen, die Butter unterrühren und mit Salz und 1 Prise Cayennepfeffer abschmecken.

4 Für die Soße in einem kleinen Topf bei schwacher Hitze das Öl heiß werden lassen. Die gefrorenen Paprikastreifen in Würfel schneiden. Mit den gefrorenen Zwiebelwürfeln und Maiskörnern glasig dünsten. Die Brühe dazugießen und 25 Minuten knapp unter dem Siedepunkt weich ziehen lassen. Die Butter mit Knoblauch und Paprikapulver hinzufügen und alles mit dem Stabmixer pürieren. Die Soße durch ein grobes Sieb passieren und mit Salz und 1 Prise Cayennepfeffer würzen.

5 Den Reis auf vorgewärmten Tellern anrichten und etwas Limettenschale frisch darüber reiben. Die Soße nochmals mit dem Stabmixer aufschlagen und neben dem Reis verteilen. Die Hähnchen-Brustfilets in Scheiben schneiden, leicht mit Salz würzen, auf der Soße anrichten und Koriander aus der Mühle darüber mahlen.

Mein Tipp

Die Hähnchenbrüste schmecken aromatischer, wenn man in das Pochierwasser 2 Streifen unbehandelte Limetten- oder Zitronenschale, 1 halbierte Knoblauchzehe, 2 Ingwerscheiben und 2 Petersilienzweige gibt.

Paella *mit Paprika und Erbsen*

FÜR 4 PERSONEN | ZUBEREITUNGSZEIT: 20 MINUTEN | GARZEIT: 25–30 MINUTEN | AUFWAND: ☆

ZUTATEN

1 l Geflügelbrühe
1 Döschen Safranfäden (1/4 g)
1 TL edelsüßes Paprikapulver
1 gehackte Knoblauchzehe
Cayennepfeffer
4 EL mildes Olivenöl
Salz
4 bofrost*Hähnchen-Brustfilets, naturbelassen
400 g Rundkornreis
150 g bofrost*Paprikastreifen
150 g bofrost*Erbsen, extra zart
1 EL bofrost*Kräuterprofi »Petersilie«

1 Die Geflügelbrühe in einem Topf erhitzen, Safranfäden, Paprikapulver und Knoblauch hinzufügen und mit 1 Prise Cayennepfeffer würzen. 2 EL Olivenöl mit dem Stabmixer unterschlagen und, falls nötig, noch mit etwas Salz abschmecken.

2 Die Hähnchen-Brustfilets in 4 bis 5 Stücke teilen. 2 EL Olivenöl in einer Pfanne bei mittlerer Hitze heiß werden lassen, das Fleisch darin rundherum kurz anbraten, anschließend aus der Pfanne nehmen. Den Reis mit den gefrorenen Paprikastreifen in der Pfanne etwa 3 Minuten anschwitzen und leicht mit Salz würzen. Den heißen Sud dazugießen, umrühren, die Hähnchenstücke darauf verteilen und etwa 25 bis 30 Minuten zugedeckt mehr ziehen als köcheln lassen.

3 Die gefrorenen Erbsen nach 20 Minuten hinzufügen und am Ende der Garzeit mit der gefrorenen Petersilie bestreuen.

Mein Tipp

*Die Hälfte der Hähnchen-Brustfilets kann man auch durch Fisch ersetzen. Dafür 250 g aufgetautes Fischfilets, z. B. bofrost*Alaska-Seelachsfilets und bofrost*Lachsfilet, in 2 cm große Würfel schneiden, in etwas Olivenöl kurz anbraten, mit Salz und Pfeffer würzen und nach 20 Minuten Garzeit mit 100 g gefrorenen bofrost*Garnelen in Kräutersoße auf der Paella verteilen.*

Bandnudeln *mit Geflügelbolognese*

Für 4 Personen | Zubereitungszeit: 35 Minuten | Garzeit: 2 Stunden | Aufwand: ☆

ZUTATEN

3 bofrost*Hähnchen-Brustfilets, naturbelassen
2 EL Olivenöl
300 g bofrost*Bouillon-Gemüse
50 ml Weißwein
2–3 EL Tomatenmark
400 g stückige Tomaten (aus der Dose)
300 ml Geflügelbrühe
1/2–1 TL Oregano
2 geschälte halbierte Knoblauchzehen
1 Streifen unbehandelte Zitronenschale
Salz · Pfeffer aus der Mühle
Zucker · Cayennepfeffer
350 g grüne Bandnudeln

1 Die Hähnchen-Brustfilets über Nacht im Kühlschrank zugedeckt auftauen lassen. Am nächsten Tag waschen, trockentupfen und in sehr kleine Würfel schneiden oder durch den Fleischwolf zu Hackfleisch drehen.

2 Das Öl in einem Topf bei schwacher Hitze heiß werden lassen und das gefrorene Bouillon-Gemüse darin in wenigen Minuten glasig andünsten. Das Geflügelhackfleisch dazugeben und so lange braten, bis das Fleisch krümelig und weiß ist. Den Weißwein dazugießen, das Tomatenmark unterrühren und alles etwa 10 Minuten einkochen lassen.

3 Die Tomaten mit der Brühe unterrühren und etwa 2 Stunden unter häufigem Rühren mehr ziehen als köcheln lassen. Zum Schluss Oregano hinzufügen. Knoblauchhälften und Zitronenschale dazugeben, 5 Minuten darin ziehen lassen, anschließend beides wieder herausnehmen und die Soße mit Salz, Pfeffer und je 1 Prise Zucker und Cayennepfeffer würzen.

4 Die Bandnudeln nach Packungsanweisung in reichlich Salzwasser bissfest kochen und auf einem Sieb abtropfen lassen. Die Nudeln auf vorgewärmte Pastateller verteilen und je 1 Portion Geflügelbolognese darüber verteilen.

Mein Tipp *Die Geflügelbolognese kann gut vorbereitet werden, sie hält sich zugedeckt 1 bis 2 Tage im Kühlschrank.*

Huhn in Proseccosoße
mit Limettenspinat

Für 4 Personen | Zubereitungszeit: 30 Minuten | Aufwand: ☆☆

ZUTATEN

Für das Huhn:
4 bofrost*Hähnchen-Brustfilets, naturbelassen
1–2 EL Öl
1/8 l Geflügelbrühe
Salz · Pfeffer aus der Mühle

Für die Soße:
2 TL Puderzucker
je 1/8 l Prosecco und Gemüsebrühe
1/2 kleines Lorbeerblatt
5 schwarze Pfefferkörner
100 g Sahne
Salz · Cayennepfeffer
1 Streifen unbehandelte Limettenschale
20 EL kalte Butter

Für den Limettenspinat:
420 g bofrost*Blattspinat
1/4 l Gemüsebrühe
1/2 geschälte Knoblauchzehe
1 Scheibe Ingwer
1 EL Butter
1 TL abgeriebene unbehandelte Limettenschale
Salz · schwarzer Pfeffer aus der Mühle
geriebene Muskatnuss

1 Für das Huhn und den Limettenspinat die Hähnchen-Brustfilets und den Blattspinat jeweils über Nacht im Kühlschrank zugedeckt auftauen lassen. Am nächsten Tag das Fleisch waschen und trockentupfen.

2 Für die Proseccosoße in einem Topf bei schwacher Hitze den Puderzucker karamellisieren lassen, den Prosecco dazugeben und auf ein Drittel bis ein Viertel einkochen lassen. Die Brühe dazugießen, Lorbeer und Pfefferkörner hinzufügen und auf ein Drittel einkochen lassen. Die Sahne dazugeben, mit Salz und 1 Prise Cayennepfeffer abschmecken, einen Streifen Limettenschale dazugeben und einige Minuten darin ziehen lassen. Die Soße durch ein Sieb gießen und die Butter untermixen. Je nach Geschmack noch mit etwas reduziertem Prosecco abschmecken.

3 Für den Limettenspinat aus dem Spinat mit den Händen das Wasser ausdrücken und die Spinatblätter etwas auseinander pflücken.

4 In einer Pfanne die Brühe mit dem Spinat, dem Knoblauch und dem Ingwer erhitzen. Die Butter mit der Limettenschale hinzufügen, mit Salz, Pfeffer und 1 Prise Muskatnuss würzen. Knoblauch und Ingwer anschließend wieder entfernen.

5 In einer weiteren Pfanne das Öl bei schwacher Hitze heiß werden lassen und die Hähnchen-Brustfilets auf beiden Seiten darin anbraten. Die Brühe hinzufügen, einen Deckel auf die Pfanne setzen und die Hähnchenbrust darin knapp unter dem Siedepunkt etwa 10 Minuten ziehen lassen. Anschließend mit Salz und Pfeffer würzen.

6 Die Hähnchenbrust schräg in dickere Scheiben schneiden und mit dem Limettenspinat auf vorgewärmten Tellern anrichten. Die Proseccosoße mit dem Stabmixer aufschäumen und darüber verteilen.

Mein Tipp

Soll die Soße etwas sämiger sein, kann man 1/2 bis 1 TL Speisestärke mit ein wenig kaltem Wasser verrühren und zur Soße geben.

Geflügelschnitzel *mit Pilzfüllung*

Für 4 Personen | Zubereitungszeit: 40 Minuten | Aufwand: ☆☆

ZUTATEN

4 bofrost*Hähnchen-Brustfilets, naturbelassen
250 g bofrost*Feinschmecker-Pilzmischung
1 EL Öl
70 g bofrost*Zwiebelwürfel
Salz · Pfeffer aus der Mühle
1 EL bofrost*Kräuterprofi »Kräutermischung«
2 mittelgroße Eier (je ca. 60 g)
120 g geriebener Parmesan
1 TL abgeriebene unbehandelte Zitronenschale
geriebene Muskatnuss
Mehl zum Wenden
Öl zum Braten

1 Die Hähnchen-Brustfilets über Nacht zugedeckt im Kühlschrank auftauen lassen. Am nächsten Tag waschen, trockentupfen und horizontal so weit halbieren, dass die Hälften an der Längsseite noch etwas zusammenhalten. Die Pilze 10 Minuten bei Zimmertemperatur auftauen lassen und zerkleinern.

2 In einer Pfanne das Öl heiß werden lassen und die gefrorenen Zwiebeln darin glasig andünsten. Die Pilze hinzufügen und etwa 3 Minuten anbraten, bis die Flüssigkeit fast verdampft ist. Mit Salz und Pfeffer würzen und die gefrorene Kräutermischung hinzufügen.

3 Die Schnitzel mit Salz und Pfeffer würzen, die Pilzfüllung in 4 Portionen teilen und jeweils 1 Portion auf eine Seite des Schnitzels setzen, die zweite Seite darüber klappen und die Enden andrücken.

4 Die Eier mit dem Handrührgerät oder der Küchenmaschine schaumig aufschlagen, Parmesan und Zitronenschale unterrühren und mit Salz, Pfeffer und 1 Prise Muskatnuss würzen.

5 Die Schnitzel zuerst vorsichtig in Mehl wenden, dann durch die Ei-Käse-Mischung ziehen. In einer Pfanne etwa 1 1/2 cm hoch Öl bei schwacher Hitze heiß werden lassen und die Schnitzel darin goldbraun braten. Herausnehmen und auf Küchenpapier gut abtropfen lassen.

Geflügelspieße *mit Petersilienbutter*

FÜR 4 PERSONEN | ZUBEREITUNGSZEIT: 25 MINUTEN | AUFWAND: ☆

ZUTATEN

300 g bofrost*Hähnchen-Brustfiletstücke
16 Cocktailtomaten
1/2 kleiner Zucchino
1/2 rote Paprikaschote
1/2 Zwiebel
3–4 EL Öl
1 ungeschälte Knoblauchzehe
4 EL Butter
1 EL bofrost*Kräuterprofi »Petersilie«
Salz · schwarzer Pfeffer aus der Mühle

1 Die Hähnchen-Brustfiletstücke 1 Stunde bei Zimmertemperatur auftauen lassen, waschen und trockentupfen.

2 Die Cocktailtomaten waschen, die Zucchini in 1/2 cm dicke Scheiben schneiden und halbieren, die Paprikaschote putzen, waschen, entkernen und in 2 cm große Stücke schneiden. Die Zwiebel schälen und in 2 cm große Stücke schneiden.

3 Die Hähnchen-Brustfiletstücke abwechselnd mit dem Gemüse auf Schaschlikspieße stecken. Das Öl bei mittlerer Hitze in einer Pfanne heiß werden lassen und die Spieße etwa 8 Minuten mit einer ungeschälten Knoblauchzehe rundherum anbraten, herausnehmen und auf Küchenpapier abtropfen lassen.

4 Die Pfanne mit Küchenpapier abtupfen, die Butter in der Pfanne zerlassen, die gefrorene Petersilie hinzufügen, mit Salz und Pfeffer würzen und die Spieße darin wenden.

5 Die Geflügelspieße auf vorgewärmten Tellern anrichten und mit der Butter aus der Pfanne beträufeln.

Hähnchenbrust
mit Kräuterrisotto

Für 4 Personen | Zubereitungszeit: 35–40 Minuten | Aufwand: ⁂

ZUTATEN

Für das Pesto:
je 60 g bofrost*Blattspinat
und bofrost*Kräuterprofi
»Kräutermischung«
je 1 TL geriebener Parmesan
und gebräunte gehobelte Mandeln
1/2 kleine Knoblauchzehe,
in Scheiben
50 ml Olivenöl
4 EL braune Butter (siehe Seite 10)
Salz · Pfeffer aus der Mühle
Zitronensaft

Für die Hähnchenbrust:
4 bofrost*Hähnchen-Brustfilets,
naturbelassen · 1 EL Öl
4 EL Gemüsebrühe
Salz · Pfeffer aus der Mühle

Für das Risotto:
100 g bofrost*Zwiebelwürfel
300 g Risottoreis
1 kleines Lorbeerblatt
80 ml Weißwein
3/4 l heiße Geflügelbrühe
1/2 Knoblauchzehe
1 kleine Scheibe Ingwer
1 Streifen unbehandelte
Zitronenschale
Salz · Cayennepfeffer
2 EL geriebener Parmesan
1 EL Butter
Kräuterblätter zum Garnieren

1 Für das Pesto den Blattspinat 30 Minuten vorher auftauen lassen und mit den Händen das restliche Wasser aus den Spinatblättern gut ausdrücken. Den Spinat grob schneiden und mit den gefrorenen Kräutern in einen Blitzhacker geben. Parmesan, Mandeln, Knoblauch, Öl und braune Butter dazugeben. Mit Salz, Pfeffer und einigen Tropfen Zitronensaft würzen und alles zu einem Pesto mixen.

2 Für die Hähnchenbrust das Fleisch waschen und trockentupfen. In einer beschichteten Pfanne das Öl bei schwacher Hitze heiß werden lassen und die Hähnchen-Brustfilets auf beiden Seiten insgesamt 3 Minuten darin anbraten. Die Brühe dazugeben und die Hähnchenbrustfilets darin zugedeckt bei sanfter Hitze etwa 10 Minuten fertig garen. Mit Salz und Pfeffer würzen.

3 Für den Risotto in einem Topf bei mittlerer Hitze die gefrorenen Zwiebeln ohne Fett glasig andünsten. Den Reis hinzufügen und mit anschwitzen lassen, bis die Körner heiß und glasig sind. Das Lorbeerblatt dazugeben, den Weißwein dazugießen, weitgehend einkochen lassen, dann etwas heiße Brühe hinzufügen. Unter ständigem Rühren immer wieder etwas Brühe dazugeben und vom Reis aufsaugen lassen, bis die Reiskörner nach etwa 20 Minuten noch etwas Biss haben.

4 Nach 15 Minuten Knoblauch, Ingwer und Zitronenschale in das Risotto geben. Sobald der Reis fertig ist, die Gewürze wieder entfernen, 3 EL Pesto unterrühren und mit Salz und 1 Prise Cayennepfeffer würzen. Den Parmesan und die Butter unterrühren.

5 Das Risotto auf vorgewärmten Tellern anrichten, die Hähnchenbrust in Scheiben schneiden und dazu servieren. Mit Kräuterblättern garnieren.

Mein Tipp

Wird vom Pesto gleich etwas mehr gemacht, kann es mehrere Tage im Kühlschrank aufbewahrt werden. Wichtig ist dabei nur, dass man die Oberfläche mit reichlich Olivenöl bedeckt.

Schweinefilet *mit Tomatenpesto und Porree*

FÜR 4 PERSONEN | ZUBEREITUNGSZEIT: 30 MINUTEN | GARZEIT: 30 MINUTEN | AUFWAND: ☆☆☆

ZUTATEN

Für das Schweinefilet:
12 bofrost*Schweinefilet-Medaillons
1 EL Öl · Salz · Pfeffer
600 g bofrost*Porree
150 ml Gemüsebrühe
1/2 geschälte Knoblauchzehe
1 Streifen unbehandelte Zitronenschale · 1 Scheibe Ingwer
2 EL Butter · 1 EL braune Butter
Salz · Cayennepfeffer · Muskatnuss

Für das Pesto:
40 g getrocknete Tomaten
1 EL Weißweinessig
40 g getrocknete Aprikosen
1/2 Knoblauchzehe · 80–100 ml Öl
je 1 EL geröstete Mandelblättchen und geriebener Parmesan
Zucker · Cayennepfeffer · Salz

1 Für das Schweinefilet das Fleisch über Nacht im Kühlschrank in der Folie auftauen lassen. Am nächsten Tag den Backofen auf 100 °C vorheizen, ein Ofengitter auf die mittlere Schiene schieben und ein Abtropfblech darunter stellen. Für das Pesto die Tomaten in 1/4 l Wasser mit dem Weißweinessig knapp unter dem Siedepunkt etwa 45 Minuten ziehen, dann auf einem Sieb abtropfen lassen.

2 Für das Schweinefilet in einer Pfanne das Öl bei mittlerer Hitze heiß werden lassen und die Filets rundherum anbraten, auf das Ofengitter legen und etwa 30 Minuten rosa durchziehen lassen. Mit Salz und Pfeffer würzen.

3 Den gefrorenen Porree in der Brühe mit Knoblauch, Zitronenschale und Ingwer zugedeckt bei schwacher Hitze etwa 10 Minuten erhitzen. Butter und braune Butter dazugeben, mit Salz und je 1 Prise Cayennepfeffer und Muskatnuss würzen, Knoblauch, Zitrone und Ingwer wieder entfernen.

4 Für das Pesto die Aprikosen klein schneiden. Den Knoblauch in Scheiben schneiden. Die Tomaten zerkleinern, mit Aprikosen, Knoblauch, Mandeln, Parmesan und dem restlichen Öl im Blitzhacker pürieren und mit je 1 Prise Zucker und Cayennepfeffer und etwas Salz abschmecken.

5 Die Schweinefilets mit dem Porree auf vorgewärmten Tellern anrichten, mit etwas Tomatenpesto garnieren, das restliche Pesto separat dazu reichen.

Schweinefilet *mit Spinat-Spargel-Gemüse*

FÜR 4 PERSONEN | ZUBEREITUNGSZEIT: 25 MINUTEN | GARZEIT: 30 MINUTEN | AUFWAND: ⁎⁎

ZUTATEN

Für das Schweinefilet:
8 bofrost*Schweinefilet-Medaillons, mariniert · 1 EL Öl

Für das Gemüse:
180 g bofrost*Blattspinat
500 g bofrost*Weißer Stangenspargel
150 ml Geflügelbrühe
1 geschälte halbierte Knoblauchzehe
1 Streifen unbehandelte Orangenschale
Salz · Pfeffer aus der Mühle
geriebene Muskatnuss
1 reifer Pfirsich (ersatzweise 2 Pfirsichhälften aus der Dose)
1–2 TL Puderzucker · 1 EL Butter
1 EL braune Butter (siehe Seite 10)

1 Für das Schweinefilet das Fleisch über Nacht im Kühlschrank in der Folie auftauen lassen. Den Blattspinat ebenfalls über Nacht auftauen lassen.

2 Am nächsten Tag den Backofen auf 100 °C vorheizen, ein Ofengitter auf die mittlere Schiene schieben und ein Abtropfblech darunter stellen. Das Öl in einer Pfanne bei mittlerer Hitze heiß werden lassen und die Schweinefilets darin rundherum anbraten, auf das Ofengitter legen und etwa 30 Minuten durchziehen lassen.

3 Den Spargel 10 Minuten bei Zimmertemperatur antauen lassen und schräg in 2 1/2 bis 3 cm lange Stücke schneiden. Aus dem Spinat mit den Händen das Wasser ausdrücken und die Blätter etwas auseinander zupfen.

4 Den Spargel ohne Fett in einer Pfanne erhitzen, die Brühe dazugießen und etwa 8 Minuten zugedeckt bei schwacher Hitze weich dünsten. Spinat, Knoblauch und Orangenschale dazugeben und mit Salz, Pfeffer und 1 Prise Muskatnuss würzen. Knoblauch und Orangenschale nach ein paar Minuten wieder entfernen.

5 Den Pfirsich waschen, halbieren, entsteinen und in 12 Spalten schneiden. In einer weiteren Pfanne den Puderzucker hell karamellisieren lassen. Die Pfirsichspalten darin auf beiden Seiten etwa 2 Minuten anbraten und zum Spargel-Spinat-Gemüse geben. Mit Butter und brauner Butter abschmecken.

Geschnetzeltes Schweinefilet
in Champignon-Zitronen-Soße

Für 4 Personen | Zubereitungszeit: 40 Minuten | Aufwand: ⁂

ZUTATEN

700 g bofrost*Schweinefilet-Medaillons, mariniert
3 EL Öl
1 TL Puderzucker
100 g bofrost*Zwiebelwürfel
1/8 l Rotwein
1/2 EL Tomatenmark
600 ml Geflügelbrühe
1 kleines Lorbeerblatt
1 ungeschälte Knoblauchzehe
70 g Sahne
1 gestrichener TL Speisestärke
1 EL scharfer Senf
1/2 TL Paprikapulver, rosenscharf
200 g bofrost*Champignons, in Scheiben
60 g kleine Essiggurken
Salz · Cayennepfeffer
1 Msp. abgeriebene unbehandelte Zitronenschale
Zitronensaft
1 EL bofrost*Kräuterprofi »Petersilie«

1 Die Schweinefilet-Medaillons über Nacht im Kühlschrank in der Folie auftauen lassen. Am nächsten Tag das Fleisch in Streifen schneiden.

2 In einer Pfanne bei mittlerer Hitze 2 EL Öl heiß werden lassen und das Fleisch portionsweise von allen Seiten in je knapp 1 Minute anbraten und auf einem vorgewärmten Teller beiseite stellen.

3 Den Puderzucker in die Pfanne stäuben und karamellisieren lassen. Die gefrorenen Zwiebelwürfel darin bei schwacher Hitze glasig anschwitzen. Den Rotwein dazugießen, das Tomatenmark unterrühren und sirupartig einkochen lassen. Die Brühe dazugießen und das Lorbeerblatt mit der Knoblauchzehe hinzufügen. Die Soße um etwa ein Drittel einkochen lassen und die Sahne hinzufügen. Die Speisestärke mit etwas kaltem Wasser verrühren, in die Soße rühren und ein paar Minuten leise weiterköcheln lassen.

4 Das Lorbeerblatt und die Knoblauchzehe wieder entfernen, den Senf und das Paprikapulver hinzufügen und alles mit einem Stabmixer pürieren.

5 In einer Pfanne das restliche Öl heiß werden lassen und die gefrorenen Champignons darin 1 bis 2 Minuten anbraten, mit Salz und Pfeffer würzen.

6 Die Essiggurken in feine Streifen schneiden, mit den Fleischstreifen in die Soße geben und darin erwärmen. Die Soße mit Salz, 1 Prise Cayennepfeffer, Zitronenschale und ein paar Tropfen Zitronensaft abschmecken. Zum Schluss die gefrorene Petersilie mit den angebratenen Pilzen hinzufügen.

7 Das geschnetzelte Schweinefilet in Champignon-Zitronen-Soße auf vorgewärmten Teller anrichten und mit bofrost*Backofen-Röstis servieren. Nach Belieben mit Rucolablättern garnieren.

Mein Tipp

*Zu dem geschnetzelten Schweinefilet passen auch bofrost*Original schwäbische Schupfnudeln als Beilage sehr gut.*

Geschmorte Kohlrouladen *mit Majoran*

Für 4 Personen | Zubereitungszeit: 10 Minuten | Garzeit: 45 Minuten | Aufwand: ☆

ZUTATEN

3 EL Öl
4 bofrost*Kohlrouladen, bratfertig
150 g bofrost*Bouillon-Gemüse
250 g stückige Tomaten (aus der Dose)
1/4 l Geflügelbrühe
1/2 geschälte Knoblauchzehe
1 Streifen unbehandelte Zitronenschale
1 Prise gemahlener Kümmel
1 Prise getrockneter Majoran
Salz
schwarzer Pfeffer aus der Mühle
Cayennepfeffer

1 Das Öl in einem Schmortopf bei mittlerer Hitze heiß werden lassen und die gefrorenen Kohlrouladen darin rundherum anbraten, die Rouladen herausnehmen und das Öl weitgehend aus dem Topf entfernen.

2 Das Bouillon-Gemüse in den Topf geben und darin glasig andünsten, die Tomaten hinzufügen und die Brühe dazugießen. Die Kohlrouladen wieder dazugeben, einen Deckel auf den Topf legen und die Rouladen etwa 40 Minuten weich schmoren lassen.

3 Den Knoblauch und die Zitronenschale hinzufügen und die Rouladen mit Kümmel und Majoran würzen. Knoblauch und Zitronenschale 5 Minuten ziehen lassen, anschließend wieder entfernen. Mit Salz, Pfeffer und 1 Prise Cayennepfeffer abschmecken.

4 Die geschmorten Kohlrouladen mit dem Bouillon-Gemüse auf vorgewärmten Tellern anrichten.

Mein Tipp *Dazu passen als Beilage sowohl bofrost*Bratkartoffeln, Kartoffelpüree oder Salzkartoffeln als auch Reis.*

Kalbfleischrouladen *mit Gemüse*

FÜR 4 PERSONEN | ZUBEREITUNGSZEIT: 45 MINUTEN | GARZEIT: 1 STUNDE | AUFWAND: ☆☆☆

ZUTATEN

4 dünne Scheiben Kalbfleisch aus der Keule (à 120–130 g)
4 Scheiben Frühstücksspeck
Salz · Pfeffer aus der Mühle
2 EL scharfer Senf
150 g bofrost*Julienne Gemüse-Mix
70 g Knollensellerie · 2–3 EL Öl
100 g bofrost*Zwiebelwürfel
40 g bofrost*Möhren, gewürfelt
1 TL Puderzucker · 1 EL Tomatenmark · Mehl · 150 ml Rotwein
375 ml Geflügelbrühe
1 Lorbeerblatt · 1 TL Speisestärke
1 geschälte, halbierte Knoblauchzehe · 1 Scheibe Ingwer
1 dünner Streifen unbehandelte Zitronenschale
1 Thymianzweig · 20 g kalte Butter

1 Das Fleisch zwischen zwei Lagen geölter Frischhaltefolie leicht flach klopfen. Den Speck der Länge nach auf das Fleisch legen, mit Salz und Pfeffer würzen, mit Senf bestreichen. Das gefrorene Gemüse auf das untere Drittel verteilen, die Längsseiten einschlagen, das Fleisch längs einrollen und mit Rouladennadeln feststecken. Den Sellerie schälen und in 1/2 cm große Würfel schneiden.

2 Das Öl in einer Pfanne bei schwacher Hitze heiß werden lassen, die Rouladen darin anbraten und herausnehmen. Sellerie, gefrorene Zwiebeln und Möhren mit Puderzucker dazugeben und glasig anschwitzen. Tomatenmark unterrühren und anschwitzen. 1 Prise Mehl hineinrühren, ein Drittel des Rotweins dazugießen und sämig einkochen lassen. Restlichen Rotwein in 2 Portionen dazugeben, einkochen lassen. Die Brühe dazugießen, die Rouladen hinzufügen, zugedeckt 1 Stunde schmoren. Nach 45 Minuten Lorbeer dazugeben.

3 Die Rouladen herausnehmen, die Nadeln entfernen und die Soße etwas einkochen lassen. Die mit ein wenig kaltem Wasser verrührte Speisestärke dazugeben und 2 Minuten köcheln lassen. Die Rouladen wieder hinzufügen. Knoblauch, Ingwer, Zitrone und Thymian dazugeben. Gewürze 5 Minuten ziehen lassen, entfernen, die Butter unterrühren. Die Rouladen auf vorgewärmten Tellern anrichten.

Lammrücken-Medaillons
mit Olivenpolenta

Für 4 Personen | Zubereitungszeit: 25 Minuten | Garzeit: 40 Minuten | Aufwand: ☆☆

ZUTATEN

Für die Lammrücken-Medaillons:

8 bofrost*Lammrücken-Medaillons, mariniert
1–2 EL Pflanzenöl

Für die Olivenpolenta:

80 g entsteinte schwarze Oliven
je 300 ml Geflügelbrühe und Milch
1 kleines Lorbeerblatt
80 g Instant-Polentamehl
3 EL braune Butter (siehe Seite 10)
2 EL geriebener Parmesan
Salz
geriebene Muskatnuss
2 EL Butter
1/2 geschälte Knoblauchzehe
1 EL bofrost*Kräuterprofi »Kräutermischung«
schwarzer Pfeffer aus der Mühle

1 Für die Lammrücken-Medaillons das Lammfleisch über Nacht im Kühlschrank in der Folie auftauen lassen.

2 Am nächsten Tag den Backofen auf 100 °C vorheizen, ein Ofengitter auf die mittlere Schiene schieben und ein Abtropfblech darunter stellen.

3 Das Öl bei schwacher Hitze in einer Pfanne heiß werden lassen und die Lammfilets rundherum darin anbraten. Auf das Ofengitter legen und etwa 40 Minuten darin rosa durchziehen lassen.

4 Für die Olivenpolenta die Oliven vierteln. Die Geflügelbrühe mit der Milch und dem Lorbeerblatt in einem Topf aufkochen. Das Polentamehl einrieseln lassen und unter ständigem Rühren 5 Minuten quellen lassen. Die Oliven mit der braunen Butter unterrühren, den Parmesan hineinrühren und die Polenta mit Salz und 1 Prise Muskatnuss würzen.

5 Die Butter in einer Pfanne bei schwacher Hitze zerlassen, den Knoblauch und die gefrorene Kräutermischung dazugeben, mit Salz und Pfeffer würzen und die Lammrücken-Medaillons darin wenden.

6 Die Knoblauchzehe wieder entfernen und das Lammfleisch auf vorgewärmte Teller verteilen, die Kräuterbutter darüber träufeln und die Olivenpolenta daneben anrichten.

Mein Tipp

Je nach Vorliebe kann in die Polenta noch zusätzlich 1/2 Bund klein geschnittene Rucolablätter gegeben werden.

Rinderschmorbraten
mit feiner Gemüsebeilage

FÜR 6–8 PERSONEN | VORBEREITUNGSZEIT: 30 MINUTEN | GARZEIT: 3 1/2 STUNDEN | AUFWAND: ☆☆☆

ZUTATEN

Für den Rinderbraten:
2 EL Öl
1,5 kg Rinderschulter
2 TL Puderzucker
40 ml Weinbrand
350 ml Rotwein
1 EL Tomatenmark
1 l Geflügelbrühe
150 g bofrost*Zwiebelwürfel
150 g bofrost*Bouillon-Gemüse
je 1/2 TL Pimentkörner
und schwarze Pfefferkörner
1 cm Zimtstange
5 Wacholderbeeren
1 Lorbeerblatt
1 EL Speisestärke
1 halbierte Knoblauchzehe
2 Scheiben Ingwer
je 1 Streifen unbehandelte
Zitronen- und Orangenschale
4 EL kalte Butter
Salz · Zucker · Cayennepfeffer

Für das Gemüse:
Salz
700 g bofrost*Feine Gemüsebeilage
1 geschälte halbierte
Knoblauchzehe
1 Scheibe Ingwer
50 ml Gemüsebrühe
schwarzer Pfeffer aus der Mühle
geriebene Muskatnuss
getrocknetes Bohnenkraut
1–2 EL Butter

1 Für den Rinderbraten das Öl bei mittlerer Hitze in einem Schmortopf heiß werden lassen und die Rinderschulter rundherum kurz darin anbraten und anschließend wieder herausnehmen.

2 Den Puderzucker in den Schmortopf stäuben und hell darin karamellisieren lassen. Den Weinbrand und ein Drittel des Rotweins hinzufügen, das Tomatenmark unterrühren und sämig einkochen lassen. Den restlichen Rotwein in 2 Portionen nach und nach hinzufügen, jeweils einkochen lassen und danach die Brühe dazugießen. Anschließend das angebratene Fleisch wieder dazugeben, die gefrorenen Zwiebelwürfel hinzufügen und das Fleisch bei geschlossenem Deckel 3 1/2 Stunden bei schwacher Hitze schmoren lassen, bis es weich ist, dabei gelegentlich wenden. Nach 2 1/2 Stunden das gefrorene Bouillon-Gemüse dazugeben.

3 Etwa 20 Minuten vor Ende der Garzeit Piment-, Pfefferkörner, Zimtstange, angedrückte Wacholderbeeren und Lorbeer hinzufügen.

4 Das Fleisch aus der Schmorsoße nehmen und die Soße durch ein Sieb gießen, dabei das Gemüse etwas ausdrücken. Die Soße um etwa die Hälfte einkochen lassen. Die Speisestärke mit etwas kaltem Wasser verrühren, unter die köchelnde Soße rühren und etwa 2 Minuten weiterköcheln lassen.

5 Den Knoblauch, den Ingwer, die Zitronen- und Orangenschale dazugeben, einige Minuten in der Soße ziehen lassen, wieder herausnehmen und die Butter unterrühren. Das Fleisch in Scheiben schneiden, wieder in die Soße geben und erhitzen, aber nicht kochen lassen.

6 Für das Gemüse Salzwasser in einem Topf erhitzen und die gefrorene Feine Gemüsebeilage etwa 5 Minuten darin bissfest kochen. Kalt abschrecken und auf einem Sieb abtropfen lassen.

7 Das Gemüse kurz vor dem Servieren mit Knoblauch und Ingwer in der Gemüsebrühe erhitzen, mit Salz, Pfeffer und je 1 Prise Muskatnuss und Bohnenkraut abschmecken. Zum Schluss Knoblauch und Ingwer wieder entfernen und die Butter hinzufügen.

8 Die Fleischscheiben auf vorgewärmte Teller verteilen, mit der Soße überziehen und das Gemüse daneben anrichten. Dazu passen am besten bofrost*Semmelknödel oder bofrost*Original schwäbische Eierspätzle.

Party & Gut vorzubereiten

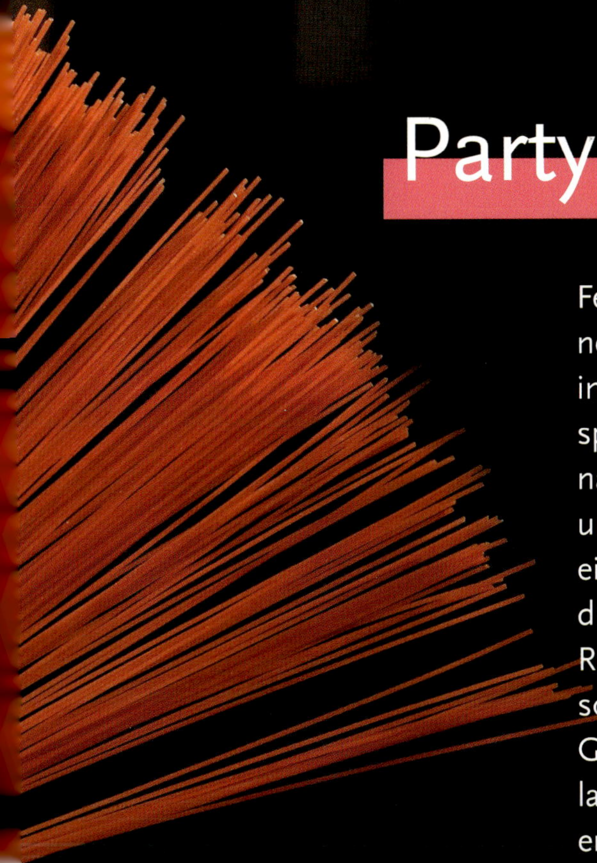

Feste soll man feiern, wie sie fallen. Laden Sie mal wieder nette Gäste ein. Denn Anlässe dazu gibt es ja eigentlich immer. Ob Geburtstag, Sommerfest, Brunch oder ganz spontan – was ist schöner, als mit lieben Menschen kulinarische Genüsse zu teilen und dabei eine vergnügliche und interessante Zeit zu verbringen? Das A und O für eine gelungene Feier ist natürlich eine gute Planung und die entsprechende Vorbereitung. Mit der richtigen Rezeptauswahl, den passenden Getränkeempfehlungen sowie Tipps zur Tischdekoration haben Sie alles gut im Griff und können stressfrei Schritt für Schritt Ihre Einladung vorbereiten. Und sich bei der nächsten Party ganz entspannt Ihren Gästen widmen und gelassen mitfeiern. Worauf warten Sie also noch?

Blätterteigpastete
mit Fleisch-Gemüse-Füllung

Für 10 Personen | Vorbereitungszeit: 40 Minuten | Garzeit: 40 Minuten | Aufwand: ☆☆☆

ZUTATEN

Für die Füllung:

500 g bofrost*Schweinefilet-Medaillons, mariniert
4 EL Öl
100 g bofrost*Feinschmecker-Pilzmischung
350 g Bratwurstbrät vom Metzger (ersatzweise Kalbsbrät)
80 g kalte Sahne
1 EL scharfer Senf
250 g Schweinehackfleisch
80 g bofrost*Möhren, gewürfelt
1 EL bofrost*Kräuterprofi »Petersilie«
Salz · Pfeffer aus der Mühle
frisch geriebene Muskatnuss
gemahlener Piment
Cayennepfeffer
1 TL abgeriebene unbehandelte Zitronenschale

Für die Pastete:

2 Platten bofrost*Blätterteig
1 Eigelb · 2 EL Sahne

1 Für die Füllung die Schweinefilet-Medaillons über Nacht im Kühlschrank in der Folie auftauen lassen. Für die Pastete am nächsten Tag den Blätterteig 30 Minuten bei Zimmertemperatur auftauen lassen.

2 2 bis 3 EL Öl in einer Pfanne bei mittlerer Hitze heiß werden lassen und die Schweinefilets darin rundherum anbraten, herausnehmen und auf Küchenpapier abtropfen lassen. Die Pfanne mit Küchenpapier austupfen. Das restliche Öl in die Pfanne geben und die gefrorenen Pilze darin 3 Minuten braten, abkühlen lassen und klein hacken.

3 Das Brät mit der Sahne, dem Senf und dem Hackfleisch in einer Schüssel verrühren. Die Pilze, die gefrorenen Möhren und die gefrorene Petersilie unterrühren. Die Masse mit Salz, Pfeffer, je 1 Prise Muskatnuss, Piment und Cayennepfeffer sowie Zitronenschale würzen.

4 Den Backofen auf 220 °C vorheizen. Für die Pastete den aufgetauten Blätterteig übereinander legen und mit etwas Mehl auf ca. 35 x 40 cm ausrollen oder zwischen 2 Blättern bofrost*Dauer-Backfolie ausrollen. Ein Viertel bis ein Drittel der Brätmasse entlang der Mitte etwa 7 cm breit darauf verteilen. Die Schweinefilet-Medaillons dicht nebeneinander darauf legen, mit der übrigen Brätmasse bestreichen.

5 Das Eigelb mit der Sahne verquirlen und die Teigränder damit bestreichen. Den Teig über der Füllung zusammenschlagen, auf die Nahtseite drehen und die Enden etwas andrücken. Die Pastete auf ein mit bofrost*Dauer-Backfolie oder Backpapier belegtes Backblech setzen und die Oberfläche mit dem restlichen Ei-Sahne-Gemisch bestreichen. Wird die Pastete erst am nächsten Tag weiterverarbeitet, über Nacht in den Kühlschrank stellen und dabei nicht zudecken.

6 Die Pastete im Ofen etwa 40 bis 50 Minuten goldbraun backen. Danach abkühlen lassen und bis zum Gebrauch beiseite stellen. Mit einem scharfen Messer in Scheiben schneiden und auf einer Platte anrichten.

Mein Tipp

Die Pastete kann warm, lauwarm oder kalt serviert werden. Wer, um den Geschmack zu testen, die rohe Fleischmasse nicht probieren möchte, kann ein Nockerl der Masse in Salzwasser unter dem Siedepunkt ein paar Minuten durchziehen lassen und dann probieren.

Antipasti *mit Broccoli und Spargel*

FÜR 10 PERSONEN | ZUBEREITUNGSZEIT: 20 MINUTEN | AUFWAND: ⁂

ZUTATEN

400 g bofrost*Broccoli-Röschen
Salz
500 g bofrost*Weißer Stangenspargel
300 g bofrost*Pariser Karotten
300 g Cocktailtomaten
Pfeffer aus der Mühle
Cayennepfeffer
2 Knoblauchzehen
2 Scheiben Ingwer
3 Thymianzweige
1/4 l mildes Olivenöl

1 Den gefrorenen Broccoli in Salzwasser etwa 5 Minuten bissfest garen, kalt abschrecken, auf einem Sieb abtropfen lassen und die Röschen halbieren.

2 Die gefrorenen Spargelstangen in Salzwasser etwa 8 Minuten bissfest garen, kalt abschrecken, auf einem Sieb abtropfen lassen und in 3 bis 4 cm lange Stücke schneiden.

3 Die gefrorenen Pariser Karotten 4 Minuten in Salzwasser kochen, kalt abschrecken und auf einem Sieb abtropfen lassen. Die Cocktailtomaten waschen, quer halbieren und mit allen anderen Gemüsesorten in eine Auflaufform geben.

4 Das Gemüse mit Salz, Pfeffer und 1 Prise Cayennepfeffer kräftig würzen. Den Knoblauch schälen, in Scheiben schneiden und mit Ingwer und Thymian zum Gemüse geben. Das Öl hinzufügen und das Gemüse zugedeckt bis zum Gebrauch kalt stellen.

5 Etwa 2 Stunden vor dem Servieren das Gemüse aus dem Kühlschrank nehmen und, falls nötig, noch mit etwas Salz und Pfeffer nachwürzen. Das Gemüse in der Auflaufform servieren oder in ein Sieb geben, das Öl abtropfen lassen und mit Fisch, Fleisch oder Geflügel auf Tellern anrichten.

Panierte Hähnchenbrust *auf Kartoffelsalat*

FÜR 8–10 PERSONEN | ZUBEREITUNGSZEIT: 25 MINUTEN | GARZEIT: 45–50 MINUTEN | AUFWAND: *

ZUTATEN

Für den Kartoffelsalat:

2 kg vorwiegend fest kochende, kleine Kartoffeln
Salz · 1/2 EL ganzer Kümmel
300 g Brunnenkresse
4 EL Öl
200 g bofrost*Zwiebelwürfel
800 ml Geflügelbrühe
6 EL Weinessig
2 EL scharfer Senf
4 EL braune Butter (siehe Seite 10)
Pfeffer aus der Mühle · Zucker
1 Bund Radieschen

Für die Hähnchenbrust:

10 bofrost*Hähnchen-Brustfilets, paniert
Fett zum Frittieren · Zitronensaft

1 Für den Kartoffelsalat die Kartoffeln waschen und in Salzwasser mit dem Kümmel weich kochen. Das Wasser abgießen, die Kartoffeln möglichst heiß schälen, in dünne Scheiben schneiden und in eine Schüssel geben. Die Brunnenkresse waschen und die Blätter von den Stielen zupfen.

2 In einer Pfanne 1 EL Öl bei milder Hitze heiß werden lassen und die gefrorenen Zwiebeln darin glasig andünsten, die Pfanne vom Herd nehmen, die Brühe hinzufügen, Essig und Senf unterrühren und unter die Kartoffeln mischen. Die braune Butter mit dem restlichen Öl hinzufügen und mit Salz, Pfeffer und 1 Prise Zucker würzen. Die Radieschen putzen, waschen und in Scheiben hobeln. Radieschen und Brunnenkresse unter den Kartoffelsalat mischen.

3 Für die Hähnchen-Brustfilets das Frittierfett auf 170 °C erhitzen und das Fleisch etwa 8 Minuten darin goldbraun frittieren. Auf Küchenpapier abtropfen lassen und mit ein paar Tropfen Zitronensaft beträufeln.

4 Den Kartoffelsalat auf vorgewärmte Teller verteilen, die Hähnchen-Brustfilets schräg in Scheiben schneiden und daneben anrichten.

Mein Tipp *Der Kartoffelsalat kann auch mit Gurken, Speck und bofrost*Kräuterprofi »Schnittlauch« oder gebratenen Pfifferlingen variiert werden.*

Ofenkartoffeln
mit dreierlei Dips

Für 10 Personen | Zubereitungszeit: 60–70 Minuten | Aufwand: ☆

ZUTATEN

Für die Kartoffeln:
10 sehr große Kartoffeln (à 200 g)
3 EL grobes Meersalz
1 EL ganzer Kümmel

Für den Krabbendip:
150 g bofrost*Luxuskrabben
250 g Ricotta · 2 EL Sahne
2 EL Ketchup · 1 TL Weinbrand
1 TL Sahnemeerrettich
1 Msp. abgeriebene unbehandelte Orangenschale · 1 EL Orangensaft
1 Zucchino (ca. 120 g)
Salz · Cayennepfeffer

Für den Schnittlauchquark:
75 g durchwachsener Speck
1 EL Öl
350 g Magerquark · 7 EL Sahne
1–2 TL scharfer Senf
3 EL bofrost*Kräuterprofi »Schnittlauch«
Zitronensaft · Salz
Zucker · Cayennepfeffer

Für den Käsedip:
200 g bofrost*Paprikastreifen
1/2 Aubergine
2–3 EL Olivenöl
100 g bofrost*Zwiebelwürfel
1 geschälte halbierte Knoblauchzehe · 2 Thymianzweige
Salz · Pfeffer aus der Mühle
100 g Frühstücksspeck · 1 EL Öl
200 g Camembert
2 EL Quark
250 g Crème fraîche · 50 ml Milch
1 EL bofrost*Kräuterprofi »Schnittlauch« · Cayennepfeffer
gemahlener Kümmel

1 Für die Kartoffeln den Backofen auf 200 °C vorheizen. Die Kartoffeln waschen, trockentupfen und jeweils mit etwas Meersalz und Kümmel in Alufolie wickeln. Die Kartoffeln auf ein Backblech verteilen und auf der mittleren Schiene im Backofen 60 bis 70 Minuten garen.

2 Für den Krabbendip die Luxuskrabben bei Zimmertemperatur auftauen lassen, waschen und trockentupfen. Den Ricotta mit Sahne, Ketchup, Weinbrand, Meerrettich, Orangenschale und Orangensaft in einer Schüssel verrühren. Den Zucchino putzen, waschen und in 1/2 cm große Würfel schneiden. Zucchini und Krabben unter die Ricottamischung rühren und mit Salz und 1 Prise Cayennepfeffer herzhaft würzen. Bis zum Servieren zugedeckt im Kühlschrank kalt stellen.

3 Für den Schnittlauchquark den Speck in kleine Würfel schneiden. Das Öl in einer Pfanne heiß werden lassen und den Speck darin kross anbraten. Herausnehmen und auf einem Sieb abtropfen lassen.

4 Den Quark mit Sahne und Senf glatt rühren, gefrorenen Schnittlauch und den Speck unterrühren und mit einigen Tropfen Zitronensaft, Salz und je 1 Prise Zucker und Cayennepfeffer würzen. Den Quark bis zum Servieren zugedeckt kalt stellen.

5 Für den Käsedip die Paprikastreifen 15 Minuten bei Zimmertemperatur auftauen lassen, dann in Würfel schneiden. Die Aubergine putzen, waschen und in 1/2 cm große Würfel schneiden.

6 Das Öl in einer Pfanne bei milder Hitze heiß werden lassen, die Auberginen-, die Paprikawürfel und die gefrorenen Zwiebeln mit dem Knoblauch und dem Thymian darin andünsten. Die Gewürze anschließend wieder entfernen, mit Salz und Pfeffer würzen und abkühlen lassen.

7 Den Speck in kleine Würfel schneiden. Das Öl in einer Pfanne bei mittlerer Hitze heiß werden lassen und den Speck darin kross anbraten, herausnehmen und auf einem Sieb abtropfen lassen. Den Käse in kleine Würfel schneiden oder zerdrücken.

8 Den Quark, die Crème fraîche und die Milch in einer Schüssel glatt rühren. Die Gemüsewürfel, den Käse, den Speck und den gefrorenen Schnittlauch dazugeben, gut vermischen und mit Salz, Pfeffer und je 1 Prise Cayennepfeffer und Kümmel würzen.

9 Die Kartoffeln auf einer Platte anrichten und die verschiedenen Dips jeweils in einer kleinen Schüssel separat dazu servieren.

Geflügelsalat *mit Leipziger Allerlei*

FÜR 10 PERSONEN | ZUBEREITUNGSZEIT: 30 MINUTEN | AUFWAND: *

ZUTATEN

1,5 kg bofrost*Hähnchen-Brustfiletstücke
4 EL Öl
500 g bofrost*Leipziger Allerlei
Salz
1/4 l Gemüsebrühe
4 EL Rotweinessig
1–2 EL scharfer Senf
7 EL mildes Olivenöl
Pfeffer aus der Mühle
Zucker
1–2 EL bofrost*Kräuterprofi »Petersilie«
Petersilienblättchen zum Garnieren

1 Die Hähnchen-Brustfiletstücke zugedeckt über Nacht im Kühlschrank auftauen lassen. Am nächsten Tag waschen und trockentupfen.

2 Das Öl bei milder Hitze in einer großen Pfanne heiß werden lassen und die Hähnchen-Brustfiletstücke nacheinander 3 bis 4 Minuten darin leicht anbraten, dann aus der Pfanne nehmen.

3 Das gefrorene Leipziger Allerlei 5 Minuten in Salzwasser kochen, kalt abschrecken und auf einem Sieb abtropfen lassen.

4 Die Brühe mit Essig, Senf und Öl in einer Schüssel zu einer Marinade anrühren und mit Salz, Pfeffer und 1 Prise Zucker würzen.

5 Die Hähnchenbruststücke mit dem Gemüse und der Marinade vermischen und mit Salz und Pfeffer nochmals würzen. Bis zum Servieren zugedeckt im Kühlschrank kalt stellen.

6 Etwa 2 Stunden vor dem Servieren den Salat aus dem Kühlschrank nehmen. Die gefrorene Petersilie hinzufügen und nach Bedarf nachwürzen. In einer großen Schüssel anrichten und mit Petersilienblättchen garnieren.

Mein Tipp *Wer den Salat lieber etwas cremiger möchte, kann zusätzlich noch 2 bis 3 EL Crème fraîche unter die Marinade rühren.*

Nudelauflauf *mit Würstchen*

FÜR 8 PERSONEN | VORBEREITUNGSZEIT: 1 STUNDE | GARZEIT: 35 MINUTEN | AUFWAND: *

ZUTATEN

8 bofrost*Mini-Krakauer
700 g bofrost*Broccoli
500 g Makkaroni
Salz
1/2 l Geflügelbrühe
100 g Sahne
Pfeffer aus der Mühle
frisch geriebene Muskatnuss
Cayennepfeffer
Butter für die Form
500 g grob geriebener Taleggio (ersatzweise anderer gut schmelzender Käse)

1 Die Mini-Krakauer 1 Stunde zugedeckt bei Zimmertemperatur auftauen lassen, dann in Scheiben schneiden. Den gefrorenen Broccoli in Salzwasser 5 Minuten kochen, kalt abschrecken und auf einem Sieb abtropfen lassen.

2 Die Makkaroni in kräftig gesalzenem Wasser bissfest kochen, in ein Sieb abgießen und gut abtropfen lassen. Den Backofen auf 180 °C vorheizen.

3 Etwa ein Viertel des Broccolis etwas zerkleinern und beiseite stellen. Den restlichen Broccoli mit der Brühe und der Sahne mit dem Stabmixer pürieren und mit Salz, Pfeffer und je 1 Prise Muskatnuss und Cayennepfeffer abschmecken. Die Broccolisoße mit den Broccoliröschen vermischen.

4 Eine große Auflaufform mit Butter einfetten. Ein Drittel der Makkaroni darin verteilen. Die Hälfte der Soße mit der Hälfte der Wurst und des Käses darauf verteilen. Ein weiteres Drittel Nudeln, die restliche Soße und die restliche Wurst darauf verteilen, mit den restlichen Nudeln abschließen. Restlichen Käse darauf streuen. (Wird der Auflauf erst später gegart, so lange zugedeckt in den Kühlschrank stellen.) Den Auflauf im Ofen auf der mittleren Schiene etwa 35 Minuten goldbraun backen. In 8 Portionen teilen und auf vorgewärmten Tellern anrichten.

Kräuterlasagne
mit Béchamelspinat

FÜR 8–10 PERSONEN | VORBEREITUNGSZEIT: 40 MINUTEN | GARZEIT: 1 STUNDE | AUFWAND: ⁎⁎

ZUTATEN

Für den Béchamelspinat:

500 g bofrost*Junger Spinat, gehackt
180 ml Geflügelbrühe
Salz · Pfeffer aus der Mühle
frisch geriebene Muskatnuss
100 g Butter
100 g Mehl
800 ml kalte Geflügelbrühe
800 ml kalte Milch
1/2 Zwiebel
1 Lorbeerblatt
2 Gewürznelken
Cayennepfeffer
frisch geriebene Muskatnuss

Für die Kräuterlasagne:

Butter für die Form
12 Lasagneblätter
3 Dosen bofrost*Kräuterprofi »Kräutermischung« (à 45 g)
12 dünne Scheiben gekochter Schinken (ca. 250 g)
150 g geriebener Emmentaler

1 Für den Béchamelspinat den Spinat über Nacht im Kühlschrank zugedeckt auftauen lassen. Am nächsten Tag mit den Händen das überschüssige Wasser aus dem Spinat drücken und etwas auflockern. Mit der Brühe vermischen, mit Salz, Pfeffer und 1 Prise Muskatnuss würzen und zugedeckt kalt stellen.

2 In einem Topf die Butter zerlassen, das Mehl darin einige Minuten anschwitzen und die kalte Brühe mit der Milch unter Rühren hinzufügen.

3 Die Zwiebel schälen, mit dem Lorbeerblatt belegen und mit 2 Gewürznelken feststecken. Die gespickte Zwiebel in den Topf legen und die Soße unter Rühren langsam zum Kochen bringen. 20 Minuten kaum merklich köcheln lassen. Die Zwiebel wieder entfernen und die Soße mit Salz und je 1 Prise Cayennepfeffer und Muskatnuss würzen. Wird die Lasagne erst später gegart, die Soße abkühlen lassen und zugedeckt kalt stellen.

4 Den Backofen auf 180 °C vorheizen. Eine Auflaufform mit Butter einfetten und 3 Lasagneblätter in die Form legen. Ein Viertel der Soße und ein Drittel des Spinats darauf verteilen, 1 Dose gefrorene Kräutermischung darüber streuen und mit 4 Schinkenscheiben belegen (oder mit Schinkenwürfeln bestreuen). Darauf 3 Lasagneblätter legen, erneut ein Viertel der Soße und je ein Drittel Spinat und gefrorene Kräutermischung sowie 4 Schinkenscheiben darauf verteilen. Anschließend mit 3 Lasagneblättern belegen. Zum Schluss eine weitere Schicht mit Soße, Spinat, gefrorenen Kräutern, Schinkenscheiben und Lasagneblättern in gleicher Weise auflegen, die restliche Soße darauf streichen und mit dem Käse bestreuen.

5 Die Kräuterlasagne auf der mittleren Schiene im Ofen 50 bis 60 Minuten backen. Aus dem Ofen nehmen, in 8 bis 10 Portionen teilen und auf vorgewärmten Tellern anrichten.

Mein Tipp

Die Lasagne kann je nach Zeiteinteilung bis zu 2 Stunden vorher eingeschichtet werden. Dazu passt bunter Blattsalat. Für eine vegetarische Lasagne wird die Geflügelbrühe durch Gemüsebrühe ersetzt und die Schinkenscheiben werden weggelassen.

Zwiebelkuchen *mit Schinken*

FÜR 8 PERSONEN | VORBEREITUNGSZEIT: 30 MINUTEN | GARZEIT: 50 MINUTEN | AUFWAND: ☆☆

ZUTATEN

2 Platten bofrost*Blätterteig
220 g gekochter Hinterschinken
1–2 TL Puderzucker
30 g Butter
1 kg bofrost*Zwiebelwürfel
Salz · Pfeffer aus der Mühle
gemahlener Kümmel
gehackter Thymian
100 g Crème fraîche
200 g Sauerrahm
3 Eier
Cayennepfeffer
frisch geriebene Muskatnuss
Mehl zum Bestäuben
Butter für das Blech

1 Die Blätterteigplatten 30 Minuten bei Zimmertemperatur auftauen lassen. Den Schinken in kleine Würfel schneiden. Den Puderzucker in eine große Pfanne stäuben und bei milder Hitze hell karamellisieren lassen. Die Butter und die gefrorenen Zwiebeln hinzufügen und glasig darin andünsten. Mit Salz, Pfeffer und je 1 Prise Kümmel und Thymian kräftig würzen. Die Pfanne vom Herd nehmen, die Schinkenwürfel hinzufügen und abkühlen lassen.

2 Die Crème fraîche und den Sauerrahm mit den Eiern in einer Schüssel verrühren und mit Salz und je 1 Prise Cayennepfeffer und Muskatnuss würzen. Mit der Zwiebel-Schinken-Mischung vermischen und bis zum Gebrauch zugedeckt kalt stellen. Den Backofen auf 200 °C vorheizen.

3 Die aufgetauten Blätterteigplatten übereinander legen und auf einer bemehlten Arbeitsfläche oder zwischen 2 bofrost*Dauer-Backfolien etwas größer als das Backblech ausrollen. Ein Backblech mit Butter einfetten und mit dem Teig belegen. Den Blätterteig mit einer Gabel mehrmals einstechen und im Ofen 10 Minuten backen.

4 Den Belag gleichmäßig auf dem Teig verteilen und im Ofen 35 bis 40 Minuten auf der untersten Schiene backen, danach lauwarm abkühlen lassen. Den Zwiebelkuchen in 16 Stücke teilen und auf vorgewärmten Tellern oder einer Platte anrichten.

Porreekuchen *mit Edelpilzkäse*

FÜR 8 PERSONEN | VORBEREITUNGSZEIT: 40 MINUTEN | GARZEIT: 50 MINUTEN | AUFWAND: ⁎⁎

ZUTATEN

2 Platten bofrost*Blätterteig
500 g bofrost*Porree
1–2 EL Olivenöl
300 g bofrost*Zwiebelwürfel
Salz · Pfeffer aus der Mühle
gemahlener Kümmel
1 reife, feste Birne
300 g halbfester würziger Rotschmierkäse (z. B. Romadur)
120 g Edelpilzkäse
1/4 l Milch · 250 g Sahne
5 Eier
frisch geriebene Muskatnuss
Mehl zum Bestäuben
Butter für das Blech

1 Den Blätterteig 30 Minuten bei Zimmertemperatur auftauen lassen. Den Porree 20 Minuten bei Zimmertemperatur auftauen lassen.

2 Das Öl bei milder Hitze in einer großen Pfanne heiß werden lassen, die gefrorenen Zwiebelwürfel und den Porree glasig darin andünsten. Mit Salz, Pfeffer und 1 Prise Kümmel würzen, abkühlen lassen. Die Birne schälen, entkernen und in kleine Würfel schneiden. Den Käse in Würfel schneiden und den Edelpilzkäse zerbröckeln. Die Milch und die Sahne mit den Eiern verquirlen. Mit Salz, Pfeffer und 1 Prise Muskatnuss würzen und mit allen anderen Zutaten vermischen. Zugedeckt bis zum Gebrauch kalt stellen.

3 Den Backofen auf 200 °C vorheizen. Die Blätterteigplatten übereinander legen und mit wenig Mehl oder zwischen 2 bofrost*Dauer-Backfolien etwas größer als das Backblech ausrollen. Ein Blech mit Butter einfetten, mit dem Teig belegen, mit einer Gabel einstechen und im Ofen 10 Minuten backen.

4 Den vorbereiteten Belag gleichmäßig auf dem Teig verteilen, im Backofen 35 bis 40 Minuten auf der untersten Schiene backen, danach lauwarm abkühlen lassen. In Stücke teilen und auf kleinen Tellern anrichten.

Chili con carne
mit Mais und Kartoffeln

FÜR 8–10 PERSONEN | ZUBEREITUNGSZEIT: 30 MINUTEN | GARZEIT: 1 STUNDE | AUFWAND: ★★

ZUTATEN

6 EL Olivenöl
300 g bofrost*Zwiebelwürfel
1,2 kg grobes Rinderhackfleisch
2–3 EL Tomatenmark
2–3 EL Tomatenketchup
1,7 l Geflügelbrühe
600 g Kartoffeln
2 Lorbeerblätter
2 Knoblauchzehen
2 Scheiben geschälter Ingwer
1/2 TL Cayennepfeffer
1 TL Kreuzkümmel
1 TL Koriander
2 TL abgeriebene unbehandelte Zitronenschale
400 g Kidneybohnen (aus der Dose)
400 g Tomatenstücke (aus dem Tetrapak)
400 g bofrost*Mais
Salz
3 EL bofrost*Kräuterprofi »Petersilie«

1 In einem breiten großen Topf bei mittlerer Hitze 2 EL Öl heiß werden lassen, die gefrorenen Zwiebeln darin glasig andünsten. Das Rinderhackfleisch dazugeben, anbraten und dabei gelegentlich umrühren. Das Tomatenmark und den Ketchup unterrühren, mit anschwitzen lassen und so viel Brühe dazugießen, dass das Fleisch gut bedeckt ist. Das Ganze bei milder Hitze 1 bis 1 1/4 Stunden sanft köcheln lassen.

2 Die Kartoffeln schälen, in 1 cm große Würfel schneiden und nach 30 Minuten Garzeit mit den Lorbeerblättern zum Fleisch geben. Am Ende der Garzeit die Lorbeerblätter wieder entfernen, den Eintopf abkühlen lassen und zugedeckt bis zum Servieren im Kühlschrank aufbewahren.

3 Den Knoblauch schälen und in Scheiben schneiden. Knoblauch mit Ingwer, Cayennepfeffer, Kreuzkümmel, Koriander, Zitronenschale und dem restlichen Öl in einem Mörser zu einer Paste verarbeiten. In ein kleines Schälchen füllen und zugedeckt bis zum Servieren kalt stellen.

4 Die Bohnen in ein Sieb geben, waschen und abtropfen lassen, mit den Tomatenstücken und dem gefrorenen Mais vermischen und zugedeckt bis zum Servieren kalt stellen.

5 Den Eintopf erhitzen, dabei, falls nötig, noch etwas Brühe hinzufügen, die Bohnen-Tomaten-Mais-Mischung dazugeben, die Gewürzpaste unterrühren und 5 Minuten knapp unter dem Siedepunkt ziehen lassen. Mit Salz und und nach Bedarf mit Cayennepfeffer nachwürzen.

6 Chili con carne in vorgewärmten Suppentellern oder Suppenschüsseln anrichten und mit gefrorener Petersilie bestreuen.

Mein Tipp

*Wer möchte, kann beim Anrichten noch je 1 EL Sauerrahm auf das Chili geben. Dazu passen knusprig gebackene bofrost*Baguettebrötchen.*

Szegediner Gulasch *mit Sauerkraut*

FÜR 10 PERSONEN | VORBEREITUNGSZEIT: 15 MINUTEN | GARZEIT: 2 STUNDEN | AUFWAND: **

ZUTATEN

2 kg Fleisch von der Schweineschulter, ohne Schwarte
3–4 EL Öl
1 kg bofrost*Zwiebelwürfel
2 EL Tomatenmark
1 TL Mehl
1,6 l Geflügelbrühe
1 EL edelsüßes Paprikapulver
3 Knoblauchzehen
je 2 TL gemahlener Kümmel und Majoran
2 TL abgeriebene unbehandelte Zitronenschale
800 g fertiges Weinsauerkraut
Salz · Cayennepfeffer
300 g Crème fraîche

1 Das Fleisch in 3 cm große Würfel schneiden. Das Öl in einem Topf bei milder Hitze heiß werden lassen und das Fleisch rundherum portionsweise anbraten und aus dem Topf nehmen. Die gefrorenen Zwiebeln dazugeben und im Bratensatz bei milder Hitze etwas andünsten. Das Tomatenmark unterrühren, das Mehl hineinstäuben und etwas Farbe annehmen lassen. Das Fleisch wieder hinzufügen und die Brühe dazugießen. Einen Deckel so auflegen, dass noch ein Spalt offen bleibt, und das Fleisch bei milder Hitze 2 Stunden weich schmoren, nicht kochen lassen. Nach 1 Stunde den Deckel abnehmen.

2 Das Paprikapulver mit wenig kaltem Wasser verrühren. Den Knoblauch schälen und klein hacken und mit Kümmel, Majoran und Zitronenschale vermischen.

3 Das fertige Sauerkraut unter das Gulasch rühren, erhitzen, Paprika und die Gewürzmischung hinzufügen. Mit Salz und 1 Prise Cayennepfeffer abschmecken. Das Gulasch auf vorgewärmten Tellern anrichten und mit der Crème fraîche beträufeln.

Mein Tipp *Wird das Gulasch vorbereitet, sollte man es bis zum Servieren zugedeckt kalt stellen. Dann unter Rühren bei milder Hitze heiß werden lassen.*

Balkan-Röllchen *mit Tomatenragout*

FÜR 10 PERSONEN | VORBEREITUNGSZEIT: 30 MINUTEN | GARZEIT: 40 MINUTEN | AUFWAND: **

ZUTATEN

je 6 rote und gelbe türkische Peperoni
3 EL Öl
400 g bofrost*Zwiebelwürfel
300 ml Geflügelbrühe
1,2 kg passierte Tomaten (aus der Dose)
9 EL mildes Olivenöl
1 große geschälte Knoblauchzehe, in Scheiben
1 Splitter Zimtrinde
1 Rosmarinzweig
Salz · Vanillezucker
1/2–3/4 TL Cayennepfeffer
2 kg bofrost*Balkan-Röllchen
Kräuterblättchen zum Garnieren

1 Für das Tomatenragout die Peperoni längs vierteln, waschen, entkernen, dabei auch die weißen Innenhäute entfernen und das Fruchtfleisch quer in 1 cm breite Stücke schneiden.

2 Das Öl in einem Topf bei milder Hitze heiß werden lassen und die gefrorenen Zwiebeln und Peperoni darin glasig andünsten, die Brühe dazugießen und 10 Minuten knapp unter dem Siedepunkt ziehen lassen.

3 Die Tomaten in einem Topf erhitzen, das Olivenöl mit dem Knoblauch unterrühren und zu den Peperoni geben. Zimt und Rosmarin hinzufügen, 5 Minuten darin ziehen lassen und wieder entfernen. Mit Salz, 1 Prise Vanillezucker und Cayennepfeffer bis zum gewünschten Schärfegrad würzen.

4 Die gefrorenen Balkan-Röllchen abwechselnd mit dem Tomatenragout in einer Auflaufform oder portionsweise in mehreren Formen schichten, abkühlen lassen und bis zum Gebrauch zugedeckt kalt stellen.

5 Den Backofen auf 150 °C vorheizen. Die Auflaufformen zugedeckt etwa 40 Minuten darin erhitzen. Aus dem Ofen nehmen und mit frischen Kräuterblättchen bestreuen.

Mein Tipp *Das Gericht kann auch mit geriebenem Emmentaler bestreut und ohne Deckel im Ofen gebacken werden.*

Schweinefilet
mit dreierlei Kräuterbutter

FÜR 8–10 PERSONEN | ZUBEREITUNGSZEIT: 50 MINUTEN | AUFWAND: *

ZUTATEN

Für das Schweinefilet:
20 bofrost*Schweinefilet-Medaillons, mariniert
2 EL Öl

Für die Kardamombutter:
200 g weiche Butter
1 TL gemahlener Kardamom
je 1/2 TL gehackter Knoblauch und gehackter Ingwer
1/2 TL abgeriebene unbehandelte Zitronenschale
1 Msp. Vanillemark
Salz · Cayennepfeffer

Für die Tomatenbutter:
100 g in Öl eingelegte Tomaten
120 g weiche Butter
1/2 klein gehackte Knoblauchzehe
1/2–1 TL getrockneter Oregano
2 EL Olivenöl
1 TL bofrost*Kräuterprofi »Petersilie«
Salz · Pfeffer aus der Mühle
Cayennepfeffer

Für die Kräuterbutter:
200 g weiche Butter
3 EL braune Butter (siehe Seite 10)
1 kleine gehackte Knoblauchzehe
5 EL bofrost*Kräuterprofi »Kräutermischung«
Salz · Pfeffer aus der Mühle
Cayennepfeffer

1 Für das Schweinefilet die Schweinefilet-Medaillons in der Folie über Nacht im Kühlschrank auftauen lassen. Am nächsten Tag in einer Pfanne bei mittlerer Hitze das Öl heiß werden lassen und das Fleisch rundherum kurz anbraten, abkühlen lassen und bis zum Gebrauch zugedeckt beiseite stellen.

2 Den Backofen auf 100 °C vorheizen, auf die mittlere Schiene ein Backofengitter schieben, ein Abtropfblech darunter stellen und mit einem Stück Alufolie belegen. Das vorgebratene Fleisch nebeneinander auf das Gitter legen und etwa 40 Minuten rosa durchziehen lassen.

3 Für die Kardamombutter die Butter mit Kardamom, Knoblauch, Ingwer, Zitronenschale und Vanillemark verrühren und mit Salz und 1 Prise Cayennepfeffer würzen. Mithilfe von Backpapier zu einer Rolle von etwa 3 cm Durchmesser formen und darin einwickeln. Mindestens 1 Stunde im Kühlschrank durchziehen lassen.

4 Für die Tomatenbutter die Tomaten abtropfen lassen und klein hacken. Die Butter mit den Tomaten, Knoblauch, Oregano, Öl und der gefrorenen Petersilie verrühren. Mit Salz, Pfeffer und 1 Prise Cayennepfeffer würzen. Mithilfe von Backpapier zu einer Rolle von etwa 3 cm Durchmesser formen und darin einwickeln. Mindestens 1 Stunde im Kühlschrank ziehen lassen.

5 Für die Kräuterbutter die Butter mit brauner Butter, Knoblauch und der gefrorenen Kräutermischung verrühren und mit Salz, Pfeffer und 1 Prise Cayennepfeffer würzen. Mithilfe von Backpapier zu einer Rolle von etwa 3 cm Durchmesser formen und darin einwickeln. Mindestens 1 Stunde im Kühlschrank durchziehen lassen. Nach Belieben noch 1/2 bis 1 TL Madrascurry unterrühren.

6 Die Medaillons unmittelbar vor dem Servieren mit Butterscheiben belegen oder die Kräuterbutter separat dazu reichen.

Mein Tipp

Die Kräuterbuttersorten können gut verpackt auch mehrere Wochen eingefroren werden.
Die Tomatenbutter können Sie variieren, indem Sie einen Teil der Tomaten durch klein geschnittene Salami ersetzen.

Schweinefilet
in Thunfischsoße

FÜR 10 PERSONEN | VORBEREITUNGSZEIT: 30 MINUTEN | ZUBEREITUNGSZEIT: 30 MINUTEN | AUFWAND: ☆☆

ZUTATEN

Für das Schweinefilet:

1 kg bofrost*Schweinefilet-Medaillons, mariniert
3 EL Öl · Salz
schwarzer Pfeffer aus der Mühle
1–2 EL eingelegte Kapern
15–20 in Öl eingelegte Sardellenfilets, längs halbiert
Petersilienblätter zum Garnieren

Für die Thunfischsoße:

300 g Thunfisch (in Öl eingelegt)
8 Sardellenfilets (in Öl eingelegt)
1/8 l Gemüsebrühe
Saft von 1 Zitrone
100 g Crème fraîche
1–2 EL eingelegte Kapern
150 ml Olivenöl
Salz · Pfeffer aus der Mühle
Cayennepfeffer · Zucker

1 Für das Schweinefilet die Schweinefilet-Medaillons in der Folie über Nacht im Kühlschrank auftauen lassen. Am nächsten Tag das Öl bei mittlerer Hitze heiß werden lassen. Die Schweinefilets darin rundherum anbraten.

2 Den Backofen auf 100 °C vorheizen, auf die mittlere Schiene ein Backofengitter schieben, ein Abtropfblech darunter stellen und mit einem Stück Alufolie belegen. Das vorgebratene Fleisch nebeneinander auf das Gitter legen und etwa 30 Minuten rosa durchziehen lassen, abkühlen lassen und bis zum Gebrauch im Kühlschrank zugedeckt aufbewahren.

3 Für die Thunfischsoße den Thunfisch und die Sardellen in einem Sieb abtropfen lassen. Sardellen, Brühe, Zitronensaft, Crème fraîche und Kapern in einem Mixer oder mit dem Stabmixer zu einer glatten Creme pürieren. Den Thunfisch unterrühren und nach und nach das Olivenöl untermixen. Die Thunfischsoße mit Salz, Pfeffer und je 1 Prise Cayennepfeffer und Zucker abschmecken.

4 Die Schweinefilet-Medaillons quer zur Faser in dünne Scheiben schneiden, flache Teller oder eine große Servierplatte damit auslegen und mit Salz und Pfeffer würzen. Mit der Thunfischsoße beträufeln, mit kleinen Kapern bestreuen, mit den Sardellenfilets belegen und mit der Petersilie garnieren.

Mein Tipp

Die Thunfischsoße hält sich 1 bis 2 Tage im Kühlschrank und kann auch gut als Dipsoße für Gemüsesticks verwendet werden.

Tandoori-Huhn
mit Paprikagemüse

Für 10 Personen | Vorbereitungszeit: 30 Minuten | Garzeit: 30 Minuten | Aufwand: **

ZUTATEN

Für das Huhn:
400 g Naturjoghurt
je 1 TL gehackter Knoblauch und gehackter Ingwer
Saft von $^{1}/_{2}$ Zitrone
5 EL Tandooripaste
2 EL Sonnenblumenöl
Salz
10 bofrost*Hähnchen-Brustfilets, naturbelassen

Für das Paprikagemüse:
2 weiße Zwiebeln · 2 Zucchini
2 EL Puderzucker
700 g bofrost*Paprikastreifen
2 ungeschälte Knoblauchzehen
4 Thymianzweige
Salz · Pfeffer aus der Mühle
100 ml Balsamico-Essig
100 ml Gemüsebrühe
180 ml mildes Olivenöl

1 Für das Huhn Joghurt, Knoblauch, Ingwer, Zitronensaft, Tandooripaste und Öl zu einer Marinade anrühren und mit Salz würzen. Die gefrorenen Hähnchen-Brustfilets damit einstreichen und über Nacht zugedeckt im Kühlschrank ziehen lassen.

2 Für das Paprikagemüse die Zwiebeln schälen und in Streifen schneiden, die Zucchini längs in Scheiben und anschließend in $^{1}/_{2}$ cm breite und 5 cm lange Streifen schneiden. Den Puderzucker in einem Topf bei milder Hitze hell karamellisieren lassen. Zwiebeln, Zucchini und gefrorene Paprika darin anschwitzen, Knoblauch und Thymian hinzufügen und mit Salz und Pfeffer würzen. Den Balsamico-Essig dazugießen, die Brühe und das Olivenöl hinzufügen und das Gemüse zugedeckt im Kühlschrank mehrere Stunden, am besten über Nacht, ziehen lassen.

3 Das Gemüse etwa 2 Stunden vor Gebrauch aus dem Kühlschrank nehmen. Den Backofen auf 180 °C vorheizen und ein Backblech mit Backpapier oder bofrost*Dauer-Backfolie belegen.

4 Die Hähnchen-Brustfilets aus der Marinade nehmen, die Marinade so weit abnehmen, dass noch eine dünne Schicht auf den Hähnchen bleibt. Nebeneinander auf das Backblech legen und etwa 30 Minuten im Ofen garen.

5 Thymian und Knoblauch aus dem Gemüse wieder entfernen, die Hähnchen-Brustfilets mit dem Paprikagemüse auf vorgewärmten Tellern oder einer Platte anrichten.

Mein Tipp

Das Paprikagemüse schmeckt am besten, wenn es zimmerwarm oder lauwarm serviert wird.

Hähnchenbrust *in Zitronenmarinade*

FÜR 10 PERSONEN | VORBEREITUNGSZEIT: 30 MINUTEN | GARZEIT: 30–40 MINUTEN | AUFWAND: *

ZUTATEN

10 bofrost*Hähnchen-Brustfilets, naturbelassen
3 EL Öl
1/4 l Geflügelbrühe
350 ml mildes Olivenöl
2 kleine unbehandelte Zitronen
4 Rosmarinzweige
1 TL Wacholderbeeren, leicht angedrückt
4 Scheiben Ingwer
3 geschälte und halbierte Knoblauchzehen
Cayennepfeffer
Salz · Pfeffer aus der Mühle
Minzeblätter zum Garnieren

1 Die Hähnchen-Brustfilets über Nacht zugedeckt im Kühlschrank auftauen lassen. Am nächsten Tag waschen und trockentupfen. Das Öl in 2 tiefen Pfannen bei milder Hitze heiß werden lassen und die Hähnchen-Brustfilets darin auf beiden Seiten 2 bis 3 Minuten anbraten. Die Brühe dazugießen und das Fleisch zugedeckt unter dem Siedepunkt etwa 10 Minuten ziehen lassen.

2 Das Olivenöl in einem Topf leicht erwärmen. Die Zitronen heiß waschen, die Schale mit einem Sparschäler abziehen. Die Zitronen halbieren und den Saft auspressen. Rosmarin waschen und trockenschütteln. Zitronensaft und -schale mit Wacholder, Ingwer, Knoblauch, 1 Prise Cayennepfeffer und Rosmarinzweigen unter das Olivenöl rühren.

3 Die Hähnchen-Brustfilets mit Salz und Pfeffer würzen, schräg in 3 Teile schneiden und nebeneinander in eine große Auflaufform legen. Mit der Olivenöl-Zitronen-Mischung übergießen und zugedeckt über Nacht im Kühlschrank ziehen lassen.

4 Am nächsten Tag den Backofen auf 80 °C vorheizen und die Hähnchen-Brustfilets in der Marinade zugedeckt 30 bis 40 Minuten im Ofen erwärmen. Mit frischer Minze garnieren und in der Auflaufform auf ein Büfett stellen oder aus dem Öl nehmen und mit Salat als Vorspeise anrichten.

Hähnchenschenkel *mit Honig-Ingwer-Kruste*

FÜR 10 PERSONEN | ZUBEREITUNGSZEIT: 5 MINUTEN | GARZEIT: 50 MINUTEN | AUFWAND: *

ZUTATEN

10 bofrost*Ganze Schenkel von Hähnchen
120 g Butter
2 geschälte halbierte Knoblauchzehen
2 Scheiben Ingwer
2 Rosmarinzweige
1 getrocknete Chilischote
1 EL Honig
Salz · Pfeffer aus der Mühle

1 Die Hähnchenschenkel über Nacht im Kühlschrank zugedeckt auftauen lassen. Am nächsten Tag waschen und trockentupfen.

2 Den Backofen auf 200 °C vorheizen.

3 Die Hähnchenschenkel auf ein mit bofrost*Dauer-Backfolie belegtes Backblech legen und im Ofen 50 Minuten braten.

4 Die Butter in einem Topf bei milder Hitze zerlassen. Knoblauch, Ingwer, Rosmarin und Chili hineingeben und den Honig unterrühren. Mit Salz und Pfeffer würzen und die Hähnchenschenkel mit der Marinade nach 30 Minuten bestreichen. Die restliche Butter nach und nach immer wieder auf die Keulen streichen. Die Gewürze dabei wieder entfernen. Die Hähnchenschenkel mit einem knackigen Blattsalat und einem Gläschen Weißwein servieren.

Lammspieße
mit Gurken-Dip

Für 20 Spieße | Vorbereitungszeit: 20 Minuten | Zubereitungszeit: 30 Minuten | Aufwand: ✲✲

ZUTATEN

Für die Spieße:

20 bofrost*Lammrücken-Medaillons, mariniert
je 2 rote und gelbe Paprikaschoten
2 weiße Zwiebeln
50 g entsteinte schwarze Oliven
3–4 EL Öl
50 g Butter
1 geschälte Knoblauchzehe
1 Rosmarinzweig
Salz · Pfeffer aus der Mühle

Für den Dip:

1/2 Salatgurke
300 g Crème fraîche
3–4 EL Magerquark
1 fein gehackte Knoblauchzehe
2 EL bofrost*Kräuterprofi »Petersilie«
Salz · Cayennepfeffer

1 Für die Spieße die Lammrücken-Medaillons in der Folie im Kühlschrank über Nacht auftauen lassen. Am nächsten Tag in je 4 Würfel schneiden.

2 Die Paprikaschoten längs halbieren, waschen, entkernen und das Fruchtfleisch in 2 cm große Stücke schneiden. Die Zwiebeln schälen und in 2 cm große Blätter schneiden. Die Fleischwürfel mit den Oliven, den Paprikastücken und den Zwiebelblättern abwechselnd auf Schaschlikspieße stecken. Bis zur weiteren Verwendung zugedeckt kalt stellen.

3 Für den Dip die Gurke schälen, längs halbieren, die Kerne entfernen und das Fruchfleisch klein raspeln. Die Crème fraîche mit dem Quark, der Gurke, dem Knoblauch und der gefrorenen Petersilie verrühren und mit Salz und 1 Prise Cayennepfeffer herzhaft würzen. Bis zur weiteren Verwendung zugedeckt kalt stellen.

4 Den Backofen auf 80 °C vorheizen, ein Ofengitter auf die mittlere Schiene schieben und ein Stück Alufolie darunter legen.

5 Für die Spieße das Öl in einer großen Pfanne bei milder Hitze heiß werden lassen und die Lammfleischspieße nacheinander rundherum etwa 6 Minuten darin anbraten. Zum Warmhalten auf das Gitter in den Ofen legen.

6 Die Butter in einer Pfanne zerlassen, den Knoblauch in Scheiben schneiden und mit dem Rosmarin dazugeben, mit Salz und Pfeffer würzen. 2 Minuten ziehen lassen und die Spieße darin wenden oder damit beträufeln.

7 Die Lammfleischspieße auf einer vorgewärmten Platte anrichten, den Dip in eine Schüssel geben und dazu servieren.

Mein Tipp

Zusätzlich können noch Auberginen- und Zucchinistücke auf die Spieße gesteckt werden.

Lammrücken
auf Couscous-Salat

FÜR 10 PERSONEN | ZUBEREITUNGSZEIT: 30 MINUTEN | GARZEIT: 40 MINUTEN | AUFWAND: ☆☆

ZUTATEN

Für den Lammrücken:
20 bofrost*Lammrücken-Medaillons, mariniert
2–3 EL Öl

Für den Couscous-Salat:
400 g bofrost*Bouillon-Gemüse
Salz
Saft von 1 Zitrone · 6 EL Olivenöl
1 EL bofrost*Kräuterprofi »Petersilie«
Pfeffer aus der Mühle
gemahlener Piment
gemahlener Kreuzkümmel
Cayennepfeffer
480 ml Gemüsebrühe
1 TL mildes Currypulver
400 g Couscous
1 EL kleine Kapern
1–2 TL klein geschnittene Minze

Zum Anrichten:
10 EL mildes Olivenöl
1 geschälte halbierte Knoblauchzehe
1 Thymianzweig
je 1/2 TL abgeriebene unbehandelte Zitronen- und Orangenschale
Cayennepfeffer · Salz
Pfeffer aus der Mühle

1 Für den Lammrücken die Lammrücken-Medaillons über Nacht im Kühlschrank in der Folie auftauen lassen.

2 Den Backofen auf 100 °C vorheizen, auf die mittlere Schiene ein Ofengitter schieben und ein Stück Alufolie darunter legen.

3 Das Öl in einer Pfanne bei mittlerer Hitze heiß werden lassen und die Medaillons in 2 Portionen rundherum anbraten. Auf das Gitter in den Ofen legen und etwa 40 Minuten rosa durchziehen lassen. Aus dem Ofen nehmen, abkühlen lassen und zugedeckt kalt stellen.

4 Für den Couscous-Salat das gefrorene Bouillon-Gemüse etwa 2 Minuten in Salzwasser kochen, kalt abschrecken und auf einem Sieb abtropfen lassen.

5 Den Zitronensaft mit dem Olivenöl verrühren, die gefrorene Petersilie unterrühren, mit Salz, Pfeffer und je 1 Prise Piment, Kreuzkümmel und Cayennepfeffer abschmecken.

6 400 ml Gemüsebrühe mit dem Curry aufkochen, den Couscous dazugeben, einmal aufkochen lassen, vom Herd nehmen und zugedeckt 7 Minuten quellen lassen. Das Bouillon-Gemüse und die Kapern hinzufügen und mit der Marinade vermischen. Bis zur weiteren Verwendung zugedeckt kalt stellen.

7 Die restliche Gemüsebrühe mit der Minze unter den Couscous-Salat mischen und mit Salz, Gewürzen und Zitronensaft nach Belieben nachwürzen. Jedes Lammrücken-Medaillon in 4 Scheiben schneiden.

8 Zum Anrichten das Olivenöl mit Knoblauch und Thymian erwärmen, aber nicht zu stark erhitzen. Zitronen- und Orangenschale mit 1 Prise Cayennepfeffer unterrühren. Die Lammrückenscheiben leicht überlappend an den Rand von vorgewärmten Tellern oder einer vorgewärmten Servierplatte legen. Mit Salz und Pfeffer würzen und mit dem Gewürz-Olivenöl beträufeln. In der Mitte den Couscous-Salat anrichten.

Mein Tipp

Der Salat schmeckt am besten, wenn er 2 Stunden vor dem Servieren aus dem Kühlschrank genommen wird. Anstelle von Couscous kann auch gegarter Reis verwendet werden.

Geschmorte Lammhaxerl
mit Sellerie-Fenchel-Soße

FÜR 8 PERSONEN | VORBEREITUNGSZEIT: 30 MINUTEN | GARZEIT: 3 1/2 STUNDEN | AUFWAND: ***

ZUTATEN

250 g Knollensellerie
1 Fenchelknolle
3 EL Sonnenblumenöl
8 Lammhinterhaxerl à 300–350 g (ersatzweise 1,5–2 kg Lammschulter oder Lammkeule)
2 EL Puderzucker
400 g bofrost*Zwiebelwürfel
150 bofrost*Möhren, gewürfelt
2 EL Tomatenmark
1 TL Mehl
200 ml roter Portwein
1/2 l kräftiger Rotwein
1 l Geflügelbrühe
2 Lorbeerblätter
4 TL Speisestärke
2 halbierte Knoblauchzehen
4 Ingwerscheiben
2 Streifen unbehandelte Zitronenschale
3 Thymianzweige
Salz · Pfeffer aus der Mühle

1 Den Sellerie schälen, den Fenchel putzen, gründlich waschen und beide Gemüsesorten in 1/2 bis 1 cm große Würfel schneiden.

2 Das Öl in einem großen Schmortopf bei mittlerer Hitze heiß werden lassen und die Lammhaxerl rundherum darin anbraten. Das Fleisch herausnehmen, das Bratfett abgießen, den Puderzucker hineinstäuben und darin hell karamellisieren lassen.

3 Die gefrorenen Zwiebeln, den Sellerie, die gefrorenen Möhren und den Fenchel dazugeben und darin 2 bis 3 Minuten anschwitzen. Das Tomatenmark unterrühren, 1 bis 2 Minuten mit anschwitzen lassen, das Mehl unterrühren, den Portwein und ein Drittel des Rotweins dazugießen und sämig einköcheln lassen. Den restlichen Rotwein in 2 Portionen hinzufügen und ebenfalls sämig einköcheln lassen. Die Brühe dazugießen und die Lammhaxerl hinzufügen. Zugedeckt etwa 3 1/2 Stunden weich schmoren, dabei gelegentlich wenden, aber nicht kochen lassen. Nach etwa 3 Stunden die Lorbeerblätter hinzufügen und am Ende der Garzeit wieder entfernen.

4 Die Lammhaxerl herausnehmen, die Soße durch ein Sieb gießen und 5 Minuten einköcheln lassen. Die Speisestärke mit etwas kaltem Wasser verrühren, unter die kochende Soße rühren und 1 bis 2 Minuten leise weiterköcheln lassen. Die Lammhaxerl wieder in die Soße geben, abkühlen lassen und bis zur weiteren Verwendung kalt stellen.

5 Zum Anrichten bei milder Hitze die Lammhaxerl im Topf langsam und unter häufigem Rühren etwa 20 Minuten erhitzen. Knoblauch, Ingwer, Zitronenschale und Thymian hinzufügen und nach 5 Minuten wieder entfernen. Mit Salz und Pfeffer abschmecken. Die Lammhaxerl mit etwas Soße auf vorgewärmten Tellern anrichten.

Mein Tipp

*Zu den Lammhaxerln passen sehr gut bofrost*Original schwäbische Spätzle, Kartoffelpüree oder auch Polenta. Servieren Sie dazu als Gemüse bofrost*Broccoli-Röschen und/oder bofrost*Möhren, gewürfelt.*

Fusilli *mit Currysoße*

FÜR 10 PERSONEN | VORBEREITUNGSZEIT: 20 MINUTEN | ZUBEREITUNGSZEIT: 20 MINUTEN | AUFWAND: *

ZUTATEN

1 kg Fusilli
Salz
6 EL mildes Olivenöl
800 ml Gemüsebrühe
2–3 EL mildes Currypulver
250 g Sahne
40 g Butter
1 geschälte halbierte Knoblauchzehe
2 Scheiben Ingwer
1 Apfelscheibe
400 g bofrost*Luxuskrabben

1 Die Nudeln in reichlich Salzwasser nach Packungsanweisung bissfest garen, auf einem Sieb abtropfen lassen, auf 2 Tabletts ausbreiten und mit dem Olivenöl vermischen.

2 Die Brühe mit Curry und Sahne in einem Topf erhitzen, die Butter mit dem Stabmixer unterrühren. Die Soße mit Salz würzen, Knoblauch, Ingwer und die Apfelscheibe hinzufügen, 5 Minuten darin ziehen lassen und anschließend wieder entfernen.

3 Die Soße auf 2 breite Töpfe verteilen und jeweils die Hälfte der Nudeln und die Hälfte der gefrorenen Luxuskrabben darin erhitzen.

4 Die Nudeln mit der Currysoße auf vorgewärmten Pastatellern anrichten und nach Belieben mit frisch gehobeltem Parmesan bestreuen.

Mein Tipp *Die Luxuskrabben können je nach Vorliebe durch gebratene bofrost*Hähnchen-Brustfiletstücke ersetzt werden.*

Penne *mit Räucherlachs*

FÜR 10 PERSONEN | VORBEREITUNGSZEIT: 30 MINUTEN | ZUBEREITUNGSZEIT: 20 MINUTEN | AUFWAND: ✲✲

ZUTATEN
1 kg Penne
Salz
6 EL mildes Olivenöl
800 ml Gemüsebrühe
250 g Sahne
2–3 EL Sahnemeerrettich
2 EL Butter
Zucker
Cayennepfeffer
250 g Räucherlachsscheiben
400 g bofrost*Kaiserschoten
Dillzweige zum Garnieren

1 Die Penne in reichlich Salzwasser nach Packungsanweisung bissfest garen, auf einem Sieb abtropfen lassen, auf 2 Tabletts ausbreiten und mit dem Olivenöl vermischen. In einen passenden Behälter geben und bis zur weiteren Verwendung zugedeckt kalt stellen.

2 Die Brühe mit Sahne und Meerrettich in einem Topf erhitzen, die Butter mit dem Stabmixer unterrühren. Die Soße mit Salz und je 1 Prise Zucker und Cayennepfeffer abschmecken. Abkühlen lassen und bis zur weiteren Verwendung zugedeckt kalt stellen. Den Räucherlachs in Streifen schneiden und ebenfalls zugedeckt kalt stellen.

3 Die gefrorenen Kaiserschoten kurz auftauen lassen, schräg halbieren, 3 bis 4 Minuten in Salzwasser kochen, kalt abschrecken und auf einem Sieb abtropfen lassen. Bis zur weiteren Verwendung zugedeckt kalt stellen.

4 Die Meerrettichsoße erhitzen, nochmals mit dem Stabmixer aufmixen, auf 2 breite Töpfe verteilen und jeweils die Hälfte der Nudeln darin erhitzen. Kurz vor dem Anrichten die Kaiserschoten darin erhitzen, den Topf vom Herd nehmen und den Räucherlachs untermischen.

5 Die Nudeln mit der Soße auf vorgewärmten Pastatellern anrichten und mit frischen Dillzweigen garnieren.

Fischsülze
mit Meerrettichmousse

Für 10 Personen | Vorbereitungszeit: 1 Stunde | Zubereitungszeit: 45 Minuten | Aufwand: ☆☆☆

ZUTATEN

Für die Fischsülze:
1 bofrost*Lachsfilet
1 bofrost*Rotbarschfilet · Salz
100 g bofrost*Luxuskrabben
50 g bofrost*Bouillon-Gemüse
100 ml Weißwein
3/4 l Gemüsebrühe
1 Scheibe Ingwer
1 Lorbeerblatt
1 TL schwarze Pfefferkörner
je 1/2 TL Pimentkörner und Wacholderbeeren
8 Blätter Gelatine
1 Knoblauchzehe in Scheiben
1 Thymianzweig
1 Streifen unbehandelte Zitronenschale
3 EL Weißweinessig
Salz · 2 TL Zucker
Cayennepfeffer

Für die Meerrettichmousse:
100 g Sahne
1 EL Sahnemeerrettich
Salz · Zucker · Cayennepfeffer
Zitronensaft

1 Für die Sülze die Fischfilets zugedeckt über Nacht im Kühlschrank auftauen lassen. Am nächsten Tag waschen, trockentupfen und in ca. 1 1/2 cm große Würfel schneiden.

2 Salzwasser in einem Topf zum Kochen bringen, vom Herd nehmen und die Fischwürfel darin 3 Minuten glasig durchziehen lassen. Anschließend die gefrorenen Krabben dazugeben und sofort auf einem Sieb abtropfen und abkühlen lassen. Das gefrorene Bouillon-Gemüse 2 Minuten in Salzwasser kochen, kalt abschrecken und auf einem Sieb abtropfen lassen.

3 Den Weißwein in einem Topf bei milder Hitze auf ein Drittel einkochen lassen. Die Brühe dazugießen, Ingwer, Lorbeerblatt, Pfefferkörner, Pimentkörner und Wacholderbeeren hinzufügen. Alles einmal aufkochen lassen und vom Herd nehmen. Die Gelatine in kaltem Wasser einweichen, das Wasser weitgehend ausdrücken und in der warmen Flüssigkeit auflösen. Knoblauch, Thymian und Zitronenschale dazugeben, die Brühe abkühlen lassen und danach durch ein Sieb gießen. Mit Essig, Salz, Zucker und 1 Prise Cayennepfeffer kräftig abschmecken.

4 Fisch und Gemüse vorsichtig mischen und in Dessertgläser füllen. Von der Brühe 200 ml abnehmen und für die Meerrettichmousse beiseite stellen. Die restliche Brühe über Fisch und Gemüse in die Gläser gießen und im Kühlschrank etwa 1 Stunde fest werden lassen.

5 Für die Meerrettichmousse die Sahne cremig-fest schlagen. Die restliche flüssige Brühe mit dem Meerrettich verrühren, auf Eiswasser kalt rühren, bis sie zu gelieren beginnt, die Sahne unterheben. Mit Salz, je 1 Prise Zucker und Cayennepfeffer sowie ein paar Tropfen Zitronensaft abschmecken.

6 Die Meerrettichmousse auf die Fischsülze verteilen und bis zur weiteren Verwendung zugedeckt kalt stellen. In den Gläsern auf ein Büfett stellen oder als Vorspeise reichen.

Mein Tipp

Die Meerrettichmousse sollte erst zubereitet werden, wenn die Fischsülze fest geworden ist, damit sie sofort auf die Sülze gefüllt werden kann. Soll die Sülze gestürzt werden, erhöht man die Gelatinemenge auf 14 Blätter.

Marinierter Kabeljau
mit buntem Gemüse und Oliven

FÜR 10 PERSONEN | VORBEREITUNGSZEIT: 30 MINUTEN | ZUBEREITUNGSZEIT: 10 MINUTEN | AUFWAND: ☆☆☆

ZUTATEN

6 bofrost*Kabeljaufilets
2 EL Puderzucker
200 g bofrost*Zwiebelwürfel
1 1/2 l Gemüsebrühe
2 Lorbeerblätter
1 TL Senfkörner
je 1 TL Wacholderbeeren und Pimentkörner
2 TL schwarze Pfefferkörner
8–10 EL Rotweinessig
2 EL Zucker
Cayennepfeffer · Salz
2 halbierte geschälte Knoblauchzehen
2 Streifen unbehandelte Zitronenschale
2 Scheiben Ingwer
150 g bofrost*Bouillon-Gemüse
80 g getrocknete, in Öl eingelegte Tomaten
50 g entsteinte schwarze Oliven
2 EL mildes Olivenöl
1 EL bofrost*Kräuterprofi »Schnittlauch«

1 Die Kabeljaufilets zugedeckt über Nacht im Kühlschrank auftauen lassen. Am nächsten Tag waschen, trockentupfen und dritteln.

2 In einem breiten Topf bei mittlerer Hitze den Puderzucker hell karamellisieren lassen, die gefrorenen Zwiebeln hinzufügen und darin glasig anschwitzen. Die Brühe dazugießen und die Lorbeerblätter mit den Senfkörnern hinzufügen. Wacholder, Piment und schwarzen Pfeffer in ein Tee-Ei oder einen Einwegteebeutel geben und ebenfalls hinzufügen. 10 Minuten knapp unter dem Siedepunkt ziehen lassen und mit Essig, Zucker, 1 Prise Cayennepfeffer und etwas Salz abschmecken und vom Herd nehmen.

3 Knoblauch, Zitronenschale und Ingwer in den Topf geben, die Kabeljaustücke hinzufügen und 8 bis 10 Minuten darin bei 80 °C glasig durchziehen lassen. Alle ganzen Gewürze und das Tee-Ei anschließend wieder entfernen. Abkühlen lassen und bis zur weiteren Verwendung zugedeckt kalt stellen.

4 Das gefrorene Bouillon-Gemüse 1 bis 2 Minuten in Salzwasser kochen, kalt abschrecken und auf einem Sieb abtropfen lassen. Die Tomaten abtropfen lassen und in kleinere Würfel schneiden, die Oliven klein schneiden und mit den Gemüsewürfeln mischen. Bis zur weiteren Verwendung kalt stellen.

5 Die Kabeljaufilets auf eine tiefe Servierplatte legen. Das vorbereitete Bouillon-Gemüse mit 400 ml Zwiebelsud mischen und über dem Fisch verteilen, mit Olivenöl beträufeln und mit gefrorenem Schnittlauch bestreuen.

Mein Tipp

*Der Kabeljau kann durch bofrost*Seelachs oder bofrost*Lachs ersetzt werden. Das Gericht sollte etwa 1 Stunde vor dem Servieren aus dem Kühlschrank genommen werden.*

Gratinierte Pangasiusfilets *mit Kräuterbutter*

Für 10 Personen | Vorbereitungszeit: 1 Stunde | Zubereitungszeit: 35 Minuten | Aufwand: *

ZUTATEN

10 bofrost*Pangasiusfilets
250 g weiche Butter
5 EL mildes Olivenöl
1 Knoblauchzehe
1–2 EL frische Thymianblättchen (ersatzweise 1 TL getrockneter)
1 EL scharfer Senf
2 EL bofrost*Kräuterprofi »Petersilie«
2 EL geriebener Parmesan
70 g Weißbrotbrösel
Salz · Pfeffer aus der Mühle

1 Die Pangasiusfilets über Nacht zugedeckt im Kühlschrank auftauen lassen. Am nächsten Tag waschen und trockentupfen.

2 Die Butter mit Olivenöl schaumig rühren. Den Knoblauch schälen und den Thymian waschen und trockenschütteln. Knoblauch und Thymian klein hacken. Senf, Knoblauch, Thymian, gefrorene Petersilie, Parmesan und Weißbrotbösel untermischen. Mit Salz und Pfeffer würzen. Mithilfe von Backpapier oder bofrost*Dauer-Backfolie zu 3 cm dicken Rollen formen und darin einwickeln. 1 Stunde bis zur weiteren Verwendung im Kühlschrank ziehen lassen.

3 Den Fisch mit Salz würzen, nebeneinander auf mit bofrost*Dauer-Backfolie belegte Backbleche legen und die dünnen Schwanzenden dabei etwas nach unten einschlagen. Die Grillfunktion des Backofens einschalten.

4 Die Gratiniermasse in dünne Scheiben schneiden, leicht überlappend auf die Fischfilets legen und den Fisch etwa 5 Minuten auf der untersten Schiene im Backofen goldbraun überbacken. Auf vorgewärmten Tellern anrichten.

Mein Tipp *Dazu passt bofrost*Butterpfannengemüse, bofrost*Rahmspinat, bofrost*Rahmwirsing, der mit etwas Sahnemeerrettich verfeinert wird, oder auch bofrost*Ratatouille.*

Schollenfilets *mit Tomatentatar*

FÜR 10 PERSONEN | VORBEREITUNGSZEIT: 30 MINUTEN | ZUBEREITUNGSZEIT: 25 MINUTEN | AUFWAND: ⁎⁎

ZUTATEN

10 bofrost*Schollenfilets
80 g doppelgriffiges Mehl (ersatzweise normales Weizenmehl)
6 mittelgroße Tomaten
40 g entsteinte grüne Oliven
2 EL Öl
Öl für die Backbleche
Salz
3 EL mildes Olivenöl
150 g bofrost*Zwiebelwürfel
1/2 geschälte Knoblauchzehe
Salz · Pfeffer aus der Mühle
1 EL in Streifen geschnittenes Basilikum

1 Die Schollenfilets zugedeckt über Nacht im Kühlschrank auftauen lassen. Am nächsten Tag waschen und trockentupfen. Die Filets einige Stunden vor der Verwendung halbieren, die Schwanzenden einknicken, in Mehl wenden.

2 Die Tomaten kreuzweise einritzen, überbrühen, häuten, entkernen und das Fruchtfleisch in Würfel schneiden. Die Oliven klein schneiden. Beides zugedeckt bis zur weiteren Verwendung kalt stellen.

3 Das Öl in einer Pfanne heiß werden lassen und die Fischfilets auf beiden Seiten jeweils etwa 1 Minute darin anbraten. Auf 2 geölte, gesalzene Backbleche legen, mit Mikrowellenfolie bespannen und bis zur weiteren Verwendung beiseite stellen. Den Backofen auf 100 °C vorheizen. Dann den Fisch 15 bis 20 Minuten im Ofen garen.

4 In einer weiteren Pfanne 1 EL Olivenöl bei mittlerer Hitze heiß werden lassen und die gefrorenen Zwiebeln darin glasig andünsten. Die Tomaten mit den Oliven und dem Knoblauch dazugeben und mit Salz und Pfeffer würzen. Zum Schluss Basilikum und restliches Olivenöl unterrühren. Den Knoblauch anschließend wieder entfernen.

5 Die Fischfilets auf einer vorgewärmten Platte anrichten und das Tomatentatar auf dem Fisch verteilen.

Desserts

Und das Beste kommt zum Schluss. Denn etwas Süßes braucht der Mensch – vor allem nach einem schönen Menü. Und ein feines Dessert ist die Krönung einer festlichen Mahlzeit und soll alle Sinne entzücken. Ob fruchtig, cremig oder erfrischend – lassen Sie sich von den süßen Kreationen zum Schwelgen verführen. Manch einer lässt dafür auch schon mal den Hauptgang aus.

Erdbeer-Vanille-Eis
in Blätterteig mit roter Grütze

Für 4 Personen | Zubereitungszeit: 40 Minuten | Backzeit: 15 Minuten | Aufwand: ☆☆☆

ZUTATEN

Für den Blätterteig:
- 1/2 Platte bofrost*Blätterteig
- 1 Eigelb
- 1 EL Sahne
- Puderzucker zum Bestäuben

Für die rote Grütze:
- 2 TL Speisestärke
- 100 ml Schwarzer Johannisbeersaft
- 50 ml Kirschsaft
- 1–2 EL Zucker
- 250 g bofrost*Feine Obstmischung
- 20 ml Cassislikör
- 4 Kugeln bofrost*Eisträumereien Erdbeer-Vanille

1 Für den Blätterteig den Backofen auf 220 °C vorheizen. Den Blätterteig an der Nahtstelle nochmals durchbrechen, sodass 2 einzelne Quadrate entstehen. 15 Minuten auftauen lassen und jeweils diagonal halbieren, sodass 4 Dreiecke entstehen. Auf ein mit bofrost*Dauer-Backfolie belegtes Backblech legen.

2 Das Eigelb mit der Sahne verrühren, den Blätterteig dünn damit bestreichen und dabei darauf achten, dass nichts davon über den Rand läuft. Den Blätterteig im Backofen 12 bis 15 Minuten knusprig braun backen. Die Grillfunktion des Backofens einschalten, die gebackenen Blätterteigteilchen dicht mit Puderzucker bestäuben und unter dem Grill weitere 2 bis 3 Minuten hell karamellisieren lassen. Hat der Ofen keine Grillfunktion, den Blätterteig mit 250 °C bis 290 °C Oberhitze karamellisieren lassen. Den Blätterteig aus dem Backofen nehmen und abkühlen lassen.

3 Für die rote Grütze die Speisestärke mit etwas kaltem Johannisbeersaft verrühren. Den restlichen Johannisbeersaft, den Kirschsaft und den Zucker in einem Topf mischen und aufkochen lassen. Die angerührte Speisestärke unterrühren und 2 Minuten leise köcheln lassen. Vom Herd nehmen, das gefrorene Obst und den Cassislikör unterrühren und etwa 20 Minuten durchziehen lassen.

4 Von den Blätterteigteilchen den Deckel abschneiden, die Blätterteigböden auf Dessertteller legen, je 1 Kugel Eisträumereien Erdbeer-Vanille darauf setzen, den karamellisierten Blätterteigdeckel darauf legen und die rote Grütze rundum anrichten. Nach Belieben mit Minze dekorieren.

Mein Tipp

Cassis ist ein französischer Likör aus Schwarzen Johannisbeeren. Falls Sie ihn nicht bekommen oder auf Alkohol ganz verzichten wollen, können Sie ihn auch weglassen.

Apfeljalousie *mit Zimt*

FÜR 2 PERSONEN | ZUBEREITUNGSZEIT: 10 MINUTEN | BACKZEIT: 15 MINUTEN | AUFWAND: ☆☆

ZUTATEN

1 Platte bofrost*Blätterteig
2 kleine Äpfel
2 TL Zucker
1/4 TL Zimtpulver
1 Eigelb
1 EL Sahne
Puderzucker zum Bestäuben

1 Den Backofen auf 220 °C vorheizen. Den Blätterteig 20 Minuten auftauen lassen, mit einem Messer in 2 Teigstreifen teilen, sodass 1 Teigstreifen davon etwa 1 1/2 cm breiter ist als der andere. Den schmalen Teigstreifen auf ein mit bofrost*Dauer-Backfolie belegtes Backblech legen und mit einer Gabel mehrmals einstechen.

2 Die Äpfel schälen, vierteln, entkernen und in schmale Spalten schneiden. Die Spalten der Länge nach auf die Mitte des schmalen Blätterteigstreifens verteilen, sodass links und rechts noch etwa ein 1 bis 1 1/2 cm breiter Rand frei bleibt. Zucker mit Zimtpulver mischen und die Äpfel damit bestreuen.

3 Das Eigelb mit der Sahne verrühren und den Rand damit bestreichen. Den breiten Teigstreifen in der Mitte im Abstand von 1/2 bis 1 cm einschneiden aber nicht durchschneiden, sodass ein jalousienartiger Teigstreifen entsteht.

4 Die Äpfel damit belegen und die Ränder des Teigstreifens fest andrücken. Die Oberfläche mit dem Eigelb bestreichen und im Backofen auf der untersten Schiene etwa 15 Minuten goldbraun backen. In Portionsstücke teilen und mit Puderzucker bestäuben. Nach Belieben mit Minze garnieren.

Gratinierte Himbeeren *mit Schokosplitter-Eis*

Für 2 Personen | Vorbereitungszeit: 30 Minuten | Zubereitungszeit: 15 Minuten | Aufwand: ☆☆

ZUTATEN

250 g bofrost*Himbeeren
1 Eigelb
1–2 EL Puderzucker
1 Msp. abgeriebene unbehandelte Zitronenschale
1 EL Magerquark
1 Eiweiß · Salz
1–2 EL Zucker
2 EL geschlagene Sahne
Puderzucker zum Bestäuben
2 Kugeln bofrost*Schokosplitter-Eiskrem

1 Die Himbeeren auf tiefe Teller verteilen und bei Zimmertemperatur 30 bis 40 Minuten auftauen lassen.

2 Das Eigelb mit dem Puderzucker und der Zitronenschale hellschaumig aufschlagen und mit dem Quark verrühren. Das Eiweiß mit 1 Prise Salz und dem Zucker zu einem glänzenden Schnee aufschlagen und mit der Sahne unter die Eigelbmasse ziehen. Den Backofengrill vorheizen.

3 Die Gratiniermasse auf den Himbeeren verteilen und auf der untersten Schiene im Backofen etwa 3 Minuten goldbraun backen.

4 Mit Puderzucker bestäuben, eine Kugel Schokosplitter-Eiskrem darauf setzen und sofort servieren.

Mein Tipp *Die Gratiniermasse sollte möglichst frisch zubereitet werden, sie hält sich nur etwa 20 Minuten im Kühlschrank.*

Gebackenes Eis
mit Mandelbaiser

FÜR 6–8 PERSONEN | VORBEREITUNGSZEIT: 1 STUNDE | BACKZEIT: 5–10 MINUTEN | AUFWAND: ☆☆☆

ZUTATEN

Für den Kuchenboden:
100 g Zucker
180 g Mehl
1 EL Backpulver
5 Eigelb
100 ml Pflanzenöl
170 ml Mineralwasser
40 ml Kirschwasser zum Beträufeln
1 Dose bofrost*Eisträumereien Schwarzwälder Kirsch-Sahne

Für das Baiser:
4 Eiweiß
Salz · 120 g Zucker
90 g geriebene Mandeln

1 Für den Kuchenboden den Backofen auf 180 °C vorheizen. Den Zucker in eine Schüssel geben, Mehl und Backpulver darüber sieben, Eigelbe, Öl und Mineralwasser hinzufügen und alles glatt rühren.

2 Die Masse auf ein mit bofrost*Dauer-Backfolie belegtes Backblech streichen, im vorgeheizten Backofen 25 Minuten backen, dann 5 Minuten abkühlen lassen und auf eine Arbeitsfläche stürzen. Die Backfolie abziehen und den Kuchenboden mit Kirschwasser beträufeln. Aus dem Boden 2 Stücke in der Größe des Eisblocks ausschneiden.

3 Das Eis aus der Form stürzen, auf einen Boden setzen und mit dem zweiten Boden belegen. Aus dem restlichen Kuchenboden die Seitenwände schneiden und an das Eis legen, dabei leicht andrücken. Es soll ein vollkommen in Kuchenboden eingeschlagener Eisziegel entstehen.

4 Das Ganze auf eine feuerfeste Platte setzen und mindestens 1 Stunde (besser über Nacht) im Gefrierfach gefrieren lassen.

5 Für das Baiser den Backofen auf 250 °C vorheizen. Das Eiweiß mit 1 Prise Salz und dem Zucker zu glänzendem steifem Schnee schlagen und die geriebenen Mandeln unterheben.

6 Den Eisziegel aus dem Gefrierfach nehmen, mit dem Mandelbaiser rundum gleichmäßig bestreichen und mit einer Winkelpalette oder einem Teigschaber Spitzen ziehen, indem man immer wieder in das Baiser tupft und es hochzieht.

7 Im Backofen backen, bis das Mandelbaiser nach etwa 5 bis 10 Minuten hell gebräunt ist. Aus dem Backofen nehmen, in Scheiben schneiden und sofort auf Desserttellern anrichten.

Mein Tipp

*Anstatt bofrost*Eisträumereien Schwarzwälder Kirsch-Sahne können auch andere Eissorten von 1,3 l Menge, wie z. B. bofrost*Eisträumereien Erdbeer-Vanille, verwendet werden.*

Eispunsch *mit Lebkuchengewürz*

FÜR 4 PERSONEN | VORBEREITUNGSZEIT: 30 MINUTEN | ZUBEREITUNGSZEIT: 10 MINUTEN | AUFWAND: ☆

ZUTATEN

180 ml gekühlter Rotwein
1 EL Amaretto
70 ml gekühlter Orangensaft
1/2 TL abgeriebene unbehandelte Orangenschale
1/2 TL Lebkuchengewürz
550 g bofrost*Crème-Vanille-Bourbon-Eiskrem
2 TL Borkenschokolade

1 Vier Punschgläser 30 Minuten zum Kühlen in den Kühlschrank stellen.

2 Den Rotwein, den Amaretto, den Orangensaft, die Orangenschale und das Lebkuchengewürz mit dem Vanilleeis cremig mixen.

3 Den Eispunsch in die gekühlten Gläser füllen, mit Borkenschokolade bestreuen und mit einem Kaffeelöffel servieren.

Mein Tipp *Dieser Eispunsch kann auch als Soße für verschiedene Desserts wie lauwarmer Schokoladen- oder Haselnusskuchen, Apfel- oder Birnentarte oder Rotweinbirne serviert werden. Dabei darauf achten, dass die Teller eisgekühlt sind, und sofort servieren.*

Rumtopf *mit verschiedenen Beeren*

FÜR 700 ML | ZUBEREITUNGSZEIT: 10–15 MINUTEN | AUFWAND: ☆

ZUTATEN

150 g bofrost*Feine Obstmischung
70 g bofrost*Himbeeren
70 g bofrost*Erdbeeren
70 g bofrost*Heidelbeeren
120 g brauner Zucker
300 ml Rum (40 % oder 54 %)

1 Die gefrorene Obstmischung und die gefrorenen Beeren in einer Schüssel mit braunem Zucker und dem Rum vermischen.

2 In verschließbare Gläser füllen, am nächsten Tag etwas schütteln und den Rumtopf 1 Woche im Kühlschrank ziehen lassen.

Mein Tipp *Der Rumtopf hält sich auch nach der Marinierzeit noch mehrere Wochen und kann gut zu verschiedenen Desserts wie Schokomousse, Eis oder Aufläufen serviert werden. In dekorative Gläser abgefüllt, wird er zu einem idealen Geschenk.*

Arme Ritter

mit gebratenen Birnen und Zwetschgen

Für 4–6 Personen | Vorbereitungszeit: 30 Minuten | Zubereitungszeit: 35 Minuten | Aufwand: ☆☆

ZUTATEN

Für die Armen Ritter:

2 bofrost*Butter-Hefezöpfe
120 g Powidl (Pflaumenmus)
100 g Zucker
1/4 TL Zimtpulver
3 Eier
170 ml Milch
Mark von 1/2 Vanilleschote (ersatzweise etwas Vanillezucker)
Butterschmalz zum Ausbacken

Für die Birnen und Zwetschgen:

1 reife, feste rotbackige Birne
150 g Zwetschgen
1 EL Puderzucker
1/4 Vanilleschote
1 Splitter Zimtstange
1 Scheibe Ingwer
1 Streifen unbehandelte Orangenschale
80 ml roter Portwein
1 EL kalte Butter
4–6 Kugeln bofrost*Walnuss-Eiskrem

1 Für die Armen Ritter den Backofen auf 200 °C vorheizen. Die Hefezöpfe auf mit bofrost*Dauer-Backfolie belegte Backbleche legen und 20 Minuten bei Zimmertemperatur auftauen lassen. Etwa 20 Minuten im Ofen auf der untersten Schiene goldbraun backen. Anschließend abkühlen lassen.

2 In der Zwischenzeit für die Birnen und Zwetschgen die Birne waschen, vierteln, entkernen und in schmale Spalten schneiden. Die Zwetschgen waschen, halbieren und entkernen.

3 Die Hefezöpfe jeweils in etwa 12 dünne Scheiben schneiden. 12 Scheiben mit Powidl bestreichen und jeweils eine Scheibe darauf legen, sodass 12 Arme Ritter entstehen. Zucker und Zimt vermischen und in einen tiefen Teller geben.

4 Die Eier mit der Milch und dem Vanillemark verquirlen und die bestrichenen Zopfscheiben kurz in die Vanillemilch tauchen. Das Butterschmalz in einer Pfanne bei milder Hitze zerlassen und die Armen Ritter auf beiden Seiten goldgelb backen. Auf Küchenpapier abtropfen lassen, noch heiß in Zimtzucker wälzen und warm stellen.

5 Für die Birnen und Zwetschgen in einer Pfanne bei milder Hitze den Puderzucker hell karamellisieren lassen. Die Vanilleschote der Länge nach aufschneiden. Birnen und Zwetschgen mit Zimtstange, Vanilleschote, Ingwer und Orangenschale hinzufügen und darin anschwitzen. Den Portwein dazugießen und etwas einköcheln lassen. Die Butter dazugeben, falls nötig, noch etwas Puderzucker darüber stäuben und die Gewürze wieder entfernen.

6 Die Armen Ritter mit den gebratenen Birnen und Zwetschgen auf Desserttellern anrichten und je 1 Kugel Walnuss-Eiskrem daneben setzen.

Mein Tipp

Die Butter-Hefezöpfe sollten vorher gebacken werden. Bleiben beispielsweise Hefezöpfe vom Frühstück übrig, lässt sich daraus am Abend oder am nächsten Tag dieses feine Dessert herstellen. Für Kinder kann anstatt Portwein auch Traubensaft verwendet werden.

Gebackene Kapuziner

mit heißen Himbeeren und Eierlikörеis

FÜR 4 PERSONEN | VORBEREITUNGSZEIT: 30 MINUTEN | ZUBEREITUNGSZEIT: 25 MINUTEN | AUFWAND: ☆☆☆

ZUTATEN

Für die Himbeeren:
250 g bofrost*Himbeeren
3 EL Zucker
4 Kugeln bofrost*Eisträumereien
Verpoorten Eierlikör-Sahne

Für die Soße:
50 g Kristallzucker
1 Zimtstange
3 angedrückte Kardamomkapseln
Mark von 1/2 Vanilleschote
1 Msp. abgeriebene unbehandelte
Orangenschale
50 ml Weißwein
100 ml Orangensaft · 2 EL Rum

Für die Kapuziner:
Fett zum Frittieren
120 g geriebene Haselnüsse
75 g Toastbrot
45 g weiche Butter
3 Eigelb · Salz
1 Msp. Vanillemark · Zimtpulver
je 1 Msp. abgeriebene
unbehandelte Zitronen- und
Orangenschale
3 Eiweiß · 45 g Zucker

1 Die gefrorenen Himbeeren bei Zimmertemperatur 30 Minuten auftauen lassen. Für die Soße den Zucker mit der Zimtstange, dem Kardamom, dem Vanillemark, der Orangenschale, dem Weißwein und dem Orangensaft aufkochen, durch ein Sieb gießen und den Rum hinzufügen.

2 Für die Kapuziner das Fett in einer Fritteuse oder einem Topf erhitzen. Die Haselnüsse in einer Pfanne ohne Fett hell rösten und abkühlen lassen. Das Toastbrot zerkleinern und in einem Blitzhacker zu Bröseln mixen.

3 Die Butter mit den Eigelben, 1 Prise Salz, Vanillemark, 1 Prise Zimtpulver, Zitronen- und Orangenschale schaumig rühren und die Toastbrotbrösel unterrühren.

4 Das Eiweiß mit dem Zucker zu cremigem Schnee schlagen und mit den Haselnüssen unter die Buttermasse ziehen.

5 Mit einem nassen Esslöffel aus der Masse 12 Nocken formen, im heißen Fett etwa 4 bis 5 Minuten goldbraun backen und auf Küchenpapier abtropfen lassen.

6 Die Nocken in eine Auflaufform setzen und mit der Soße nach und nach beträufeln, dabei mehrmals wenden. Bis zur weiteren Verwendung bei 70 bis 80 °C warm halten.

7 Die aufgetauten Himbeeren mit 3 EL Zucker in einem Topf bei milder Hitze vorsichtig erwärmen.

8 Je 3 gebackene Kapuziner mit den heißen Himbeeren und je 1 Kugel Eisträumereien Verpoorten Eierlikör-Sahne auf Desserttellern anrichten.

Mein Tipp

In der Winterzeit können die gebackenen Kapuziner auch mit Punsch oder Glühwein getränkt werden.

Kokos-Panna-cotta *mit Heidelbeeren*

FÜR 4 PERSONEN | ZUBEREITUNGSZEIT: 40 MINUTEN | KÜHLZEIT: 2 STUNDEN | AUFWAND: ☆☆

ZUTATEN

Für die Panna cotta:
300 g Kokosmilch
Mark von 1 Vanilleschote
3 EL Zucker
3 Blatt Gelatine
150 g Sahne

Für die Heidelbeeren:
150 g bofrost*Heidelbeeren
1–2 EL Zucker
Zitronensaft
Puderzucker zum Abschmecken

1 Für die Panna cotta die Kokosmilch mit dem Vanillemark und dem Zucker in einem Topf aufkochen lassen und vom Herd nehmen. Die Gelatine in kaltem Wasser einweichen, ausdrücken, in der heißen Kokosmilch auflösen und abkühlen lassen, bis die Masse zu gelieren beginnt. Falls nötig, 5 bis 10 Minuten in den Kühlschrank stellen.

2 Die Sahne halbsteif schlagen und unter die Kokosmilch heben. Die Panna cotta in 4 Portionsförmchen von je 150 ml Fassungsvermögen füllen und im Kühlschrank mindestens 2 Stunden kalt stellen.

3 Die Heidelbeeren 15 Minuten bei Zimmertemperatur auftauen lassen. Ein Drittel der Heidelbeeren mit dem Zucker mixen und durch ein Sieb streichen. Mit einigen Tropfen Zitronensaft und etwas Puderzucker abschmecken und mit den restlichen Heidelbeeren vermischen.

4 Die Förmchen in heißes Wasser tauchen und die Panna cotta auf Teller stürzen. Mit den marinierten Heidelbeeren garnieren.

Mein Tipp *Um die Creme gut stürzen zu können, werden Porzellanförmchen bis zum oberen Rand etwa 7 Sekunden in fast siedendes Wasser getaucht, Edelstahlförmchen werden nur einmal kurz eingetaucht.*

Sauerrahmkuchen *mit Himbeeren*

FÜR 1 SPRINGFORM | ZUBEREITUNGSZEIT: 20 MINUTEN | BACKZEIT: 40 MINUTEN | AUFWAND: ☆☆

ZUTATEN

Für den Teig:
175 g Mehl · 2 TL Backpulver
100 g Zucker
100 ml Orangensaft
80 ml neutrales Öl
2 Eier · 1 TL Vanillezucker
1 TL abgeriebene unbehandelte Orangenschale
weiche Butter und Mehl für die Form
250 g bofrost*Himbeeren

Für den Belag:
50 g Puderzucker
250 g saure Sahne (10 % Fett)
600 g Sahne
2 EL Zucker
1/4 TL Zimtpulver

1 Für den Teig den Backofen auf 180 °C vorheizen. Mehl und Backpulver sieben und mit dem Zucker mischen. Orangensaft, Öl, Eier, Vanillezucker und Orangenschale hinzufügen und alles zu einem glatten Teig verrühren.

2 Eine Springform von 28 cm Durchmesser mit Butter einfetten und mit Mehl bestäuben. Den Teig gleichmäßig darin verteilen, die gefrorenen Himbeeren darauf verteilen und im Backofen etwa 40 Minuten backen. Aus dem Ofen nehmen und abkühlen lassen.

3 Für den Belag den Puderzucker sieben und mit der sauren Sahne gut verrühren. Die Sahne steif schlagen und unter die saure Sahne heben. Auf den Teig streichen. Zucker und Zimt vermischen und gleichmäßig auf die Sahne streuen. Einen Tag im Kühlschrank zugedeckt durchziehen lassen.

4 Den Kuchen vorsichtig aus der Form lösen und mit einem Messer, das zwischendurch in heißes Wasser getaucht wird, in Portionsstücke schneiden.

Mein Tipp *Die Torte sollte unbedingt einen Tag im Kühlschrank durchziehen, dabei tropft die Sauerrahmsahne ab, tränkt gleichzeitig den Kuchenboden und die Torte lässt sich besser schneiden.*

Scheiterhaufen
mit Rumsahne

Für 6–8 Personen | Vorbereitungszeit: 50 Minuten | Backzeit: 70 Minuten | Aufwand: ☆☆☆

ZUTATEN

Für den Scheiterhaufen:
- 1/4 l Milch
- 250 g Sahne
- 6 Eier
- 70 g Zucker
- 1–2 EL Rum
- Mark von 1/2 Vanilleschote
- 1 TL abgeriebene unbehandelte Zitronenschale
- 3 bofrost*Butter-Hefezöpfe, fertig gebacken
- 160 g Butter
- 700 g Äpfel
- 1–2 EL Zucker
- 1 Prise Zimtpulver
- 1–2 EL Zitronensaft
- 40 g Rumrosinen (siehe Tipp)

Für die Himbeeren:
- 100 g bofrost*Himbeeren
- 1 EL Zucker
- 1 TL Zitronensaft

Für die Rumsahne:
- 100 g Sahne
- 1 EL Puderzucker
- 1 TL Rum

1 Für den Scheiterhaufen die Milch, die Sahne, die Eier mit dem Zucker, dem Rum, dem Vanillemark und der Zitronenschale mit dem Stabmixer verrühren und durch ein Sieb gießen. Den Backofen auf 170 °C vorheizen.

2 Die Hefezöpfe in 1/2 cm dicke Scheiben schneiden. In einer Pfanne bei milder Hitze 130 g Butter zerlassen und die Scheiben nacheinander goldgelb braten, dabei die Pfanne zwischendurch auswischen.

3 Die Äpfel schälen, entkernen und in 1/2 cm dicke Scheiben schneiden. Zucker und Zimt vermischen. Die Äpfel 2 bis 3 Minuten bei milder Hitze in der restlichen Butter mit dem Zimtzucker und Zitronensaft auf beiden Seiten braten.

4 Eine Kastenkuchenform von 30 cm Länge oder eine große Auflaufform einfetten und mit Backpapier auslegen.

5 Die Hefezopfscheiben mit den Apfelscheiben und Rumrosinen abwechselnd dachziegelartig in die Kastenkuchenform oder die Auflaufform schichten. Dabei mit den Zopfscheiben beginnen und damit abschließen, dann die oberste Schicht mit der Eiermilch begießen, bis alles aufgesaugt ist. Auf ein Backblech setzen und etwa 60 bis 70 Minuten im Ofen backen, herausnehmen, etwas abkühlen lassen und stürzen.

6 Die Himbeeren 30 Minuten zugedeckt bei Zimmertemperatur auftauen lassen. Für die Rumsahne Sahne und Puderzucker zu einer sämigen Soße schlagen und den Rum hinzufügen. Bis zur weiteren Verwendung kalt stellen. Aufgetaute Himbeeren und Zucker mit dem Stabmixer pürieren, durch ein Sieb streichen und mit dem Zitronensaft abschmecken.

7 Den warmen Scheiterhaufen in Scheiben schneiden und auf Teller legen, etwas Rumsahne außen herumziehen, ein paar Tupfen Himbeermark auf die Sahne setzen und mit dem dicken Ende eines Schaschlikspießes durch die Mitte der Fruchtmarkpunkte ziehen, sodass eine Art Herzchenmuster entsteht. Nach Belieben mit Himbeeren und Minzeblättern garnieren.

Mein Tipp

Werden Rumrosinen selbst hergestellt, legt man die Rosinen in eine Mischung aus zwei Drittel warmem, frisch aufgebrühtem Schwarztee und einem Drittel Rum. Sie sollten mindestens 2 Stunden darin ziehen, halten sich aber bei Zimmertemperatur mehrere Wochen, wenn sie mit Flüssigkeit bedeckt sind.

Karamell-Cappuccino *mit Orangenmilchschaum*

Für 4 Personen | Zubereitungszeit: 15 Minuten | Aufwand: ☆

ZUTATEN

1/2 Vanilleschote · 1/8 l Milch
1 kleines Stück unbehandelte Orangenschale
4 Tassen warmer Espresso
1–2 TL Orangenlikör
4 Kugeln bofrost*Eisträumereien Karamell-Sahne
gemahlener Kardamom zum Bestäuben (ersatzweise Zimtpulver)

1 Die Vanilleschote der Länge nach aufschlitzen und mit der Milch und der Orangenschale in einem Topf erhitzen. 5 Minuten ziehen lassen, die Gewürze wieder entfernen und die Milch warm halten.

2 Den Espresso jeweils mit einigen Tropfen Orangenlikör in 4 Cappuccinotassen füllen und je eine Kugel Karamelleis hinzufügen. Die Milch mit einem Milchschäumer oder dem Stabmixer zu Schaum schlagen, jeweils etwas Schaum über das Eis ziehen und mit Kardamom bestreuen.

Mein Tipp *Für den Orangenmilchschaum sollte die Milch zwar heiß sein, aber nicht kochen, damit sie sich schön schaumig aufschlagen lässt.*

Topfenschaum *mit Erdbeeren*

FÜR 4 PERSONEN | VORBEREITUNGSZEIT: 1 STUNDE | ZUBEREITUNGSZEIT: 20 MINUTEN | AUFWAND: ☆

ZUTATEN

200 g bofrost*Erdbeeren
125 g Magerquark · 75 g Zucker
je 1 Msp. abgeriebene unbehandelte Zitronen- und Orangenschale
1 EL Zitronensaft
3 EL Orangensaft
1 Msp. Vanillemark
250 g Sahne
2 Eiweiß · Salz
200 g Erdbeeren
etwas Puderzucker zum Bestäuben
4 Minzeblätter
2 EL weiße Schokoladenspäne
1/2 TL Kakaopulver

1 Die gefrorenen Erdbeeren 1 Stunde bei Zimmertemperatur auftauen lassen, mit dem Stabmixer pürieren und durch ein Sieb streichen.

2 Erdbeermark, Quark, ein Drittel des Zuckers, Zitronen- und Orangenschale, Zitronen- und Orangensaft sowie Vanillemark verrühren.

3 Die Sahne halbsteif schlagen, das Eiweiß mit dem restlichen Zucker und 1 kleinen Prise Salz cremig schlagen, beides unter die Quarkmasse heben.

4 Ein feuchtes Küchentuch in ein Sieb legen, das Sieb in eine Schüssel hängen und die Masse hineinfüllen. Mit Frischhaltefolie zugedeckt 3 bis 4 Stunden im Kühlschrank abtropfen lassen.

5 Die Erdbeeren putzen, waschen und in dünne Scheiben schneiden. Von außen nach innen leicht überlappend auf einer Dessertplatte zu einer Erdbeerrosette legen und mit Puderzucker leicht bestäuben. Die Minzeblätter waschen, trockenschütteln, in Streifen schneiden und darauf verteilen. Aus der Mousse mit einem heißen Esslöffel Nocken ausstechen, darauf setzen, mit den Schokospänen bestreuen und mit Kakao leicht bestäuben.

Mein Tipp *Nach 3 bis 4 Stunden schmeckt die Mousse besonders locker und lässt sich gut formen. Wird sie nicht gleich serviert, kann man sie zugedeckt in einer Schüssel im Kühlschrank frisch halten.*

Schokomoussetorte
mit Portweinbeeren

Für 10–12 Personen | Zubereitungszeit: 1 Stunde | Kühlzeit: 1 Stunde | Aufwand: ☆☆☆

ZUTATEN

Für die Torte:
200 g dunkle Kuvertüre
600 g Sahne
neutrales Pflanzenöl für die Form
200 g Amaretti
150 g Butter

Für die Portweinbeeren:
600 g bofrost*Feine Obstmischung
100 g bofrost*Heidelbeeren
15 Blatt Gelatine
200 ml roter Portwein
200 ml Kirschsaft
(ersatzweise Johannisbeersaft)
60 g Zucker
1 Streifen unbehandelte Orangenschale
Mark von 1/2 Vanilleschote
1/2 Sternanis, in einzelne Zacken geteilt
5 EL weiße Schokospäne zum Bestreuen

1 Für die Torte die Kuvertüre klein hacken. Die Sahne aufkochen, vom Herd nehmen, die Schokolade hineinrühren und darin auflösen. Mit einem Stabmixer etwa 30 Sekunden verrühren und zugedeckt über Nacht in den Kühlschrank stellen.

2 Am nächsten Tag mit dem Handrührgerät oder Mixer zu einer festen Schokosahne aufschlagen. Für die Portweinbeeren die Obstmischung und Heidelbeeren vermischen und 40 Minuten bei Zimmertemperatur antauen lassen.

3 Den Boden einer Springform von etwa 28 cm Durchmesser mit Öl einfetten und mit Backpapier belegen.

4 Die Amaretti in einen Gefrierbeutel füllen und mit dem Nudelholz oder einem Schnitzelklopfer zu Bröseln zerkleinern. Die Butter schmelzen lassen, mit den Amarettibröseln vermischen, auf dem Springformboden verteilen und glatt streichen.

5 Für die Beeren die Gelatine in kaltem Wasser einweichen. Portwein, Kirschsaft, Zucker, Orangenschale, Vanillemark und Sternanis aufkochen und vom Herd nehmen. Die Gelatine ausdrücken, darin auflösen, durch ein Sieb gießen und noch heiß mit den Beeren vermischen. Sofort auf dem Amarettiboden verteilen. 10 Minuten in den Kühlschrank stellen, die Schokoladensahne darauf verteilen und glatt verstreichen. Mindestens 1 Stunde im Kühlschrank durchziehen lassen.

6 Zum Anrichten die Torte mit weißen Schokoladenspänen bestreuen, in Portionsstücke teilen und auf Kuchentellern servieren.

Mein Tipp

Die Torte lässt sich am besten mit einem Elektromesser, das zwischendurch immer wieder in heißes Wasser getaucht und abgetrocknet wird, schneiden. Als Variante kann der Bröselboden durch einen schnellen Boden aus Reiscrispies ersetzt werden. Dafür 250 g weiße Kuvertüre mit 2 EL Öl schmelzen lassen, 150 g Reiscrispies hineinrühren und auf dem mit Backpapier belegten Springformboden verteilen. Für Kinder kann anstatt Portwein Kirsch- oder Johannisbeersaft verwendet werden.

Exotische Früchte *im Gewürzsirup*

FÜR 4 PERSONEN | VORBEREITUNGSZEIT: 30 MINUTEN | ZUBEREITUNGSZEIT: 20 MINUTEN | AUFWAND: ☆

ZUTATEN

40 g Zucker
5 Scheiben frischer Ingwer
je 2 Streifen unbehandelte Zitronen- und Orangenschale
1 TL Anissamen
1 Zimtrinde
1/2 TL Kardamomsamen
2 Gewürznelken
1/2 aufgeschlitzte Vanilleschote
80 g Honig
600 g bofrost*Exotischer Fruchtsalat
4 Kugeln bofrost*Malaga-Eiskrem

1 Für den Gewürzsirup 400 ml Wasser mit Zucker, Ingwerscheiben, Zitronen- und Orangenschale sowie den Gewürzen aufkochen. Den Topf vom Herd nehmen und den Honig darin auflösen. 30 Minuten ziehen lassen und durch ein Sieb gießen.

2 Den exotischen Fruchtsalat in einer Auflaufform verteilen, den Sirup nochmals erhitzen und darüber gießen. Mindestens 1 Stunde, am besten aber 1 Tag im Kühlschrank durchziehen lassen.

3 Zum Anrichten den Fruchtsalat in tiefen Tellern oder Dessertschalen verteilen, dabei etwas Sirup hinzufügen und je eine Kugel Malaga-Eiskrem darauf setzen.

Mein Tipp *Die Früchte schmecken am besten gut gekühlt und halten sich abgedeckt bis zu 3 Tage im Kühlschrank.*

Gebratene Gewürzananas *mit Stracciatella-Eis*

FÜR 2 PERSONEN | ZUBEREITUNGSZEIT: 15 MINUTEN | AUFWAND: ☆☆

ZUTATEN

1 EL Puderzucker
4 bofrost*Ananas-Schiffchen (ca. 350 g)
1/2 Zimtrinde · 1 ganzer Sternanis
1/2 Vanilleschote
3 angedrückte Kardamomkapseln
1 Streifen unbehandelte Orangenschale · 1 Scheibe Ingwer
1/8 l Prosecco
1 EL kalte Butter
2 kleine Erdbeeren
2 Kugeln bofrost*Stracciatella-Eiskrem

1 In einer großen Pfanne den Puderzucker hell karamellisieren, die tiefgefrorenen Ananas-Schiffchen mit den Gewürzen hinzufügen und kurz anbraten. Mit Prosecco ablöschen, 1 bis 2 Minuten einköcheln lassen, die Ananasstücke dabei wenden. Zum Schluss die Butter darin schmelzen lassen und die Gewürze entfernen.

2 Die Erdbeeren waschen, entkelchen und in Stifte schneiden. Die Ananas-Schiffchen auf Desserttellern anrichten, die Erdbeerstifte in den Fond rühren, die Ananas damit beträufeln und je eine Kugel Stracciatella-Eiskrem darauf setzen.

Mein Tipp *Anstatt Stracciatella-Eiskrem passt auch sehr gut Karamelleis oder Schokoladeneis. Wenn Sie weder Sternanis noch Kardamom mögen, können Sie beide Gewürze auch weglassen oder durch rote Pfefferkörner ersetzen.*

Früchte in der Mandelblüte
mit Joghurtschaum

Für 4 Personen | Vorbereitungszeit: 1 Stunde | Zubereitungszeit: 30 Minuten | Aufwand: ☆☆☆

ZUTATEN

Für die Früchte:
400 g bofrost*Exotischer Fruchtsalat
1/2 Vanilleschote
100 ml Orangensaft
1–2 EL Zucker
1 Streifen unbehandelte Orangenschale
1–2 TL Speisestärke
1 TL Orangenlikör

Für die Mandelblüten:
je 30 g Puderzucker und Mehl
1 Eiweiß
30 g flüssige Butter
Zimtpulver
4 TL Mandelblättchen

Für den Joghurtschaum:
100 g Joghurt · 80 ml Milch
3 EL Sahne · 1–2 EL Zucker
1 EL Zitronensaft
4 Kugeln bofrost*Eisträumereien Karamell-Sahne
4 Minzespitzen zum Garnieren

1 Den Backofen auf 200 °C vorheizen. Für die Früchte den Fruchtsalat 1 Stunde bei Zimmertemperatur auftauen lassen, in einem Sieb abtropfen lassen und den Saft dabei auffangen.

2 Für die Mandelblüten Puderzucker, Mehl, Eiweiß, Butter und 1 Prise Zimtpulver in einer Schüssel verrühren. Ein Backblech mit bofrost*Dauer-Backfolie belegen, aus der Teigmasse 4 gleich große Portionen abnehmen und in möglichst großem Abstand zueinander auf die Folie setzen. Mit einem nassen Teigschaber oder dem Esslöffelrücken, der zwischendurch immer wieder in Wasser getaucht wird, zu gleichmäßigen Kreisen von etwa 14 cm Durchmesser ausstreichen und mit Mandelblättchen bestreuen.

3 Die Mandelblüten im Backofen hellbraun etwa 3 Minuten backen, möglichst noch heiß in Martinigläser setzen und abkühlen lassen. Bis zur Weiterverwendung trocken aufbewahren.

4 Für die Früchte die Vanilleschote der Länge nach aufschlitzen und mit dem aufgefangenen Fruchtsaft, dem Orangensaft, Zucker und der Orangenschale aufkochen lassen. Die Speisestärke mit etwas kaltem Wasser verrühren, in den leicht köchelnden Saft rühren und 1 bis 2 Minuten leicht kochen lassen. Durch ein Sieb gießen und mit den Früchten vermischen. Mit Orangenlikör abschmecken.

5 Für den Joghurtschaum Joghurt, Milch, Sahne, Zucker und Zitronensaft in einen Mixbecher geben und verrühren.

6 Die Mandelblüten auf Dessertteller setzen, mit den Früchten füllen und etwas Fruchtsoße darüber träufeln. Jeweils 1 Kugel Karamelleis daneben setzen, den Joghurtschaum mit dem Stabmixer aufschäumen und das Dessert damit garnieren.

Mein Tipp

Damit die Eiskugel beim Servieren nicht verrutscht, streut man einfach ein paar gebräunte Mandelblättchen darunter.

Karamellisierte Schmetterlinge
mit Zimt

FÜR 4 PERSONEN | VORBEREITUNGSZEIT: 30 MINUTEN | ZUBEREITUNGSZEIT: 25 MINUTEN | AUFWAND: ☆☆☆

ZUTATEN

1 Platte bofrost*Blätterteig
3 EL Zucker
1 TL Kakaopulver
1/2 TL Zimtpulver
1 Eiweiß

1 Die Blätterteigplatte halbieren und 30 Minuten bei Zimmertemperatur auftauen lassen. Zucker, mit dem gesiebtem Kakao und dem Zimtpulver vermischen, 1 EL davon gleichmäßig auf eine Teighälfte streuen, die zweite Teighälfte darauf legen, leicht andrücken und auf einer Arbeitsfläche auf die doppelte Größe ausrollen. Dabei anstatt mit Mehl leicht mit der Zuckermischung bestreuen. Danach nochmals eine Teighälfte mit der restlichen Zuckermischung bestreuen, die zweite Teighälte darüber klappen und erneut auf die doppelte Größe ausrollen. Dabei, falls nötig, anstatt mit Mehl mit etwas Zucker bestreuen.

2 Den Backofen auf 220 °C vorheizen. Für die Schmetterlinge das Eiweiß mit dem Stabmixer kurz aufmixen. Aus dem Teig mit einem Messer 15 Teigstreifen von 1 cm Breite und 6 cm Länge und 30 Dreiecke von etwa 6 cm Seitenlänge ausschneiden. Zwei Dreiecke an den Spitzen mit etwas Eiweiß etwa 1 cm überlappend aneinander kleben und auf ein mit bofrost*Dauer-Backfolie belegtes Backblech legen.

3 Auf die übereinander gelegte Stelle nochmals etwas Eiweiß streichen, einen vorbereiteten Teigstreifen darauf legen, an einem Teigstreifenende etwa 2 cm tief einschneiden und die beiden so entstandenen dünneren Teigstreifen etwas auseinander legen. Es soll ein Schmetterling mit 2 Fühlern entstehen. Mit Zucker bestreuen. Die übrigen Teigstreifen und Dreiecke auf die gleiche Weise verarbeiten und im vorgeheizten Backofen auf der untersten Schiene etwa 8 Minuten knusprig braun backen. Herausnehmen und den Grill einschalten. Das Gebäck etwa 1 Minute unter dem Grill karamellisieren lassen.

4 Die Zimtschmetterlinge auf einen Servierteller legen und mit Puderzucker bestäuben. Dazu einen Milchkaffee oder Cappuccino servieren.

Mein Tipp

*Wenn Ihnen die Schmetterlinge zu kompliziert erscheinen, können Sie auch einfache Zimtrauten backen. Dafür den Teig mit einem Messer in Rauten von beliebiger Größe schneiden und auf mit bofrost*Dauer-Backfolie belegte Backbleche legen. Im vorgeheizten Backofen auf der mittleren Schiene etwa 8 Minuten knusprig braun backen.*

Sonntags-Menü

Sonntags-Menü

FÜR 4 PERSONEN

1. *Kräutersuppe mit Spinat* S. 71
2. *Schweinefilet mit Spinat-Spargel-Gemüse und Schupfnudeln* S. 173
3. *Gratinierte Himbeeren mit Schokosplitter-Eis (die Menge wird für das Menü verdoppelt)* S. 227

1

EINKAUFSLISTE FÜR DAS GANZE MENÜ:

➤ ***bofrost*Produkte:***
80 g bofrost*Zwiebelwürfel
100 g bofrost*Junger Spinat
100 g bofrost*Kräuterprofi »Kräutermischung«
8 bofrost*Schweinefilet-Medaillons, mariniert
180 g bofrost*Blattspinat
500 g bofrost*Weißer Stangenspargel
500 g bofrost*Original schwäbische Schupfnudeln
500 g bofrost*Himbeeren
1 Dose bofrost*Schokosplitter-Eiskrem

➤ ***Gemüse und Obst:***
150 g mehlig kochende Kartoffeln
unbehandelte Zitrone und Orange
Knoblauch
Kräuter
1 frischer Pfirsich (oder Pfirsich aus der Dose)

➤ ***Was Sie sonst noch brauchen:***
200 g Sahne
2 Eier
2 EL Magerquark

➤ ***Das sollten Sie zu Hause haben:***
Salz · schwarzer Pfeffer aus der Mühle
Cayennepfeffer
Muskatnuss
Puderzucker
Zucker
Geflügel- oder Gemüsebrühe
Butter
neutrales Pflanzenöl
gebräunte, bzw. braune Butter (siehe Seite 10)

ALLGEMEINER TIPP ZUM MENÜ:

Generell sollte man bei der Zusammenstellung eines Menüs darauf achten, dass sich die Hauptzutaten, die Garmethoden sowie die Geschmacksrichtung möglichst nicht wiederholen. Alle Gerichte sollten gut vorzubereiten sein und sich reibungslos nebeneinander fertig stellen lassen können.

2

3

ZEITPLAN FÜR DAS SONNTAGS-MENÜ: VORBEREITUNG AM VORTAG + 1 STUNDE

1 Tag vorher:

- Für die Suppe Kartoffeln und Zwiebeln weich kochen, Sahne und Butter hinzufügen, Zitronenschale einlegen, auskühlen lassen, Zitronenschale entfernen und zugedeckt bis zum Gebrauch kalt stellen.
- Die Schweinefilet-Medaillons zum Auftauen in den Kühlschrank legen.

1 Stunde vorher:

- Für die Gratiniermasse Eigelb mit Puderzucker, Zitronenschale und Quark verrühren und zugedeckt beiseite stellen.
- Die gefrorenen Himbeeren in die Gratinierschalen oder -teller verteilen und darauf achten, dass vier davon nebeneinander in den Backofen passen.

30 Minuten vorher:

- Die Schweinefilet-Medaillons anbraten und in den Backofen legen.
- Das Gemüse fertig stellen, beiseite stellen und bei Gebrauch nochmals erhitzen.

Kurz vorher:

- Die Kräutersuppe mit den übrigen Zutaten fertig stellen.
- Schupfnudeln in etwas Butter anbraten.
- Die Gratiniermasse mit Eischnee und Sahne fertig stellen.

WEINEMPFEHLUNG:

Man empfiehlt zu Suppen meist keinen eigenen Wein. Alle Weine, die zum Schweinefilet passen, können auch zur Kräutersuppe genossen werden. Zum Schweinefilet eignet sich hervorragend ein guter Bordeaux. Diese berühmte Weinregion liegt in der Nähe des kühlen Atlantiks. Seine Winde kühlen die Rebstücke im Sommer. So entstehen feine, nicht zu schwere Weine mit einer edlen, würzigen Note, die sich mit den Bratenaromen und Kräutern gut ergänzen.

Italienisches Menü

Italienisches Menü

Für 4 Personen

EINKAUFSLISTE FÜR DAS GANZE MENÜ:

➤ ***bofrost*Produkte:***
6 Stangen bofrost*Weißer Stangenspargel
bofrost*Kräuterprofi »Petersilie« und »Kräutermischung«
8 bofrost*Lammrücken-Medaillons, mariniert
250 g bofrost*Kaiserschoten
150 g bofrost*Heidelbeeren

➤ ***Gemüse und Obst:***
1 unbehandelte Zitrone
Salat- oder Kräuterblättchen zum Garnieren
Knoblauch
2 Bund Lauchzwiebeln
4 Tomaten
frischer Thymian

➤ ***Was Sie sonst noch brauchen:***
300 g küchenfertiges Rinderfilet
80 g entsteinte, schwarze Oliven
300 ml Milch
Parmesan am Stück zum Reiben
80 g Instant-Polentamehl
300 g Kokosmilch
1 Vanilleschote
3 Blatt Gelatine
150 g Sahne

➤ ***Das sollten Sie zu Hause haben:***
Gemüsebrühe oder Geflügelbrühe
mildes Olivenöl
Pflanzenöl
braune Butter (siehe Seite 10)
Butter
Salz · schwarzer Pfeffer aus der Mühle
Zucker
Puderzucker
Cayennepfeffer
1 getrocknete rote Chilischote
Muskatnuss
1 Lorbeerblatt

ALLGEMEINER TIPP ZUM MENÜ:

Als Mengenangabe pro Person rechnet man bei einem Menü mit etwa 150 g der Hauptzutat Fisch oder Fleisch und 200 g Beilage (z. B. 100 g Gemüse, 100 g Nudeln oder Kartoffeln).

ZEITPLAN FÜR DAS ITALIENISCHE MENÜ: Vorbereitung am Vortag + 30 Minuten

➤ *1 Tag vorher:*

- Lammrücken-Medaillons zum Auftauen in den Kühlschrank legen.
- Kokos-Panna-cotta fertig stellen und zugedeckt in den Kühlschrank stellen.
- Das Carpaccio zwischen Alufolienblätter klopfen und in die Folie gewickelt in den Kühlschrank legen.
- Den marinierten Spargel fertig stellen und zugedeckt im Kühlschrank aufbewahren.
- Salat- oder Kräuterblättchen verlesen, mit feuchtem Küchenpapier belegen und mit Frischhaltefolie bedeckt kalt stellen.
- Die Heidelbeeren kalt stellen.
- Für das Gemüse Lauchzwiebeln und Kaiserschoten blanchieren, die Tomaten als Streifen vorbereiten und alles zugedeckt kalt stellen.

➤ *30 Minuten vorher:*

- Das Carpaccio bis auf die Kräuterblätter fertig stellen.
- Die Lammrücken-Medaillons anbraten und auf einem Backblech oder in einer Fettpfanne in den Ofen schieben. (Sollte sich der Hauptgang etwas verschieben, hält sich das Fleisch auch noch bis zu 30 Minuten länger bei der gleichen Temperatur.)

➤ *15 Minuten vorher:*

- Olivenpolenta fertig stellen und warm halten.

➤ *Kurz vorher:*

- Das Carpaccio mit Kräuterblättchen garnieren.
- Das Gemüse fertig stellen.

WEINEMPFEHLUNG:

Zu diesem Menü trinkt man natürlich italienischen Wein! Ausschlaggebend für die Wahl des Weins ist die Marinade für das Carpaccio. Wir empfehlen einen frischen Weißwein vom Gardasee, zum Beispiel einen Garda Garganega. Durch das milde Seeklima sind die Weine leicht, zart und unaufdringlich. Der Lammrücken verträgt einen kraftvollen Rotwein aus dem Süden Italiens. Probieren Sie einen Primitivo oder Salento Rosso aus Apulien. Diese warme Gegend bringt tiefdunkle Weine mit betörenden Aromen, Kraft und Langlebigkeit hervor.

Genießer-Menü

Genießer-Menü

FÜR 4 PERSONEN

1. *Tomaten-Mozzarella-Salat mit Pilzen* S. 18
2. *Hähnchenbrustwürfel in Orangen-Senf-Soße mit Gemüse-Wildreis-Mischung* S. 161
3. *Karamell-Cappuccino mit Orangenmilchschaum* S. 240

1

EINKAUFSLISTE FÜR DAS GANZE MENÜ:

➤ ***bofrost*Produkte:***
160 g bofrost*Feinschmecker-Pilzmischung
500 g bofrost*Hähnchen-Brustfilets, naturbelassen
700 g bofrost*Gemüse-Wildreis-Mischung
1 Dose bofrost*Eisträumereien Karamell-Sahne

➤ ***Gemüse und Obst:***
4 mittelgroße Tomaten
1 unbehandelte Orange

➤ ***Was Sie sonst noch brauchen:***
500 g Mozzarella
1 Bund frisches Basilikum
100 g Sahne
1 EL scharfer Senf
1 EL Weißwurstsenf/süßer Senf
1/8 l Milch
1 Vanilleschote
Espressokaffee
2 TL Orangenlikör
gemahlener Kardamom oder Zimt

➤ ***Das sollten Sie zu Hause haben:***
Balsamico-Essig
mildes Olivenöl
Salz · schwarzer Pfeffer aus der Mühle
neutrales Pflanzenöl
Gemüsebrühe
Butter
Cayennepfeffer

ALLGEMEINER TIPP ZUM MENÜ:

Für ein kleines Menü empfiehlt sich folgende Reihenfolge: Vorspeise, Suppe, Pasta, Fisch, Fleisch, Dessert. Fisch wird vor Fleisch gereicht, helles Fleisch vor dunklem und milde Speisen vor kräftig gewürzten. Bei einem Menü wird zunächst der leichte Wein serviert (Weißwein zum Fisch und später zum Fleisch ein gehaltvollerer wie Rotwein).

2

3

ZEITPLAN FÜR DAS GENIESSER-MENÜ: 1 1/4 STUNDEN

➤ ***1 1/4 Stunden vorher:***
- Hähnchen-Brustfilets auftauen lassen.

➤ ***1 Stunde vorher:***
- Mozzarellasalat fertig stellen.

➤ ***35 Minuten vorher:***
- Gewürzmilch für das Dessert vorbereiten, beiseite stellen und bei Gebrauch erwärmen und aufschäumen.

➤ ***30 Minuten vorher:***
- Hähnchenbrustwürfel mit Soße fertig stellen, beiseite stellen und bei Gebrauch erwärmen.
- Parallel dazu Gemüse-Wildreis-Mischung fertig stellen und warm halten.

➤ ***Kurz vorher:***
- Espresso kochen und Dessert anrichten.

WEINEMPFEHLUNG:

Zum Tomaten-Mozzarella-Salat mit gebratenen Pilzen passt ein leichter Grüner Veltliner aus Österreich, zum Beispiel aus dem Kremstal oder der Wachau. Gute Weine duften nach grünem Apfel oder Maracuja und bringen neben höchstem Trinkvergnügen die Vorspeise richtig zur Geltung. Das Hähnchen in Orangen-Senf-Soße verträgt dagegen einen kräftigeren Wein. Ein trockener Riesling aus der Pfalz ist der ideale Begleiter für Geflügel.

Festliches Büfett

Festliches Büfett

FÜR 10 BIS 12 PERSONEN

1. *Fischsülze mit Meerrettichmousse* S. 216
2. *Gemischter Blattsalat mit Spargeldressing (die Menge wird für das Büfett verdoppelt)* S. 16
3. *Antipasti mit Broccoli und Spargel* S. 186
4. *Schollenfilet mit lauwarmem Tomatentatar* S. 221
5. *Blätterteigpastete* S. 184
6. *Schokomoussetorte mit Portweinbeeren* S. 242

EINKAUFSLISTE FÜR DAS GANZE BÜFETT:

➤ ***bofrost*Produkte:***
1 bofrost*Lachsfilet
1 bofrost*Rotbarschfilet
50 g bofrost*Bouillon-Gemüse
100 g bofrost*Luxuskrabben
650 g bofrost*Weißer Stangenspargel
bofrost*Kräuterprofi »Petersilie«
400 g bofrost*Broccoli-Röschen
300 g bofrost*Pariser Karotten
100 g bofrost*Feinschmecker-Pilzmischung
10 bofrost*Schollenfilets
80 g bofrost*Möhren, gewürfelt
150 g bofrost*Zwiebelwürfel
500 g bofrost*Schweinefilet-Medaillons, mariniert
2 Platten bofrost*Blätterteig
600 g bofrost*Feine Obstmischung
100 g bofrost*Heidelbeeren
bofrost*Brot, z. B. Brötchenkorb (pro Person ca. 1 bis 2 Stück)

➤ ***Gemüse und Obst:***
Ingwer · Knoblauch
4 Thymianzweige
1 unbehandelte Zitrone
700 g geputzter, gemischter Salat
6 mittelgroße Tomaten
300 g Cocktailtomaten
frische Kräuterblättchen zum Garnieren
1 EL frisches Basilikum
1 unbehandelte Orange

➤ ***Was Sie sonst noch brauchen:***
23 Blatt Gelatine · 800 g Sahne
1 EL Sahnemeerrettich · 1 Ei
80 g Joghurt
40 g entsteinte grüne Oliven
350 g Bratwurstbrät vom Metzger
250 g Schweinehackfleisch
200 g dunkle Kuvertüre
200 g Amaretti · 200 ml Kirschsaft
200 ml roter Portwein
50 g weiße Schokospäne

➤ ***Das sollten Sie zu Hause haben:***
150 g Butter
80 g doppelgriffiges Mehl
Weißwein
Weißweinessig
Balsamico-Essig
Sonnenblumenöl oder Rapsöl
mildes Olivenöl
Gemüsebrühe
scharfer Senf
Lorbeerblätter
schwarze Pfefferkörner
Pimentkörner
Wacholderbeeren
Salz
Zucker
Muskatnuss
gemahlener Piment
Cayennepfeffer
Vanilleschote
Sternanis

ALLGEMEINER TIPP ZUM BÜFETT:

Ein Büfett sollte abwechslungsreiche Gerichte anbieten, die sich gut vorbereiten lassen: Fisch, Fleisch, Gemüse, Salat und Dessert. Erfahrungsgemäß verspeist jeder Gast (von der Vorspeise bis zum Dessert) rund 700 g.

4

3

6

5

ZEITPLAN FÜR DAS FESTLICHE BÜFETT:

VORBEREITUNG AM VORTAG + 2 STUNDEN

➤ ***1 Tag vorher:***
- Fischsülze in Gläser füllen und zugedeckt kalt stellen.
- Salat waschen, trockenschleudern und zugedeckt kalt stellen.
- Dressing zubereiten und kalt stellen.
- Antipasti marinieren und zugedeckt kalt stellen.
- Für das Tomatentatar Tomaten und Oliven klein schneiden und zugedeckt kalt stellen.
- Schokomoussetorte herstellen und zugedeckt kalt stellen.
- Schollenfilets zugedeckt im Kühlschrank auftauen lassen.

➤ ***2 Stunden vorher:***
- Blätterteigpastete vorbereiten, kalt stellen, dabei nicht zudecken.
- Antipasti aus dem Kühlschrank nehmen.

➤ ***1 1/2 Stunden vorher:***
- Schollenfilets im Ofen garen, das Tomatentatar zubereiten und alles auf einer Platte anrichten.
- Brot aufbacken.

➤ ***1 Stunde vorher:***
- Die Blätterteigpastete backen.
- Die Torte in Stücke teilen.

➤ ***30 Minuten vorher:***
- Das Büfett nach und nach aufbauen, gegebenenfalls noch mit Folie abdecken, bis die Gäste kommen, und erst kurz vorher die Folie abziehen.

➤ ***Kurz vorher:***
- Die Blätterteigpastete in Stücke schneiden.

WEINEMPFEHLUNG:

Auf einem Büfett werden Speisen unterschiedlicher Geschmacksrichtung angeboten. Deshalb ist die Wahl nur eines Weins oft schwierig. Grundsätzlich sollte er eher fruchtig sein. Probieren Sie dazu einen hochwertigen Prosecco oder Chardonnay Frizzante aus Italien. Diese leicht prickelnden Weine aus der Gegend um Venedig sind leicht, aromatisch und unglaublich vielseitig. Sie unterstreichen den festlichen Ansatz und harmonieren sehr gut mit den feinen Aromen der Gewürze, ohne sie zu überlagern.

Mediterranes Büfett

Mediterranes Büfett

FÜR 10 BIS 12 PERSONEN

1. *Antipasti mit Fenchel, Zucchini und Paprika* S. 19
2. *Gemischter Blattsalat mit Kräuterdressing* S. 16
3. *Hähnchenbrust in Zitronenmarinade* S. 206
4. *Schweinefilet in Thunfischsoße* S. 202
5. *Kräuterlasagne* S. 192
6. *Exotische Früchte im Gewürzsirup* S. 244

1

2

EINKAUFSLISTE FÜR DAS GANZE BÜFETT:

➤ ***bofrost*Produkte:***
400 g bofrost*Paprikastreifen
10 bofrost*Hähnchen-Brustfilets, naturbelassen
1 kg bofrost*Schweinefilet-Medaillons, mariniert
500 g bofrost*Junger Spinat
3 Packungen und 2 EL bofrost* Kräuterprofi »Kräutermischung«
1,2 kg bofrost*Exotischer Fruchtsalat
1 Dose bofrost*Malaga-Eiskrem
15 bis 20 Stücke bofrost*Brot, je nach Vorliebe Baguette, Ciabatta oder Brötchenkorb (pro Person ca. 1 bis 2 Stück)

➤ ***Gemüse und Obst:***
2 kleine Fenchelknollen
2 kleine Zucchini
Knoblauch
Ingwer
4 Thymianzweige
4 Rosmarinzweige
2 Minzezweige
2 Petersilienzweige
700 g gemischter, geputzter Blattsalat
3 unbehandelte Zitronen
1 unbehandelte Orange
1/2 Zwiebel

➤ ***Was Sie sonst noch brauchen:***
150 g Fetakäse
100 g Crème fraîche
50 g entsteinte schwarze Oliven
300 g in Öl eingelegter Thunfisch
25 in Öl eingelegte Sardellenfilets
3 bis 4 EL kleine eingelegte Kapern
12 Lasagneplatten, vorgegart
12 dünne Scheiben gekochter Schinken
150 g geriebener Emmentaler
160 g Honig

➤ ***Das sollten Sie zu Hause haben:***
Pflanzenöl
mildes Olivenöl
Rotweinessig
Salz · schwarzer Pfeffer aus der Mühle
Wacholderbeeren
1 Lorbeerblatt
6 Gewürznelken
Zucker
Cayennepfeffer
Muskatnuss
2 TL Anissamen
2 Zimtrinden
1 TL Kardamom
1 Vanilleschote
Gemüsebrühe, Geflügelbrühe
Mehl
800 ml Milch
100 g Butter

ALLGEMEINER TIPP ZUM BÜFETT:

Für die Rezepte Antipasti mit Fenchel, etc. (S. 19), das Kräuterdressing für den Salat (S. 16) und die exotischen Früchte (S. 244), müssen die Zutaten verdoppelt werden. Stellen Sie warme Speisen am besten auf einer Warmhalteplatte auf das Büfett. Kalte Speisen bis zum Eintreffen der Gäste mit Frischhaltefolie abdecken.

4

6

3

5

ZEITPLAN FÜR DAS MEDITERRANE BÜFETT: VORBEREITUNG AM VORTAG + 2 STUNDEN

1 Tag vorher:

- Antipasti einlegen, zugedeckt kalt stellen.
- Salat waschen, trockenschleudern, zugedeckt kalt stellen.
- Dressing zubereiten und zugedeckt kalt stellen.
- Zitronenhähnchen einlegen und zugedeckt kalt stellen.
- Schweinefilet garen und abkühlen lassen, die Thunfischsoße zubereiten und beides zugedeckt kalt stellen.
- Kräuterlasagne in die Form schichten und zugedeckt kalt stellen.
- Die exotischen Früchte einlegen und zugedeckt kalt stellen.

2 Stunden vorher:

- Antipasti aus dem Kühlschrank nehmen.
- Brot aufbacken.

1 1/2 Stunden vorher:

- Lasagne in den Ofen schieben.

45 Minuten vorher:

- Schweinefilet auf einer Platte anrichten, mit Thunfischsoße beträufeln und garnieren.

30 Minuten vorher:

- Ofen ausschalten, die Zitronenhähnchen zugedeckt noch etwa 20 Minuten zur Lasagne in den Ofen stellen.
- Das Büfett nach und nach aufbauen, gegebenenfalls noch mit Folie abdecken, bis die Gäste kommen, und kurz vorher die Folie entfernen.

WEINEMPFEHLUNG:

Bei diesem Büfett dominieren verschiedene Kräuter, die sehr aromastark sind. Um dem standzuhalten, sollte der Wein nicht zu leicht sein. Im Süden trinkt man bei diesen Gelegenheiten gern einen trockenen Rosé, zum Beispiel aus der Gegend um den Gardasee (Bardolino Chiaretto) oder aus Südfrankreich. Diese Weine vereinen den erfrischenden Charakter eines Weißweins mit den Aromen und der Würze roter Trauben. Dadurch sind sie enorm vielseitig und passen zu vielen Gerichten.

Rezeptregister

Rezeptregister nach bofrost*Produkten

Bildnachweis

bofrost*Dienstleistungs GmbH: 278, 279, 280, 281; Alexander Haselhoff: 6, 7; Jo Kirchherr/Verlag Zabert Sandmann: 10, 11, 12, 13; Reinhard Tierfoto/Hans Reinhard: 8 oben; StockFood/Michael Grand: 9 rechts; StockFood/Joff Lee Studio: 9 unten links; StockFood/Thom de Santo: 8 rechts Mitte; StockFood/Jim Scherer: 8 unten links

Warum ich bofrost* empfehle

Alfons Schuhbeck weiß: Qualität und Geschmack stimmen.

Dass ich ein großer bofrost*Fan bin – das gebe ich gern zu. Und ich bin es noch viel mehr, seit ich mich vor Ort davon überzeugen konnte, was bofrost* alles für die Qualität seiner Produkte tut. Es war für mich sehr beeindruckend zu sehen, mit welchem Aufwand hier Tag für Tag unzählige Lebensmittel sorgfältig getestet und überprüft werden. Die Qualität der Zutaten ist nun einmal fürs Kochen und Genießen das A und O.

NUR BESTE ZUTATEN

Bei bofrost* weiß man das und erntet dort, wo es optimale Bedingungen gibt. So bezieht bofrost* seine Lebensmittel nur aus ausgesuchten Anbaugebieten in rund 30 Ländern der Erde. bofrost*Gemüse oder -Obst wird nach sehr strengen Vorgaben angebaut und geerntet. Meist sind die Grenzwerte und Bestimmungen strenger, als es das Lebensmittelrecht des jeweiligen Landes vorschreibt. Und da auch Transport und Verpackung äußerst sorgfältig überwacht werden und dabei nur schonende Verfahren zum Einsatz kommen, kann die Qualität der Lebensmittel von Anfang an bewahrt werden. So gelingt es bofrost*, die bestmöglichen Zutaten auf den Teller zu bringen.

OPTIMALER VITAMINGEHALT

Vitamine, Vitamine – alle sprechen von Vitaminen und ihren Wirkungen. Häufig weiß man jedoch gar nicht, wie viele Vitamine tatsächlich noch in einem Lebensmittel, das man gerade gekauft hat, stecken. Grüne Bohnen beispielsweise verlieren schon nach vier Tagen Lagerung einen Großteil ihres Vitamin-C-Gehalts. Und auch in Himbeeren, Erdbeeren oder anderem Obst bauen sich bereits ein paar Stunden nach der Ernte die wertvollen Vitamine, Farb- und Aromastoffe ab. Um dies zu verhindern, setzt bofrost* das so genannte Schockfrosten der Lebensmittel ein. Das bedeutet, dass die Lebensmittel in der Regel innerhalb von zwei Stunden nach der Ernte (oder Fisch und Meeresfrüchte nach dem Fang auf hoher See) bei bis zu minus 70 Grad schockgefroren werden. Bis zur Lieferung in die Tiefkühltruhe liegt dann die Temperatur der Tiefkühlkette ununterbrochen bei unter minus 18 Grad. Dadurch bleibt bei tiefgekühlten bofrost*Grüne Bohnen beispielsweise das Vitamin C sogar noch nach vielen Monaten fast vollständig erhalten. Und auch viele andere wertvolle Inhaltsstoffe aus Obst und Gemüse können auf diese Weise »gerettet« werden. Die bofrost* Lebensmittel sind also quasi erntefrisch.

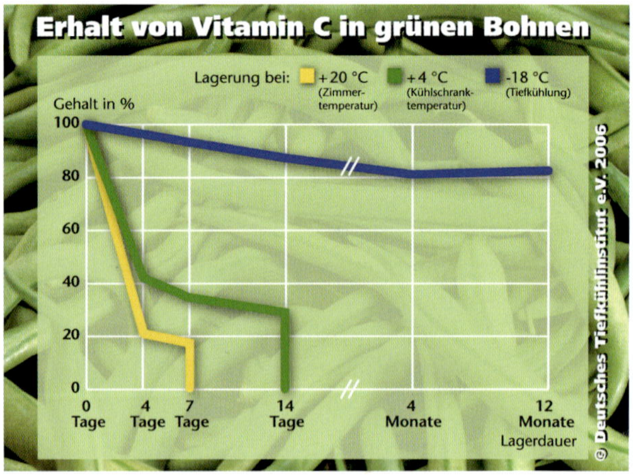

Verbleibender Vitamin-C-Gehalt bei Lagerung von Bohnen tiefgefroren (-18 °C), im Kühlschrank (+4 °C) und bei Zimmertemperatur (+20 °C)

Gespräch mit einem Vertragspartner

SICHERER GENUSS

Das Gleiche gilt selbstverständlich auch für Fisch und Fleisch, denn ab und zu möchte man sich auch ein gutes Stück Fleisch oder einen frischen Fisch gönnen. Man denke nur an das wichtige Eiweiß, die Mineralstoffe und Vitamine, die ein nahrhaftes Essen beinhalten sollte. Bei bofrost* können Sie sicher sein, dass Fleisch und Fisch aufs Genaueste kontrolliert sind – und zwar von der Aufzucht bzw. vom Fang bis zum fertigen Produkt. Denn neben der eigenen und äußerst strengen Qualitätskontrolle, die jedes Lebensmittel bakteriologisch, chemisch und sensorisch untersucht, arbeitet bofrost* auch mit externen Laboren eng zusammen. So können Sie sich als Verbraucher auf bewährte und vielfach geprüfte Qualität verlassen. Übrigens bin ich ja bekannt für meine Liebe zum Detail – und diese finde ich auch bei bofrost*. Durch die Schockfrostung werden die Zellen geschont und sichergestellt, dass der Saft in den Zellen verbleibt. Das schmeckt man dann, weil das Produkt saftig bleibt und sein volles Aroma behält.

KÖSTLICHER GESCHMACK

Harmonische, köstliche Zusammenstellungen überzeugen immer. Da braucht man keine Geschmacksverstärker. So ist es gut zu wissen, dass auch bei bofrost* Geschmacksverstärker generell verpönt sind! Die Rezepturen aller Speisen sind fein abgestimmt. Und die Gemüse- oder Obst-Tiefkühlspezialitäten können Sie selbst ganz nach Ihrem Geschmack verfeinern. Wie das geht, verrate ich Ihnen in meinen Rezepten. Vielleicht haben Sie ja auch Lust, ein paar neue und ganz andere Geschmacksnuancen kennen zu lernen.

NUR FARBSTOFFE AUS DER NATUR

Qualitätskontrolle im Labor

Gute Köche würden niemals künstliche Farbstoffe verwenden. bofrost* färbt, wo's ein bisschen Farbe braucht, nur mit den Farben der Natur. Deshalb werden Sie auch in den bofrost*Produkten niemals künstliche Farbstoffe finden. Schauen Sie sich zum Beispiel die fröhlich-bunten Eissorten an: Die sind bei bofrost* absolut frei von künstlichen Farbstoffen! Aber auch Obst und Gemüse haben keinerlei farbliche Auffrischung nötig, denn bofrost* weiß aufgrund seiner über 40-jährigen Erfahrung auf dem Tiefkühlmarkt, wo man zum Beispiel die Erbsen mit dem saftigsten Grün und die Himbeeren mit dem fruchtigsten Rot findet.

FRAGEN, ANREGUNGEN, WÜNSCHE?

Rufen Sie uns gebührenfrei an:
Für Deutschland: 0800-263 76 78
Für Österreich: 0800-80 00 80
(montags bis freitags von 8 bis 18 Uhr)

oder schreiben Sie uns:

Für Deutschland:
bofrost* Dienstleistungs GmbH & Co. KG
Serviceberatung
An der Oelmühle 6
D-47638 Straelen
E-Mail: **service@bofrost.de**

Für Österreich:
bofrost* Dienstleistungs GmbH & Co. KG
Olympstr. 14
A-6430 Ötztal-Bahnhof
E-Mail: **service@bofrost.at**

Kompetente Beratung ist für uns ebenso selbstverständlich wie Top-Qualität und bester Service.

Qualifizierte Spezialisten beraten Sie gerne, wie Sie sich und Ihre Familie mit Tiefkühlkost ohne viel Zeitaufwand abwechslungsreich, saisonunabhängig und vor allem gesund ernähren können.

Sie sind noch kein bofrost*Kunde

und möchten unseren Service gerne in Anspruch nehmen?

Herzlich willkommen bei bofrost*!

Rufen Sie einfach unsere kostenlose Hotline an:
Für Deutschland: 0800-263 76 78
Für Österreich: 0800-80 00 80

Gerne beantworten wir Ihre Fragen und vermitteln Ihnen einen Ansprechpartner in Ihrer Nähe.

Bei Liefer- und Terminwünschen

hilft Ihnen die örtliche Kundenbetreuung verlässlich weiter. Die Telefonnummer finden Sie auf der Rückseite Ihres bofrost* Frische-Kataloges.

Persönlich für Sie da:

Ihr(e) bofrost* Verkaufsfahrer(in):
Freundlicher Service, individuelle Beratung und eine pünktliche Lieferung.

Freuen Sie sich drauf!

www.bofrost.de/www.bofrost.at

Die Adresse für »Frische und Genuss« im Internet. Hier finden Sie nicht nur Wissenswertes rund um bofrost* Tiefkühlkost, auch steht Ihnen unser Online-Shop rund um die Uhr zur Verfügung.